《百年茶港》编委会

主　　任：练知轩　徐启源
副 主 任：陈伙金　林　山
编　　委：陈水娣　黄文山　林秀玉　刘小敏
　　　　　郭志杰　单　南　王　坚　何　玲
　　　　　李铁生　曾建梅　王春燕

闽都文化丛书

福州闽都文化研究会

百年茶港

福州闽都文化研究会 编

孟丰敏 著

海峡出版发行集团 | 海峡文艺出版社

图书在版编目(CIP)数据

百年茶港/福州闽都文化研究会编;孟丰敏著. 一福州:海峡文艺出版社,2024.5
(闽都文化丛书)
ISBN 978-7-5550-3544-2

Ⅰ.①百… Ⅱ.①福…②孟… Ⅲ.①对外贸易—贸易史—福州 Ⅳ.①F752.857.1

中国国家版本馆 CIP 数据核字(2023)第 220478 号

百年茶港

福州闽都文化研究会　编　孟丰敏　著

出 版 人	林　滨
责任编辑	林鼎华
出版发行	海峡文艺出版社
经　　销	福建新华发行(集团)有限责任公司
社　　址	福州市东水路 76 号 14 层
发 行 部	0591—87536797
印　　刷	福州凯达印务有限公司
地　　址	福州市金山红江路 2 号浦上工业园 B 区 47 号楼
开　　本	720 毫米×1010 毫米　1/16
字　　数	270 千字
印　　张	18
版　　次	2024 年 5 月第 1 版
印　　次	2024 年 5 月第 1 次印刷
书　　号	ISBN 978-7-5550-3544-2
定　　价	54.00 元

如发现印装质量问题,请寄承印厂调换

茶叶改变历史

马　勇

早些天，苏小玲兄发来邮件，约我为《百年茶港》写点文字。近代史是我的专业，茶叶又是影响人类历史，尤其是中国近代历史的一个关键因素，因而我没有拒绝的理由。

茶叶的种植并不需要特别技术，但需要特别的气候、地貌、土壤条件。大致以丘陵为主，排水条件比较好，降雨充沛，年温差小，日间温差大，无霜期长，光照条件好。这样的条件当然在地球上不止一处，现在已知世界上许多地方都有自己的茶树、茶艺或茶道，各呈异彩，各有味道，但较早培植出茶叶，并有意识推广扩大的，无疑属于中国，尤其是中国的西南、东南，如云南、贵州、四川，如福建。

据考古报告，茶叶在中国具有6000年历史，最早见于浙江余姚田螺山遗址。据顾炎武《日知录》，秦统一之后，文化交流在帝国内部便捷化，种茶技术以及饮茶习惯、方法，方才由四川逐渐外传至整个长江流域。公元前2世纪的司马相如，以及稍后的扬雄，或在西南生活过，或本来就是西南人，他们均在其著作中提及，只是使用的称谓不同，或为"荈诧"，或为"蔎"，或为"选"，或为"茶草"，不一而足，所表达的内涵就是我们这儿所说的茶叶。

在早期，茶叶似乎作为食材、调味品、药材而存在。渐渐地，大约到了西汉成帝年间，茶叶作为饮品，方才逐渐演变成一种贵族享用的饮料。详细记载见于笔记小说《赵飞燕别传》虽不甚可信，也可聊备一说。

至于茶叶作为饮品普及民间，成为大众日常享用，还要几百年时间。大致应该发生在东汉末至隋朝这几百年。东汉豪门地主获得极大发展，庄园经济成为那时主要的经济形态。富者田连阡陌，贫者大多数成为庄园里的劳动力、依附者。有闲、有钱，才能有精致生活，才会有文明创新创造。在这几百年，贵族生活越来越讲究，茶叶不仅渐渐演变为贵族饮品，而且消费形态越来越多样，品种也越来越多元。

东汉、魏晋、南朝，贵族生活日趋精致化，贵族创造由于提升了生活品质，因而迟早也必然会转化为普通人的生存方式。古今一例，贵族示范在某种意义上说就是社会进步的因素，贵族圈带头的饮茶之风也必然离开豪门世家，飞入寻常百姓家，成为普通人的普遍享受。

不仅在魏晋南朝，即便在文化开发远迟于中土的北朝广大区域，社会各界所消费的茶叶总量也在那几个世纪稳步上升，进而成为北部非农业区域社会各界须臾不可离的饮品。这应该和他们的饮食习惯有着直接关联。也正是因为饮茶具有普遍性，且具有高雅、身份的意味，因而8世纪的陆羽汇集相关史料，著有传诵千古的名著《茶经》，系统书写茶的历史、制作方式、使用方式，以及茶叶的功用。这既是对既往茶史的总结记录，也极大推动了当时及此后几个世纪茶品的提升以及茶文化的扩散、推广。至唐宋，茶叶已经成为居家最为普遍的饮品，与茶叶相配套的茶具、茶文化，也粗具规模。

唐王朝是一个公认的"世界性帝国"，它继承了中国历史上重商主义传统，在对外开拓发展过程中，有意无意地传播了中原茶文化。来自日本的留学生将制茶技术、茶具、茶文化带回日本，并经过再创造、再发明，渐渐凝聚成日本的茶道，成为别具一格的日本文明样式。大航海时代，东西方文明进入整体性的密集接触，茶叶这一最直接最简洁最实用的物品也就在这个时代传遍了欧亚大陆，成为一个最重要的贸易物品。世界上许多国家，都因为茶叶而改变了自己的嗜好，品茗成为一种最健康的新习惯，既是艺术，又是生活。最先进入工业化、城市化的英国，几乎社会各阶层都喜欢价廉物美的茶品，他们不仅有闲，而且有钱，尽管早期工业化、城市化造就的只是"月光族"，正因为"月光"，反而促进了他们的消费。中国的茶叶出口，流向世界，因大航海，因城市化、工业化而加速、扩大。茶叶，这个小小的叶子，既给世界带去无限的美味、享受，更为中国赚来取之不尽、用之还有的银子。中外史学界所公认的所谓"白银资本"，所谓"白银时代"，其实就是指明清两代主要使用茶叶，以及丝绸、瓷器而换来的外汇。数百年持续不改变方向的贸易顺差，可以得出一个简单的结论，茶叶起到关键性作用，因为丝绸、瓷器，甚至大黄，均属于高档消费品、耐用品，唯独茶叶，饮用成瘾，成为习惯，才能支撑起持久的贸易。

假如不发生英国工业革命，以农业文明为主导的中国完全可以凭借茶叶、丝绸、瓷器这几件物品赢得世界。然而，18世纪中期，正当中国凭借茶叶等赚得盆满钵满的时候，英伦的工业革命发生，彻底改变了历史运行轨迹。蒸汽技术广泛运用极大提高了劳动生率，英国纺织品需要巨大的海外市场。工业革命极大加速了城市化进程，更多的有闲有钱阶层极大促进了中国茶叶在英国乃至欧洲的市场份额。中英之间的贸易失衡在工业革命爆发生后20年开始发酵，英国渐渐无法承受贸易失衡的压力。

乾隆五十三年（1788），英国政府派遣卡思卡特中校作为特使前往中国，其使命主要有这样三点：

第一，特使应该找机会向中国政府宣布，"两国之间的贸易所产生的利益是对双方有利的，在贸易的过程中，我们除得到其他货物外，我们购买总重量达2000万磅的中国草（茶叶），这是在其他市场不能售出的，因为任何国家，不论是欧洲或亚洲的，都不用它，我们为了购买它，用毛织品、棉花及其他对中国人有用的货物来交换，但大部分则用白银偿还中国"。贸易是英国政府最大的关切，寻求平衡，推广英国纺织品是特使一项主要任务。

第二，英国政府要求，"我们在中国的广大商业，需要一个安全的地方作为商站，以便存放出售的货物，或者在淡季时可以将其装上我们来往的船只；因此，我们希望赐予一块比广州的位置更方便的小地方或孤岛；我们在广州的货栈离我们船只的碇泊所很远，所以，我们无法防止公司船和私商船的水手发生不法行为"。这就是后来索要香港，也是中国政府让与香港的理由。

第三，英国政府指示特使，"我们的目的纯粹是商业的，全无领土的意图。因此，我们不希望设防或防守，但要中国政府保护我们的商人和他们的代理人到内地贸易或旅行，并防止企图扰乱我们贸易的其他各国的侵略，但你必须准备排除对我们目前在印度领地上的设施的各种质问，说明所以要布置这种设施，完全不是我们想要这样做的；我们只是为了保卫自己，抵抗那些与其他欧洲各国狼狈为奸和不遵守各个皇帝给我们的特权的叛乱王公的压迫。总之，用这样的或你自己可以想到的关于这个问题的辩解来回答"。

按照卡思卡特的理解，他的任务可以概括为，"使命的目的是要求在中国政府的保护下扩展我们的商业；所以我们最大的努力是避免或最低限度不要施加压力而引起猜忌。按照这一原则，似乎最好的政策是让中国人选择提出商站的处所——我们只向他们说明，我们需要一个适合于船运安全和往来，便于推销我们的产品和购买茶叶、瓷器及其他东部省份的回航货物的一个地方；假如他们不愿意让与一个便利的特许商站，则我们一定尽力改善当前的种种缺点"。①

从后来的观点看，卡思卡特的使命并不太难实现，此时的中国正处在历史上从未有过的鼎盛时期。然而不幸的是，卡思卡特使团并没有顺利抵达中国，乾隆五十三年（1788）6月，他不幸病逝于来华途中。卡思卡特之死是个小概率偶然事件，但这个偶然事件使预设的历史进程发生了改变。中西两大帝国直接接触被迫推迟了5年。乾隆五十八年（1793）秋，一个规模更大级别更高的一个英国使团来到中国，使团正使为英国政府特意挑选的资深外交家，时任英国驻孟加拉总督马戛尔尼，副使为斯当东；使团各种人才总计700多人，涵盖军事、科技诸多方面。

马戛尔尼使团的目标就是完成卡思卡特没有完成的使命，扩大对华贸易，建构中英正式外交关系。但是英国方面出于西方内部相互竞争等多方面的考虑，在前往中国途中，甚至在抵达中国之后，刻意隐瞒其真

---

① 《附录一 卡思卡特中校的初步建议》（1787年8月18日），《东印度公司对华贸易编年史》卷二。

正目的，刻意渲染此行就是为乾隆皇帝祝寿。这个说法迷惑了英国的西方对手，也迷惑了中方。中方上至皇帝下至一般接待官员，无不以为这是来自远方的"贡使"，这在一定程度上增长了乾隆帝以及中国大臣"天朝上国"的傲骄，也使后来双方正面接触时发生许多不必要的误会。所谓"礼仪之争"，对英方来说是真问题，但对中方来说就是假问题。在清廷看来，英国既然来祝寿，就是诚心向化，就是要成为大清的属国，理所当然要实行属国礼节。

马戛尔尼使团后来没有履行属国代表觐见天朝上国皇帝那样的礼节，中方为此也不再像前半段那样热情对待马戛尔尼使团，至于英三郑重交代给马戛尔尼的使命，反而只能通过文字传递。乾隆帝，甚至和珅都不再有兴趣与马戛尔尼面谈一次。中英两国第一次直接接触，就相互误读，陷入深度猜疑之中。这种情形并不仅仅表现在马戛尔尼使团这一件事情上，事实上，自那之后的200多年，中国与世界尽管有许多交往，相互之间也有许多积极的交流，但是相互之间，屡屡出现"遗憾的误读"。

1793年马戛尔尼使团访华，是人类历史上的一个大事件。从全球史视角观察，这个事件不仅决定了此后200多年中国的政治走向，塑造并定型了中国与世界关系；而且深刻影响了世界对中国的认知。在此之前的3个世纪，由于大航海，由于地理大发现，中国与西方、与世界已有相当的联系、交往、贸易，双方有摩擦、有冲突，但基本上还处于一个相互尊重、相互学习、互通有无的状态，西方从中国利益不少，也拿走不少，茶叶、丝绸、瓷器，极大丰富了西方人的生活，也在一定程度上改变了西方人的生活方式，为西方人的生活方式注入东方因素，进而甚至改变了西方人的思想，启导了近代。现代学人朱谦之在仔细研究欧洲文艺复兴的物质基础，诸如造纸、印刷术、火药、指南针的来历，又研究文艺复兴时期欧洲人比如传教士、商人、外交使者、游客，以及曾经在中国做过事的工程师等各类人对中国的认识，特别是《马可·波罗游记》、薄伽丘的《十日谈》等西方作品中所记录的东方信息。据此，朱谦之郑重指出，"欧洲的文艺复兴，于精神的基础以外，实有其物质的基础。

文艺复兴虽以古代希腊的思潮为其精神基础，同时实以中国之重要发明，为其物质的基础。13世纪以来，欧洲即有许多教士、商人、外交使者、游客等，不绝东来，使欧人对于中国，渐渐有亲切和明了的认识。尤以《马可·波罗游记》给文艺复兴期以很大的影响。如地理上的大发现，美的与物质的生活之愿望，自由研究的精神，不知唤起欧洲中世纪的多少迷梦，即谓欧洲的文艺复兴，受此书之重大影响，也无不可。并且事实上在文艺复兴期的代表作家里面，也常以中国为题材，把中国人完全理想化了。所以平心而论，文艺复兴虽然和18世纪的启蒙运动不同，启明运动完全以中国为精神的基础，中国居第一位，希腊居第二位。反之文艺复兴则以希腊为精神的基础，希腊居第一位，中国居第二位，然而精神不能外于物质而有，所以即就中国曾给文艺复兴以物质的基础这一点，在历史书里免不了要大书特书"。① 由此可见，在18世纪之前几个世纪里，中国在西方的形象是积极的，向上的，是西方人愿意模仿、追慕的对象。

但是，等到马戛尔尼访华之后，中国在西方的形象可以说一落千丈。先前在西方人眼里一个遥远的、文明的古老国家，迅速成为愚昧、野蛮、闭关自守、不可理喻的象征。

究竟是什么原因让中国形象发生如此重大改变，还可以做多角度研究，但马戛尔尼访华时，中西双方的猜疑、相互不信任，各自所要表达的看法并不能在对方那里获得准确的认知，超越字面的无端猜测、怀疑、阴谋论、遗憾的误读，主导了双方的交往。

文明误读不始于乾隆时期的马戛尔尼之行，也不终止于乾隆时代。此后类似的例子屡有发生。这些历史关键时刻的误读，导致一系列意想不到的变局，这是研究近代中国时最耐人寻味的历史节点。

这部著作系统研究了茶叶贸易带给中国的变化，依据充分的史料解读福州茶港在近代中国的地位与意义。这是一个很有意义的题目，从茶叶的历史、茶叶的贸易，可以破解世界历史、中国历史何以如此的奥秘。

---

① 朱谦之：《中国思想对于欧洲文化之影响》，商务印书馆1940年版，第29页。

读《百年茶港》，随手记下一点感想，不当之处，还请读者诸公批评、赐教。

2023 年 7 月 3 日

（马勇，中国社会科学院近代史研究所研究员，中国社会科学院研究生院教授、博士生导师；首都师范大学、兰州大学、河南大学特聘或兼任教授）

前　言

　　回顾福州茶叶贸易历史，有助于了解福州对外贸易的漫长发展历程和作为港口城市的特点，尤其是福州在中国乃至世界的贸易大港地位。茶叶作为中国传统市场的大宗商品，兴于唐，盛于宋。持续了几百年的茶马贸易，彰显茶在中国社会经济生活中的重要地位。国内外关于茶叶研究的著作，唐已有之，如陆羽的《茶经》、毛文锡的《茶谱》等，宋代到清代关于茶的书籍更是数不胜数，比如蔡襄的《茶谱》、宋徽宗赵佶的《大观茶论》等进一步介绍了茶的种植、制作、茶具、煎汤法等多方面知识。近代有1931年出版的赵烈编著的《中国茶叶问题》，1935年吴觉农、胡浩川出版的《中国茶叶复兴计划》等，介绍、研究、分析、总结了中国茶叶种植、加工与贸易的状况。1940年，福建省图书馆出版社出版的《闽茶文献业刊》更加详细介绍了福建茶叶种类、茶产区分布、茶叶生产及贸易的具体情况。近代茶叶书籍研究总结认为，20世纪开始，中国茶叶贸易衰落的原因是"虽为国外茶业兴起之结果，主要以本身腐败之所致"，因此，应当加强研究茶园经营、茶叶制作、茶叶运销、茶叶组织等问题。

　　1950年后，出版的茶叶著作更多，比如《茶叶通史》《茶史初探》《近代中国茶叶的发展》等。对18、19世纪中西茶叶贸易与白银、鸦片复杂关系进行分析、探讨，也提出一些新观点，认为茶叶对促进英国社会的近代化起到重要作用，同时，也指出中国茶叶市场的繁荣与萧条直接受到外国市场的影响。当英国无法再以美洲白银支付中国茶叶货款时，用印度的鸦片重建对华贸易结构。当中国厉行禁烟政策而导致中西贸易结构崩溃时，英国诉诸战争。庄国土的《茶叶、白银和鸦片：1750—1840年中西贸易结构》一书认为，中英战争根本不是什么文化冲突，而是殖民战争。《近代中国茶叶国际贸易的衰减——以对英国出口为中心》分析认为，英国资本对国际茶叶市场的操纵、中印茶叶生产方式的差异和国际茶叶市场机构的变化，是近代中国茶叶贸易额衰减的重要原因。

国外学者如美国茶史专家威廉·乌克斯的《茶叶全书》、美国马士的《东印度公司对华贸易编年史》五卷、英国格林堡的《鸦片战争前中英通商史》、英国麦克法兰的《绿色黄金：茶叶帝国》、日本浅田实的《东印度公司》，则充分利用他们搜集的东印度公司对华贸易报告、怡和洋行档案，展示1842年以前的中英通商情况。而明朝至1842年期间的中国对外贸易情况，中方的相关记载十分有限且语焉不详，尤其是西欧国家如葡萄牙、西班牙、荷兰都曾派商务使团到福州请求通商，福州书籍中缺乏这方面的资料记载，以至于研究明朝后期福州的对外贸易情况十分艰难，而明朝的福州对外贸易实际上已经十分繁荣。

在阅读大量中外书籍资料后，本书作者通过介绍19世纪前福州与西欧国家的交往史、贸易情况，补充福州历史书籍中所缺少的明朝时期对外交往内容，从而弥补了这一历史资料的缺失，从中可见明朝福州的贸易繁荣景象。甚至在明廷禁海期间，福州作为琉球、吕宋的唯一进贡口岸，一度成为西班牙人心目中"中国最大的城市"。

唐朝时，福州高僧百丈怀海把禅茶作为名词提出来，提倡农禅并举，在寺院推行的禅茶制度影响到日本。闽王王审知、王延钧重视茶叶制作促进福州茶业发展；方山寺住持、国师怀恽推荐方山露芽成为贡茶；介绍鼓山半岩茶与武夷红茶的密切关系、福州茶器薄胎茶入对日本茶道的影响，阐述福州茶与港口的历史，再讲述福州与欧美各国的交往、福州开放为五口通商口岸的必然趋势、开埠后的对外茶叶贸易如何从繁荣走向衰弱，而茶叶贸易带来的城市从农耕社会向近代社会转型的变化如商务、信贷与金融、船政、邮政、教育、行会结构等方方面面。近代福州城市的繁荣与茶叶贸易联系紧密。同为中国三大茶叶贸易港，茶叶改变了汉口与九江与外界的关系。上海也是因为作为近代的茶叶转运港而成为中国最重要的港口城市。而对福州，这一重要的五口通商口岸城市却缺少足够的研究。

本书力求多方面完整地介绍近代福州的城市发展状况，并通过介绍福州和欧洲国家的交往史，帮助读者认识福州悠久的外贸交流历史，正是通过外贸交流促进了海军摇篮马尾船政的诞生，同时诞生了一批近代如徐继畬、魏源、严复、罗丰禄、林纾、林长民、林觉民等学贯中西的文化名家、优秀人才，影响了中国的近代社会发展。

　　福州的茉莉花茶的生产和畅销也带动了福建的诸多茶叶品系的培育和发展。因此，这不仅是一部从茶叶角度解读福州的传记，更是一本福州外贸外交发展简史。透过这扇福州贸易之窗来认识近代中国乃至世界的贸易发展情况，展示福州在国际贸易中的重要作用和地位，对当下福建茶叶的生产和发展也提供一些有益的思路。同时勾勒出福州各港口的历史发展脉络及其作用，有助于大家了解福州作为千年海丝之城、茶港积淀的悠久深厚历史文化底蕴。

福州市闽都文化研究会

目 录

第一章　茶港之源

闽越国礼花茉莉

根据福州地方古籍、野史推断，早在闽越国时，茉莉花已从外国进口到南汉成为国花，进口到福州后，也成为闽越国的礼花以接待贵宾。闽越国的历史在古籍中记载较少，但可以想见这样一种场景：

盛夏清晨，汉武帝派来的使者甫一入迎宾馆，礼仪官便赠之一朵小白花。瞬间一股奇香扑鼻而来，沁人心脾，令汉使浑身舒畅，身体仿佛随着此清香飘浮腾飞。如此醉人之清香，令他痴迷，而此前也曾听说："南越之境，五谷无味，百花不香，惟茉莉、那悉茗二花特芳香。"

夏季若有使臣、贵宾到访闽越国，必赠茉莉以示尊崇，为闽越国之最高礼遇。尤其暑夜，置茉莉花于木榻上，身伴花侧，清芬郁烈。月下赏花更奇绝，仿佛一块洁白晶莹的闽玉，花叶如玉琢，花瓣犹似琼英开，花色如天阙照映琉璃杯，孤标雅韵之姿宛如素娥青女，令人看不足，爱不释手。

此花由海外商人进贡给闽越国，中原贵族只闻此花乃国色天香，未曾目睹嗅闻。此花栽种别处，难以散发如此独特清香，使人艳羡闽越山水之灵秀、国力之富强。

福建多崇山峻岭，雾浓露重，山坡地海拔500~1000米，倾斜度多在30~35度之间，其他农作物生长不佳，唯独茶树禀赋不同，反而在此特殊条件下生长最好，遂成为得天独厚的茶区。每当制茶时，便是关乎国计民生、掌全省金融之要时。近代福建省的特产是茶、纸、木三大宗，茶居第一。福州出口三大特产也以茶为第一，所销售的茶品质之优良，为其他茶区所望尘莫及。

1986年，茉莉被评为福州市的市花。一杯香浓的茉莉花茶早已成为福州人的千年"乡愁"。那么，这一杯花茶历经多少曲折才得以芬芳再放呢？这要从福州制茶历史说起。

百丈怀海与禅茶制度

茶业史乃世界文化典籍中最恢宏壮丽的一部，涵盖植物学、医学、宗教、文化、经济、人类学、社会学、政治学、世界史等方面。人们熟知《茶经》《茶录》等典籍，却不知把喝茶喝成礼仪、文化最早的是福州人。福建能成为产茶大省，与唐代高僧百丈怀海禅师有很深的渊源。

百丈怀海禅师（约720—814），唐代禅宗高僧，本姓王，俗名木尊，福州长乐人，青少年时由广东潮阳西山惠照禅师为其剃度出家。唐代宗大历年间（766—779），怀海得道后，开山说法，由于来学习的僧人众多，为光大法门而在洪州百丈山（今江西奉新）另立禅院，率众修持。

百丈怀海禅师弘法年代正是中国佛教发展鼎盛时期，福州崇佛氛围浓厚。淳熙《三山志》记载，晋代福州穹林巨涧、茂木深翳，是虎豹猿猱之墟。僧人在仅可容榻的山崖洞穴中苦节修行，似得道者，惊动世俗。福州伴随禅宗寺院的兴盛而发展起来。从晋代的三座寺院发展到唐懿宗时，福州建寺102座。当地人深受禅宗文化影响，皆安贫乐道，不慕中原科举进士，隐逸在旗山、鼓山、方山修行。因此，福州的几座名山皆被称作道山、仙山，比如仓山的天宁山、藤山，鼓楼区的于山、乌山等。宗教文化兴盛，诞生了许多宗教哲学思想家。他们以僧人的身份传经布道，传播思想文化。百丈怀海就是这样一位高僧大德。

百丈怀海禅师为了整顿寺院僧人作风并解决僧人的生存困境，进行寺院教规改革，实行僧团的农禅生活。参照大小乘戒律，他制定出新的修行生活仪轨《禅门规式》（即《百丈清规》）以保证禅宗的繁盛和发展。第二年，陆羽的《茶经》诞生了。

《百丈清规》第一次明确地将茶制度化与规范化，应用于禅门修行生活中。如应用于禅门待客、奠祭、法事、议事等，每项步骤、每项举止等如何用茶，都有详细而明确的规定，禅茶成为佛门修行生活的重要内容。怀海禅师因此成为中国佛门茶事的集大成者，对禅宗和中国茶业的发展具有重要的推动作用。

最初《茶经》只是流传在贵族、士大夫和文人之间，平民百姓生活中并不流行喝茶。怀海禅师制定、倡导的禅茶制度与礼仪，不仅重建了宗教制度，而且影响深远。在禅茶文化的融合与推动下，饮茶习俗逐渐进入平民百姓的日常生活中。

《百丈清规》在日本影响巨大。唐贞元二十年（804），日本僧人空海（774—835）随遣唐使来中国学习佛法，先抵福州，被安置开元寺内，辗转到达长安的西明寺，拜青龙寺惠果法师门下学唐密。空海回国后撰文回忆："事佛之余，每有闲暇，辄苦学梵语，手边常有香茗相伴。"唐宋时期，许多日本高僧来福州学习茶文化，并把茶叶、佛经、法器等带回日本。

医药缺乏的农耕时代，具有极高医疗价值的茶叶是一种药材。《茶经》引述了几个重要人物的讲述来证明其品质与疗效，比如华佗《食论》："苦荼久食，益意思。"南齐世祖武皇帝《遗诏》："我灵座上慎勿以牲为祭，但设饼果、茶饮、干饭、酒脯而已。"由此可见，唐朝以前，从皇帝到士大夫都十分认可茶的重要价值。茶圣陆羽与唐朝的名宦贵卿、文学家、书法家、高僧交往密切，如孟郊、颜真卿、怀素、皎然、张志和等。他是颜真卿家中的贵宾，二人合作编书。颜真卿曾资助陆羽建成青塘别业。著名诗僧皎然与颜真卿也因陆羽成为好友，曾共同恢复六朝的联句诗。陆羽在南方结交大量名流，这些交往对他撰写《茶经》不无影响。

安史之乱时，陆羽遁居浙江的湖州苕溪，于草庐中创作《茶经》。他三易书稿，最后在青塘别业中付梓。此后，他被唐代宗诏拜为"太子文学""太常寺太祝"。陆羽不愿从政，两次请辞，从未就职，但获得了崇高的政治地位和身份。其交游的朋友圈对陆羽推广《茶经》也起到重要作用。自此，上到皇亲贵族，下到平民百姓都把《茶经》视为重要经典。茶叶在整个儒家文化圈内都有了极高的声誉。陆羽推广茶文化的理想实现了，但他可能想不到的是2000多年后的近代，茶叶贸易给世界带来许多变化，改变了国体，比如美国波士顿的倾茶事件，美国从此独立。

唐朝，茶的兴盛并非偶然，也不是仅靠陆羽的《茶经》传播之功。早在隋文帝时代，隋文帝好饮茶，但其时北方人对茶的兴趣并不浓厚，只有南方百姓普遍在饮茶。唐朝时，交通的发达、开放的经济政策，促使商人积极贩茶、卖茶到北方。北方皇亲贵族、士大夫逐渐养成喝茶习惯。唐朝文人开始研究茶叶，纷纷撰写茶书。从唐上元元年（760）至唐建中元年（780），陆羽花费20年时间完成的《茶经》，是唐朝所有茶书中最全面、最有影响力的一部。

唐中叶，人口的增加和粮食产出的不足导致禁酒令的颁布，这在一定程度上推动了茶叶的销售。《茶经》诞生的第二年即唐建中二年（781）四镇之乱后国库空虚，此时民间的饮茶之风盛行，茶叶贸易十分繁荣。看到人们喜爱喝茶，唐德宗正式开始向茶商征收茶税。茶税与盐税同为中国财政的主要收入之一。茶税的征收，一方面促进了茶叶贸易的规范和发展，另一方面喝茶逐渐取代饮酒，促成"举国之饮""比屋皆饮"的饮茶之势。茶税成为历代朝廷国库的一笔重要收入，喝茶成本的不断上升，更使茶叶成为奢侈品。政府因此不轻易对外销售茶叶，茶叶愈发成为奇货可居的珍贵商品。

唐朝时，日本的空海和尚虽引进中国茶叶，但饮茶之风尚未流行，直至南宋绍熙二年（1191），日本荣西禅师将北宋高僧圆悟克勤的《碧岩录》及其书写的"禅茶一味"墨宝、禅茶一味精神传入日本，日本寺院开始按照百丈怀海禅师的《百丈清规》来制定茶道仪式，一休宗纯、村田珠光、南浦绍明、千利休等诸禅师不断继承发扬禅茶文化，渐成日本茶道。日本民众以茶养生，饮茶之风开始盛行。木宫泰彦《日中文化交流史》记载，南宋嘉定十年（1217），日本僧人庆政上人从事中日佛教文化交流，归国时带回福州版《大藏经》。

因为百丈怀海禅师总结的禅茶词汇、制定的禅茶制度，列明寺院茶礼和茶事规范。福州鼓山涌泉寺是全国第一所以托茶盏形式论道的寺院。唐朝福州寺院的禅师们继承百丈怀海禅师、义存禅师的衣钵，把茶事、茶礼做到极致，茶道逐渐从福州传向全国各寺庙，令禅宗脱俗的精神追求生活化，日渐广泛进入百姓的家庭生活中。唐朝著名的贡茶方山露芽就是在这种条件下诞生的。

方 山 露 芽

中国海丝之路最早的路线是"沿于江、海，达于淮、泗"，即"金道锡行"。周朝把青铜当金，铜作为当时重要的战略物资，由国家掌控。铜、锡是铸造青铜必需的物质，江南（沪、苏、锡、常、镇、宁等）有丰富的铜、锡资源。铜锡从南方入贡北方周王朝的都邑有水道和陆路两条。这条线路是古代南方重要道路。考古发现，福建青铜时代始于商代晚期至汉代前期，福州、武平、长汀、崇安、宁德等地先后出土了一批先秦青铜器。福州市博物馆馆藏一件商晚期的兽面纹双兽耳衔环青铜方罍。当年福建进贡铜、锡、龟、橘等珍贵物产，进贡周朝的路线也是"金道锡行"。

周朝时，福州属扬州管辖。《书·禹贡》记载"厥包橘柚锡贡"。因为扬州要向朝廷进贡橘子，所以福州也开始种橘，五虎山上就曾有大片橘园，进贡福橘的路线就是"金道锡行"。因此，福州是一个悠久的外贸港口。

福州平原以北为中亚热带地区，负山舐海，境内岩性多为中生界火山岩系，闽江穿城而过。全年冬短夏长，海拔多在600~1000米，云雾缭绕，热量较充足，气候温和，海洋性气候明显，适宜茶树的生长。

唐开元十三年（725），原闽州改称福州，福州之名肇始。唐朝，福州人开始种茶、制茶。淳熙《三山志》收录《旧记》记载，旧闽县尉厅名茶山馆。县东十五里，有茶园山，亦云石鳖山，出茶。可见，唐朝的福州到处都是茶山和茶园。《毬场山亭记》记载冶山有一处芳茗原。1958年，冶山挖掘出一块残碑，碑的背面刻《芳茗原》诗：

芳茗茶原绿，敷荣看岭东。

武夷何用访，采撷宁馨中。

这首诗也是冶山二十咏之一，记录唐朝福州已有茶园，冶山东面已有茶田、茶园，不必大老远去武夷寻茶，看岭东花开，采花采茶可在芳茗原。那时福州有贡茶方山露芽、蜡面茶、鼓山柏岩茶。

唐代初期，福州的茶叶均为自产自销。百姓在种植粮食作物的同时也兼种茶树和制作茶叶，投放市场，补贴家用，维持简单的再生产。但农户家庭人口少，生产资本有限，在劳动力、资金缺乏的条件下不可能进行大规模的、有组织的生产，销售通常仅限于福州的"市"，称为坐贾。福州的"市"设立在子城外。子城乃西晋时所筑，唐时拓展，成为闽中都会、东南重镇，是当时官员及卫士居住的地方。种植茶叶的农户在"市"设茶肆店铺，煎茶卖之，不问道俗，投钱取饮。

陆羽《茶经》的《八之出》篇提及福建境内的茶产地是"岭南生福州、建州"。方山山阴所产的茶在唐代毛文锡的《茶谱》中有"建州方山之露芽及紫笋""福州柏岩极佳"句。方山露芽，顾名思义乃方山产物。

唐人对建州茶的具体产地，不一定经过实地考证。据史料及考证，方山位于闽侯县尚干镇，以遥望山形端方如几而得名，侧看山形则似五只猛虎，故又名"五虎山"。

这古老而一度天下闻名、曾被唐玄宗赐名的道教名山——方山，究竟有何秘密？《搜神记》记载，汉朝时，道教仙人介琰住在方山，跟随其师白羊公杜学习玄一无为之道，能变化隐形，经常往来东海，到过吴国，和吴国国君有过交往。因为仙翁介琰居住在方山种茶、制茶，所以方山茶被称作"神仙遗种"。

唐宪宗（778—820）在位初年，正是陆羽准备印刷《茶经》之时，在书中特别提及方山露芽："往往得之，其味极佳。"方山露芽又名"五虎山菜茶""方山生芽"。

《唐史》记载："……福州有方山之生芽。"唐宪宗时期的翰林学士李肇的《国史补》记载："福州茶又称方山露芽，列为贡芽，其品质甚佳。"同一时期的诗人李群玉作《龙山人惠石廪方及团茶》诗："白云凌烟露，采撷春山芽……顾渚与方山，谁人留品差？"可见，唐宪宗很喜欢方山露芽，因此引发当时许多文官、诗人赋诗赞颂。那么，远在中原的唐宪宗如何知道方山露芽呢？淳熙《三山志》和《福州府志》万历本皆记载："茶诸邑皆有。闽之方山、鼓山为最。"唐元和年间（806—820），唐宪宗诏方山院僧怀恽麟德殿说法，赐茶。怀恽说"此茶不及方山茶佳""则方山茶得名久矣"。由此可知，方山寺扬名乃因方山寺的高僧怀恽献茶给唐宪宗。唐至明万历，"神仙遗种"的贡茶方山露芽是中国名茶。

闽茶自唐朝至清朝，尤其在近代地位颇高，溯其源流，自方山始。海拔400多米高的方山适合茶树生长，怀恽在方山寺旁种植茶树并制作成"方山露芽"。唐宪宗敬称怀恽为"章敬国师"，喜爱得道高僧制作的方山露芽。方山露芽因此成为贡品，闻名全国。

唐毛文锡《茶谱》记载："方山之露芽及紫笋，片大极硬，须汤浸之，方可碾。"可见，方山露芽是大叶种茶，饮用前须先用汤水泡软。福州是亚热带地区，茶树宜在亚热带地区的山阴面生长。方山海拔正处于400~800米之间，土壤呈酸性，山上春天的温度徘徊在10℃左右，宜茶叶发芽。茶树怕水又需水，而福州春季多雨、潮湿，因此非常适合做清明前的春茶。方山露芽即是饱含晨露的嫩芽。

陆羽在《茶经》的《五之煮》中描述："初沸，则水合量，调之以盐味，谓弃其啜余，无乃䚢䇢而钟其一味乎？"说明唐朝煮茶要加盐。因为炒茶发明前，唐代制茶工艺不甚成熟，所制的茶叶会继续发酵，茶汤苦涩度较高。为了去除茶叶的苦味，在煮茶时加盐。盐成了茶伴侣。茶和肉一样含有氨基酸，茶中加盐，盐里的钠离子和氨基酸相互作用，会生成可以提鲜的物质，大大提高了茶味。当时百姓喝茶，有的人把葱、姜、枣、橘皮、茱萸、薄荷等都加入茶里，煮到沸腾，再把茶水煮到像膏状一般滑腻才饮用。陆羽说，也有些人煮茶不加盐，喜欢无味的茶。"䚢""䇢"这两个古字就是无味的意思。

明朝学者、福州人谢肇淛撰写的《五杂俎》记载，唐朝的薛能茶诗介绍煮茶的方法，一般要加盐和姜调味。宋朝苏东坡的老妻稚子不懂得煮茶，茶里加了一半姜盐，没了茶味。说明唐宋时期，用姜盐煮茶是民间习俗。因为绿茶寒凉，有些人胃寒宜加姜驱寒之故。

《茶经》认为茶味至寒，最适合精行俭德之人，尤其是患热渴凝闷、脑疼目涩、四肢烦、百节不舒的病人，喝上四五口茶，好比甘露，予人醍醐灌顶之清爽感。这说明茶味苦寒，对治疗心肝上火的疾病有益，对比饮酒而言，修养良好的人更喜欢喝茶。古代常发生饮酒误事乃至误国的大事，并且粮食产量不足以多酿酒，陆羽就倡导人们多喝茶。此后，人们读了《茶经》，明白饮茶益处，举国皆好喝茶。

闽永和元年（935）毛文锡著《茶谱》："建州方山之露芽及紫笋，片大极硬，须汤浸之，方可碾。治头痛，江东老人多味之。"说明直到五代，方山露芽都不只是一种茶，可治头痛，是一种良药。因为人们对茶的认识依然还处于药或饮品的阶段，尚未上升到修身养性的禅茶文化境界，对于茶的原始苦味并不喜欢。

唐宪宗是个奋发有为的皇帝，执政期间一度出现"元和中兴"。他认为自己是"精行俭德之人"。爱喝茶的言行影响了贵族，皇室和民间因此多喝茶，少饮酒，从某种意义上说避免了国家粮荒的出现。唐宪宗尊佛，热爱禅宗文化及其"正、清、和、雅"之精神，和僧人一样爱喝茶，信奉茶不仅能治病，也能苦其心志，因此把章敬国师怀恽亲手制作的方山露芽奉为贡品。

唐宪宗倡导饮茶，也是继唐德宗之后利用茶税增加国家财政收入的一种国策。无论如何，自唐德宗后，茶成为中国饮品，继唐宪宗后，成为一种良好品德修行的象征。福州的方山露芽因章敬国师与唐宪宗、《茶经》的追捧而成为圣人之茶。

方山寺最兴旺时期是在唐朝和北宋。《品茶要录序》记载，唐朝时，武夷北苑贡茶尚未受到重视，故陆羽之《茶经》未提及。当时福建最著名的茶只有贡茶——方山露芽。唐至清，中国有100多位诗人吟咏过此茶。苏东坡在《和子瞻煎茶》一诗中赞道：

年来病懒百不堪，未废饮食求芳甘。

煎茶旧法出西蜀，水声火候犹能谙。

相传煎茶只煎水，茶性仍存偏有味。

君不见

闽中茶品天下高，倾身事茶不知劳。

……

谢肇淛的《五杂俎》记载："闽方山、太姥、支提俱产佳茗。"清朝陆廷灿的《续茶经》也记载："闽之方山、太姥、支提，俱产佳茗。"由此可知，方山露芽是中国最早闻名于世的贡茶。

至今，方山上还有少量的茶树，但方山露芽制作早已衰落了。这是为何呢？2017年冬季，我随闽都文化研究会到方山采风，看到方山寺早已倾圮，只剩下断梁残垣，旧址对面有一片橘园。这使我想起了方山的另一个名称"甘果山"。唐天宝六载（747），唐玄宗赐名方山为"甘果山"。福州市仓山区是花果之乡，区内多个乡镇盛产柑橘。仓山与方山隔江相望，都盛产柑橘。方山被赐名"甘果山"即因周朝开始就盛产福橘。福橘的果香与茶香在雾气弥漫中交融，所产之方山露芽必然有独特的花果香气，成为贡茶。而且柑橘的果皮即"陈皮"，能理气化痰、和胃药。方山露芽含有柑橘气味，不仅茶味独特，也更有益于治病吧。传统中医指导人们治未病，古人在日常生活中十分注意养生修行。茶的种植和制作如此讲究，可知不是为了满足口鼻的香味，而是为了养生。

福州农民明白了茶与果结合种植的原理后，茉莉花田里也种植龙眼、荔枝等果树，尤其荔枝种植以福州为北限，所以，古代福州农民喜欢在茉莉花田里种荔枝树，让茉莉花饱含水果的甜味，因此，福州传统的茉莉花茶有一种独特的冰糖味。这是福州茉莉花茶的独特秘方之一，其他城市难以模仿，与福州地理特点、气候、水土环境、特产密切相关，离开其中一种因素，都只有其形而无其果香味。著名的武夷山桐木关的茶树也十分重视其生长环境，让茶树和其他树种一起生长，茶叶可以吸收各种养分，茶味就与众不同了。培养独特的茶树环境，是茶味与众不同、茶叶畅销的重要原因。

虽然方山露芽是一种药茶，倍受欢迎，但依然无法逃避事物自然发展的规律，由盛至衰有五种原因。一是福州南主驿道的改变，方山寺不如鼓山涌泉寺受重视，逐渐人烟罕至；二是方山寺的和尚制茶烘焙不得法，制茶日渐停止；三是《续茶经》所言的价高，普通人享用不起，若工艺简陋粗糙可降价，又毁了贡茶的好品牌；四是清末，福州茉莉花茶盛行，茶商逐利之故而全都集中制作茉莉花茶；五是今天方山上的茶园面积小，名气不高，缺少商家投资，高价难销售，因此只有少量爱茶人士在经营。

无论如何，福州所产的方山露芽、鼓山半岩茶、茉莉花茶受到皇家的喜爱，这或许应该归功于福州的好山好水好环境，造就了茶的良好品质。由此可见，唐朝时的福州已是中国"海上丝绸之路"的重要港口、外贸与外交的繁荣门户。福州的柑橘、茶叶、禅宗大师皆已闻名全国，令唐玄宗赐名方山为"甘果山"，唐宪宗定"方山露芽"为贡茶。

福州四季如春、物产丰富、经济繁荣、文化昌盛，唐朝时已是有福之州。唐末战乱，中原士族视福州为世外桃源，纷纷举家迁居避难于此。五代时期，开闽王氏据闽数世，保境安民，开四门学以育才为急，士风始盛。

鼓山半岩茶

在中国，茶兴于唐，盛于宋，在近代如何走向世界的呢？现在，茶叶仍然是咖啡、可可之外的第三大饮品。有中国人的地方，就有茶叶的身影。而影响世界的茶叶非福建茶莫属，其中不得不提及近代享誉世界的武夷红茶。而武夷红茶、武夷岩茶与福州的鼓山半岩茶有着密不可分的关系。

闽山苍苍，闽水泱泱，福建是产名茶大省。据史料记载，早在唐代，鼓山茶同"方山露芽""武夷茶"就被誉为名茶，列为贡茶。其中鼓山半岩茶曾为闽茶第一、闽王贡茶。

毛文锡的《茶谱》记载"福州柏岩极佳"。清朝诗人黄任撰写的《鼓山志》记载，福州方言"柏"谐音"bó"即附着之意，故称"柏岩茶"。《茶谱通考》研究，福州柏岩茶又称"鼓山茶""伯岩茶"，即鼓山半岩茶。《续茶经》更详细地说明："柏岩福州茶也，岩即栢梁台。"原来，鼓山的半山腰有一处栢梁台，茶树倚栢梁台而生。半岩茶原名"半岩菜茶"。

福州市东郊有一座山海拔925米，因峰顶有块直径盈尺的巨石，状如鼓，传说每当风雨大作，有降降鼓声传出而得名，故名"石鼓名山"。山上有涌泉寺，驰名中外。山间万木障蔽、气候宜人、岩秀谷幽、云雾缭绕，宛若仙境。半山腰，鸡犬桑麻自一村，群峰环抱处泉水潺潺，岩石下茶树倚岩生长。此乃得天独厚的自然条件。

唐朝，晋安区已有柏岩菜茶的茶树品种。尤其五代末期，王审知延请神晏禅师主持鼓山涌泉寺，当时寺名为"鼓山禅苑"。福州禅寺皆沿袭百丈怀海禅师制定的禅茶制度，因此，鼓山禅苑的僧人必定要种茶、制茶。

清代林枫著《榕城考古略》记载，闽王王审知把犯人集中到鼓山种茶，由涌泉寺僧人负责监管。他治闽期间，为发展经济，大力推进茶叶生产和对中原的茶叶贸易，茶叶种植面积不断扩大。鼓山遂成为著名茶叶产地，半岩茶也逐渐发展为名茶。闽王王审知、王延钧与高僧多有交流，并倡导"吃茶"之道。这是鼓山半岩茶得以迅速发展的主要原因。据记载，当时官焙有38处、民焙1336处，茶叶产量多、质量高。晋安的茶会地名便源自焙茶场。

《茶经》对茶的种植环境提出了很高的要求："野者上，园者次。阳崖阴林，紫者上，绿者次；笋者上，芽者次；叶卷上，叶舒次。阴山坡谷者，不堪采掇，性凝滞，结瘕疾。"

如今生长福州柏岩茶的茶园里种满了梅花。每年元月，民众从四面八方涌来赏梅，争相拍照留念。这里位于鼓山灵源洞后，有一块巨大的"台"与方山茶园一般，都是得天独厚的"阳崖阴林"好环境。台的周围岩石如刀削，千仞之壁如一道道天然屏风，将今天的梅园、当年的茶园环抱成鼎，而土壤正如《茶经》所言"其地，上者生烂石"。茶的品质如何，看它生长的环境便可知。

鼓山今属于晋安区管辖。宋代，晋安区的北峰一带也是著名茶区，所产茶叶曾被列为贡品。同时，位于福州北大门，依着岳峰，傍着晋安河的晋安区茶园街道也是茶园。2015年，晋安区有茶园面积13160亩，采摘面积13080亩，茶叶产量1338吨。由此可见，晋安区种茶、制茶历史悠久。

历代文字记述，不乏对鼓山半岩茶的褒词。明代大学者谢肇淛的《五杂俎》记载："今茶品之上者，松萝也，虎丘也，罗芥也，龙井也，阳羡也，天池也。而吾闽武夷、清源、鼓山三种可与角胜。"将鼓山半岩茶评为明朝茶之上品。明朝福建文坛领袖徐兴公的《茗谭》记载："茶经所载闽方山产茶，今间有之，不如鼓山者佳。侯官有九峰、寿山，福清有灵石，永福有名山室，皆与鼓山伯仲……"认为鼓山半岩茶的滋味更胜方山露芽。明朝福州著名文人邓原岳诗云："雨后新茶及早收，山泉石鼎试磁瓯；谁知屴崱峰头产，胜却天池与虎丘。"钱椿年的《茶谱》云："福州有柏岩……其名皆著。"但是杭州的龙井和福州的方山露芽都是绿茶，鼓山半岩茶是乌龙茶，这也许是各人口味习惯不同而评价不同。

明清时期，福州士族与寺僧往来密切，进一步推动了鼓山茶的发展。17世纪末18世纪初，福州为中国茶叶出口最早的三个口岸之一。同期的鼓山茶种植面积扩展到凤池、茶洋山、鼓岭等地。历史上的鼓山半岩茶条索细短，汤色浅黄如雏鹅绒毛，初入口似觉平淡，回味则鲜爽甘醇。明清时期，鼓山半岩茶发展至鼎盛。

清福建布政使周亮工（1612—1672）的《闽小纪》之《闽茶》记载："鼓山半岩茶，色、香、风味当为闽中第一，不让虎丘、龙井也。"还提及武彝（今武夷）与福州的屴崱（今鼓山峰顶）都产茶。那时，武夷茶与屴崱茶（鼓山半岩茶）都是贡茶。他到徽州茶人闵汶水的家中品茶，见其水火皆自任，以小酒盏酌客，并非特别的煮茶方法。闵汶水借用别的味道来充作兰香，使茶之真味尽失。周亮工以为茶不能以香气来定优劣，何况以兰香来定等级，说明闵汶水不懂茶。

说到"兰香"，普通人会以为是茶里有兰花的香味。其实是指火候。明代张源《茶录》对茶的香味做了等级分别："茶有真香，有兰香，有清香，有纯香。表里如一纯香，不生不熟曰清香，火候均停曰兰香，雨前神具曰真香。"周亮工说鼓山半岩茶之色香风味为闽中第一,不让虎丘、龙井。即使是同样进贡的武彝茶也不如鼓山半岩茶。

为了保证鼓山半岩茶的品质,鼓山寺僧专门设计生产了一种方圆的锡罐代替粗瓷胆瓶贮茶。周亮工的这段记载可见当时中国茶业界的激烈竞争,而评判茶之优劣,也尚未形成一个绝对标准,所以茶香成为评判茶叶优劣的重要依据。

《福州府志万历本》介绍了明朝万历年间福州各县区的茶叶情况,比如侯官县的九峰、长乐的蟹谷、福清的灵石、永福之名山室都生产制作茶叶,但数量少,香味也不如鼓山的半岩茶。

清代诗人黄任的《鼓山志》记载,王敬美督学在闽评茶"鼓山茶为闽第一,武夷、清源不及也"。《茶谱辑解》记载:"福州柏岩极佳。"说明鼓山半岩茶历唐、宋、元、明、清,千年而不衰。

虽然是贡茶、名茶,鼓山半岩茶却一度停产。《闽小记》记载,明朝福建建安(今福建建瓯县)人杨荣当政时,叫停了每年鼓山半岩茶的进贡。当年鼓山半岩茶主要是寺僧制作,官府经常向寺庙索取贡茶,百姓根本没机会喝到鼓山半岩茶。清朝初年,索取鼓山半岩茶的官员更多,给寺庙造成的负担和压力比进贡更大,因此不堪贪官之扰,茶叶进贡停止了,生产量随之减少,市场也萎缩了,导致和方山露芽一样的退市结局。

清末,福州的两大贡茶方山露芽和鼓山半岩茶的衰落有三种原因导致:一是进贡取消;二是官吏索取过度,给寺僧、茶农添加负担,和尚非以茶事为主业;三因茶商重利,制茶不得法,茶尖与茶蒂一起烘焙,时候难以把握,结果茶尖烤焦,茶蒂不熟,茶质不良。若费工精制则价高,百姓买不起,导致方山露芽、鼓山半岩茶日渐衰落直至无人问津。

今天,鼓山相怀梅园中仍有一块"古茶园遗址"的介绍牌说,乾隆年黄任《鼓山志》载,茶园,讹为"笮篱壑"。在钵盂峰前,自山腰分径而入,别为一区,即鼓山产半岩茶茶园遗址。这里也是福州最古老的茶园,树龄100多年的连片茶林隐蔽在深山老林中。

旧时,与鼓山茶园毗邻的是鼓岭的茶洋。茶洋顾名思义是茶树的海洋，原有万亩茶园。宋朝的"茶洋"旧址即今之鼓岭宜夏村一带。清代诗人魏杰的诗作《茶洋山》写道：

> 孰意高山处，宽平万亩园。
> 武夷茶可种，石鼓岫同尊。
> 路险人难到，溪分水有源。
> 前朝停厥贡，此地古风存。

这首诗歌说明了鼓山半岩茶曾是前朝贡茶，虽然停贡了，但种茶、制茶风俗依旧。而武夷茶可种，是因为"石鼓岫同尊"即武夷山天心岩一带茶树与鼓山半岩茶树是同岩同根生的兄弟。既然武夷茶树来自鼓山，那么，是谁将鼓山茶制作工艺带到武夷山呢？

武 夷 红 茶

鼓山半岩茶的制作带动了武夷岩茶、武夷红茶的生产。

《续茶经》载，张大复的《梅花笔谈经》说福州茶和建州今武夷产的茶叶其味极佳，因为诸峰拔立，正是陆羽《茶经》所说的生于烂石中的茶品质最好。武夷山有三味茶，苦酸甜也别是一种。《续茶经》的介绍从旁佐证了福州鼓山半岩茶和武夷茶的关系，曾经在口味上也一致。

闽侯县雪峰山崇圣寺的开山祖师义存禅师（822—908）是唐代著名禅师。他传布禅宗，借物说教使用茶盏，托茶盏论道成为他惯常的姿势。唐代禅师机锋论对的历史记载中，用茶碗譬喻论道的例子多达百余处，皆与福州禅师有关。

唐咸通十一年（870），武夷山僧人藻光禅师前往雪峰山崇圣寺参拜义存禅师，检验自己的学问。回武夷山后，他在吴屯乡建瑞岩寺，寺内种茶树，挖龙泉井煮茶，同样是学习义存禅师以茶论道的形式。唐乾符元年（874），藻光禅师又和弟子共建山心庵。当年中秋之夜，藻光禅师望月时豁然开悟，写了一首偈语诗："欲会千江明月，只在天心一轮光处，何用捕形捉影于千岩万壑？以踏破芒履为耶？"

五代梁开平二年（908），琅琊王（翌年被后梁封为闽王）王审知重建鼓山涌泉寺（当时名"国师馆"），后邀请义存禅师担任国师。义存禅师推荐了自己的弟子神宴禅师。神宴禅师传承了以茶论道的形式。因此，涌泉寺是中国最早使用"茶盏子"譬喻说教的寺庙。

藻光法师晚年被闽王王延钧尊为"国师"。后唐天成二年（928），藻光禅师圆寂于福州，享年85岁。王延钧敕封他为"妙觉通圣大师"。历代闽王都尊佛，向高僧学习禅茶之道，促进了鼓山半岩茶的生产和发展。

藻光禅师圆寂多年后，其弟子将山心庵更名为"天心寺"。明永乐十五年（1417），明成祖朱棣赐封天心寺为"天心永乐禅寺"，赐封天心寺禅茶为"大红袍"。福州鼓山涌泉寺地藏殿前，有一块清朝同治十二年（1873）所立的石碑，碑上左侧镌刻一行字："十二年取回崇安县天心岩茶山，心池大和尚买朴头丘中侧内一亩二分茶田。"

光绪二十五年（1899），涌泉寺的德容和尚担任天心寺住持。德容大兴土木，广增庙宇，天心禅寺由此鼎盛，僧众近200人，渐成各地僧侣朝拜受戒的古圣道场。光绪帝御赐五爪龙青花画筒一个，帝师陈宝琛题写"福德因缘"匾额，至今珍藏在天心寺内。同时，德容和尚在武夷小天心岩开垦茶田，种植茶树、制茶，足见武夷名茶大红袍与鼓山涌泉寺关系密切。

另外，不得不提及茶马古道。兴于唐，盛于明清的茶马互市分为西北和西南两条线路。入清以后，茶马互市被取消，晋商的茶叶贩运路线扩展到福建。清康熙年间，武夷山下梅村是茶市，这里也是陆路茶马古道的起点重镇。当年正山小种从这里过乌兰巴托，到俄罗斯，远销欧洲，成为英国王室御用茶——英国红茶。由于武夷山红茶做成砖茶在茶马古道运输方便，茶块色黑，因此英国人把武夷红茶叫作"black tea"（黑色的茶）。

第二章　茶与渡口

闽国的北苑贡茶

福建茶叶早期最著名的有方山露芽、鼓山半岩茶、蜡面茶、北苑贡茶。闽北最著名的茶叶是建州北苑贡茶。但北苑贡茶也源自福州。

《福州府志万历本》记载："唐《地理志》亦载'福州贡蜡面茶'，盖建茶未盛以前也。"这段记载说明，福州蜡面茶比建州的建茶出现得早，且是名茶。唐朝的蜡面茶由福州市长乐区泮野村的菜茶制成。制茶者在茶中掺入沉香木、麝香等名贵香料，把自然茶发展成加香料的蜡面茶，是福州地区继"方山露芽"成名百年后的一款名茶，历唐、宋500多年，成为皇室贵族推崇备至的贡茶。

晚唐，蜡面茶成名后传到建州，即今建瓯市。毛文锡的《茶谱》、《旧唐书·唐哀帝纪》、北宋丘荷的《御泉亭记》《帝王部·姑息四》《帝王部·纳贡献》都记载福建进贡的蜡面茶皆为福州所产。

唐代中期，福州开始出现茶叶行商，即私人去茶叶产地采购茶叶，再将茶叶贩卖到全国各地，在唐代茶叶贸易中起着重要的媒介作用。茶叶行商沟通了茶叶生产者、消费者和茶叶市场，在全国形成固定的茶叶贸易路线。朱自振的《茶史初探》中描述福州、建州茶叶"唯广陵、山阳人好之"。福州茶叶行商将茶叶运往江浙一带是走仙霞岭路，途经建州，从而带动了建州地区商业的繁荣。

福州的蜡面茶传到建州，迟至五代十国。今天的建瓯市是当年建州的州衙驻地。闽龙启元年（933），王延钧在建州（今建瓯市）主政时，当地茶园业主张廷晖，在凤凰山（今建瓯市东峰镇境内）经营方圆30里的茶园，因战事频繁，难以为继，就将茶园全部献给闽王，作为皇家茶园。

茶园地处闽国北部，故称"北苑御茶园"。

《中国茶叶大辞典》记载："南唐保大元年（943），王延政遣潘承佑主持北苑茶事。"同年，王延政在建州建国，国号"殷"。天德三年（945）正月，王延政攻取福州，改国号闽，仍定都建州。同年八月，南唐国主李璟抓住闽国内乱时机，攻陷福州。闽国亡，王延政家族被迁移到金陵（今南京市）。北苑归南唐。闽国的北苑皇家茶苑设立12年。南唐夺取建州后，建州蜡面茶成为贡品。

宋朝太平兴国二年（977），宋太宗在凤凰山设漕司行衙，置北苑御焙（官焙），派漕臣督造北苑御茶，做成龙凤小团。据《福建通志》记载："北苑龙凤团茶是一种饼状茶团，属蒸青片茶类，名叫龙凤饼茶，也称为'龙凤茶''北苑贡茶''腊茶'等。"大家俗称的"北苑贡茶"，以龙凤图案的模具制作蒸青团茶。到宋徽宗时，北苑贡茶已是极品。宋徽宗撰写《大观茶论》盛赞福建的茶叶："茶之为物，擅瓯闽之秀气，钟山川之灵禀。祛襟涤滞，致清导和，则非庸人孺子可得而知矣。"

蒸青团茶是绿茶。《茶疏》记载："阳羡仅有其名，建州亦上品，惟武夷雨前最胜。"它的做法是在茶饼当中穿凿一孔，用竹条穿好，在焙灶上烘干后，再用竹索穿起，封存于瓮中待用。此种方法制成的茶外形呈团饼状，作为御品上贡皇室朝廷，其上还有龙凤纹的装饰图案作为封印，故又称"龙凤团饼"。唐宋时期盛行的这种团茶，十分干硬，品饮时须碾成末烹煮，因此，碾、磨、茶匙、筅、臼、锥、茶炉等用品为饮用团茶时的必备专用器具。

宋代，大力贯彻榷茶政策，福州安泰桥附近有茶市。福州茶农（称作园户）虽有生产的自主权，但产品完全被官府控制。园户交税，"愿折茶者，谓之折茶税"，生产茶叶除做税输租外，全部由建州（含福州）买厂官收购，实行间接专卖法。茶叶收购、销售价格由官府决定。官府肆意压低茶叶收购价，任意侵吞园户的利益，尽量抬高茶叶销售价，从茶商手中获取垄断利润，从低进高出中牟取巨额差价，造成茶叶的买卖差价巨大。尽管官府实行茶叶禁榷，严禁私贩，但园户为谋利，铤而走险，私自售茶给茶贩。茶禁愈严，私贩愈多，大规模的走私贸易使官茶陈积，茶利速降。

宋真宗咸平年间（998—1103），丁谓（丁晋公）任福建转运使，负责福建的财赋、监察及交通运输等事务，大力强化对北苑贡茶的管理，使北苑贡茶的质量、品种和数量都有极大提高。他撰写了宋朝第一部重要茶学著作《北苑茶录》三卷，贡茶的形制和模具样式第一次系统地出现在记载中，开创了宋代茶学研究的风气，成为宋朝茶学的先驱。

宋庆历七年（1047），蔡襄任福建路转运使，十分重视建州北苑茶焙的贡茶之事，发明了小团茶饼，上贡朝廷得到皇家一致好评。皇帝下旨要求纳入每年制造计划。这是蔡襄对福建茶走向全国的重大贡献。当时王公将相都有"黄金可得，龙团难求"的感叹。宋徽宗赵佶写的《大观茶论》说："本朝之兴，岁修建溪之贡，龙团凤饼，名冠天下，而壑源之品，亦自此而盛。"诗人陆游《建安雪》赞誉"建溪官茶天下绝，香味欲全须小雪"。苏东坡赋诗《荔枝叹》："武夷溪边粟粒芽，前丁后蔡相宠加。"而元朝时，江浙行省平章政事高兴把武夷茶进贡到宫廷后，北苑茶渐至无闻。

北苑贡茶是唐宋时盛行的蒸青制法。日本高僧荣西受教于圆悟克勤法师后，于宋绍熙二年（1191）将中国"禅茶一味"之禅与茶文化传至日本，广布禅理，教导民众以茶养生，自此，禅茶文化在日本传扬开来。时至今日，日本绿茶的主流制法仍以蒸青为主，如抹茶、玉露、煎茶。由此可见，北苑茶的意义绝不仅仅为了宫廷，除了专供宋廷及官僚享用之外，其精绝品质、冠绝天下的名声、高雅的茶艺，起到重要的文化传播作用。

北苑贡茶不仅推动建安的茶产业，还拉动武夷山的茶产业。明代中叶，福建文坛领袖徐𤊹撰写的《武夷茶考》记载："按《茶录》诸书，闽中所产茶，以建安北苑为第一，壑源诸处次之，武夷之名未有闻也。"然后，他又引用范仲淹和苏东坡的诗句"武夷之茶在北宋已经著名，第未盛耳"说明北宋时，武夷茶叶已是名茶，但尚未全盛。明朝，武夷山市桐木村的茶农研发了一种红茶，名为"正山小种"，武夷红茶开始进入鼎盛时期。

传统饼茶的制作方式是采、蒸、捣、拍、焙、穿、藏等七步，工艺复杂。明洪武二十四年（1391），朱元璋为了不给茶农增加负担，以散茶取代饼茶，遂下诏罢造龙凤团茶。官焙衰亡，团茶向散茶演变。从五代至明代历时458年，北苑茶谱写了中国茶叶史上最璀璨的一页，至此也名气衰退。

朱元璋的贡茶方式改变后，北宋精致优雅的饮茶方式也发生变化。因为宋代的北苑饼茶和饮用方式是一种贵族艺术。贵族艺术化的方式有个致命的缺点——远离平民化。北苑官茶虽亡，民间团茶却有强且长久的生命力，直至清后期才消失。

茶的平民化，是世界史发展的宏大潮流，武夷红茶即在此基础上发展起来。清朝，福州鼓山涌泉寺派人到武夷山天心寺担任住持，在天心岩种茶。20世纪40年代，天心岩九龙窠岩壁上的三株茶树，被世人公认为是著名品牌大红袍茶叶的产地。

无论如何，北苑贡茶和武夷茶的名气早已传遍神州大地，促使日后英国植物学家到武夷山偷茶树、茶工和红茶制作技术。

薄胎茶入和茶渡

明朝，日本大名（大地主）心目中，唐物茶入是武将身份的标配和权势的象征。织田信长和丰臣秀吉作为大名皆将其视为身份象征。薄胎茶入是唐物茶入的一种。本篇从薄胎茶入谈起，涉及仓山区沿江的几个重要渡口——石岊渡（怀安大道）、芋原驿、洪塘渡的历史信息。

唐朝时，福州经济发达，不仅方山露芽与鼓山半岩茶可见一斑，还有洪塘的薄胎茶入可佐证。《茶经》《茶谱》等典籍说明，福州在唐朝已开始生产贡茶。既是皇家贡品，方山露芽的种植、制作与保存可谓大事，福州自然要生产瓷器保存方山露芽。周高起的《阳羡茗壶系》记载："近百年中，壶黜银锡及闽豫瓷，而尚宜兴陶。"周高起提及的闽瓷，即鼓山寺僧设计的锡胆瓷瓶，专门用来装茶，一直到清初都广为全国百姓喜爱。福州的瓷器生产自唐朝开始一直十分发达。

仓山区建新镇怀安村，是古代福州的一座瓷都。这里地处南台岛的北部，境内丘陵起伏，石岊山自北而南绵延数里，将闽江水分为两派。瓷窑遗址分布于山陵的北麓一带，废弃堆积达数万平方米，自1959年调查发现后，1982年又进行了局部的科学发掘，揭露面积74平方米，分别出土南朝和唐代的文化遗存，让今人了解了怀安窑的发展概况。

　　南朝时崛起的怀安窑，烧成瓷器胎骨呈灰或灰白色，经测定所使用的原料是当地所产风化程度高、含石英量大的瓷石。瓷器釉色多呈青色或青中闪黄，其中还有一种粉蓝色的乳光釉，经测定具有典型的不混溶性结构，外观如脂似玉，无纹片，极少釉泡，瓷质致密，断口光洁，比同时期甚至比后来的同类瓷器都更胜一筹，反映出高超的工艺技术水平。

　　怀安瓷器的产品种类很丰富，有盛贮用的壶、罐，饮食用的碗、盘、盅，以及文具砚、卫生具薰炉等，造型粗犷厚重，常见矮圆墩实的器形。地层内出土的一件窑具上，刻有"大同三年四月廿日造此，长男刘满新"字样。"大同三年"即537年，南朝萧梁武帝的年号。其他窑具上，还刻有"朱""陈""于""常""章""安""秦"等姓氏，应是作坊主或经营者的姓氏，表明当时的生产方式是以家庭为单位的合伙经营性质。

　　唐代，怀安窑的瓷器釉料中出现了青中泛绿的颜色，并采用釉下施褐彩的装饰工艺，胎体趋向轻薄，器形以修长挺拔居多，适应当时室内使用桌椅家具的起居生活特点。品种中，增加了执壶、灯盏、盒、瓶以及瓷塑人物或动物。据《三山志》等记载，唐贞元三年（787），福州发生兵变，历经两年。怀安的窑床中发现与瓷器共存的一枚"开元通宝"铜钱，一件刻有"大唐贞元口口"年号的垫具，还遗留一摞摞未烧成品。也许这是当年福州兵变造成此窑倒塌，因此留下许多半成品。怀安窑村的窑烟前后延续了近300年，它制造的产品，不仅供应本地居民生活的需求，而且还出口日本长崎、福冈等地。

　　闽侯县的昙石山博物馆里曾有五六千年前的薄胎陶器，可见福州的陶瓷生产工艺水平之高。唐朝时，福州市仓山区淮安半岛和洪塘村有大量民窑生产瓷器。至宋代，淮安半岛瓷土日稀，转而生产陶器，材料来自当地的沉积黏土，能做出胎壁厚度仅1毫米之陶器。当时也许是应福州官宦人家的要求，专门制作用来把玩的一种陶器，或者装茶叶，也可能是女性的发油装具。

唐贞元二十年（804），日本桓武天皇派遣僧人最澄与空海到中国学习佛法。最澄到宁波天台山佛陇寺学习。第二年，他回日本前得到师傅行满法师赠送的茶叶，并把茶树种子种在京都比睿山草庵旁的山坡上。行满法师是佛陇寺的茶师，最澄因此也把学来的茶道文化在日本传播开。

宋嘉定七年（1214），日本源实朝将军醉酒后喝了荣西禅师的茶，很快清醒了，又读了荣西禅师的《喝茶养生记》："在中国，人皆好茶，是故心脏病痛少有，而人皆得长寿。"从此在日本高层推行喝茶养生。

日本室町时代（1336—1573）受中国饮茶之风影响，武士阶层兴起以游戏和娱乐为主的斗茶之风，由此又延伸出和茶相关的多种活动。茶叶种类、茶叶产地和茶具也成为他们热衷研究的对象。日本高层的重要政治会议、贵族活动经常在茶席时举行，对茶器也就十分重视。唐物茶入和唐物天目来自中国，是当时重金难求的艺术品，成为日本武士争相炫耀的宝贝。

薄胎茶入轻薄，便于随身携带。据说，丰臣秀吉打仗时经常把唐物茶入随身携带，这样避免自己喝的茶被人投毒。当时的日本大名把拥有唐物茶入视为高贵身份的象征。武士们为了得到唐物茶入而不惜代价发动战争。

2017年上映的日本电影《本能寺酒店》即根据真实的历史事件"本能寺之变"改编的。这部电影与织田信长的唐物茶入有关。此后德川家康执政的江户幕府时代，唐物茶入仍是地方大名与将军关系疏近的证明，也只有德川家族或肱骨之臣，能获得将军下赐的名贵唐物茶入。当时的唐物茶入就是薄胎茶入。生产薄胎茶入的窑，目前考古发掘出的只有福州的洪塘窑，尚未发现其他地方生产此类薄胎茶入。

公元9世纪即唐朝中后期，福州和日本之间的海上贸易航路已建立。日本的值嘉岛和福州港口之间经常有两地的海商船只往来贸易。明末清初学者顾炎武说："私造大船越贩日本者矣，其去也以一倍而博百倍之息，其来也又以一倍而博百倍之息。"由此可见，其中的利润之丰厚足以吸引海商冒死贸易。这一船万利的好事就因为船上货品之奢侈昂贵。那时，普通日本人用不起中国的瓷器，而福州的日用瓷器运往日本销售，自然销售一空又是百倍千倍之利润，而且没有竞争对手，价格也无从比较，只能任由福州商人开价。

薄胎茶人能出口到日本不得不提及仓山区的沿江渡口，尤其是洪塘渡和石甼渡。晚明，隆武帝逃到福州，船至福州芋原驿，在洪塘渡登岸。

方山北渡和南渡

今天多数的福州人不知道方山在哪里，但说五虎山时，大家都知道，就是福州市闽侯县靠近乌龙江边的五虎山。人们不禁好奇，这座山为何有两个名称呢？这和交通要道的改变有关。这个交通要道涉及的重要渡口，即方山北渡与方山南渡，当年也都和茶有关。

唐至北宋，官方指定的福州南主驿道是方山北渡和方山南渡。方山北渡位于阳岐村的午桥河边，从午桥下的方山北渡坐船过乌龙江（金锁江段）有点危险。当年的金锁江江面宽阔，方山北渡地理位置优越，是得天独厚的天然良港、水上交通要塞，素有"南港九十三乡大码头"之美称。过了金锁江就到了方山南渡（今闽侯县南通镇新岐村内）。新岐村风光绮丽，这里的岐山背靠五虎山脉，是当时攀登五虎山的主要线路。因为翻山越岭的人多了，唐朝时岐山上建了一座岐山寺，被称为"南港九十三乡第一屋"。

在闽侯县的新岐村有一座三教合一的岐山寺，今已更名为"岐山古迹"。沿着寺庙门口的新岐街一直往河边走，能找到方山南渡的最初渡口。这个渡口已经废弃，路边遗留"南无阿弥陀佛"的石碑，还有一座六角亭和一棵巨大古榕树。从榕树附近的巷子往河边走，是现在的渡口。渡口旁的杂草丛里也立着一块"南无阿弥陀佛"的石碑。

当年出福州往南，都要从方山走。从方山北渡（阳岐渡）翻越方山时，从岐山角度仰望五虎山并不巍峨峭拔，却符合《三山志》的记载："方山寺，清廉里，陈天嘉元年（560）置……山在州南，重江之外九鼻，东向正北，远望突兀端方，直下数千尺，故名。""是山峭拔秀碧"，"真一郡奇观"。

世上仅有几座大山有山无峰，景观奇特，方山是其中之一。从岐山角度看"突兀端方"，正是方山的正面。这有山无峰、突兀端方的平顶山，被称作"方山"。唐朝和北宋时期，五虎山一直只有一个名称，即"方山"。福州往南的主驿道在方山北渡和南渡这一线路上。

北宋宣和六年（1124），去往更远的南方的人多了，方山南渡不再是最佳路线，大家改为江面行程距离最短的峡江，即从仓山区的峡江北渡到闽侯县祥谦镇的峡江南渡（今乌龙江大桥附近）。为了方便出行，官府从峡江南渡修建了一条新驿道至闽侯县枕峰村，由此接入闽侯县的大田驿铺旧驿道（今闽侯县青口镇大义村），再接福清市的常思铺往南。在峡江南渡附近还有尚干渡和大义渡，都是当年的重要渡口。

由于南主驿道的改变，人们过峡江后见到的是方山的背部，即5座山峰如五虎腾空而去的形象，方山就有了一个别称"五虎山"。从此，人们惯称方山为"五虎山"。

石岊渡

春天，我常去淮安半岛的闽江分流界，站在乱石堤上眺望，波光粼粼的开阔江面上飞鸟翱翔，500米外的江对面，似有蓬莱，恍惚争渡在芳洲，原来那是闽侯县侯官村的无名岛和桐口村的绿洲寨公园。天河从这两块陆地中穿过，落晖赴江山时，宛若一位曼妙的姑娘，横卧在两片葱葱郁郁的树林间，浑身闪闪发光，慢悠悠地，婀娜着，摆动她那柔软洁白的身躯，缓缓地流向淮安半岛，令人惊艳。我不禁想起《田螺姑娘》的传说。难怪，侯官村和荆溪镇之间的闽江，美其名曰"螺女江"。

古今多少文人墨客站在岊江畔，欣赏螺仙美，踟蹰不去？淘一遍诗词典籍，名人中有宋代的朱熹，明朝的叶向高、曹学佺、翁正春、林鸿、徐煳、谢肇淛、周亮工，清代的梁章钜、孟超然、林鸿年、郭柏苍、叶大庄，民国的何振岱、沈瑜庆、潘主兰都曾到此览胜题诗，因为此地风光旖旎，是历史上著名的风水宝地，是福建目前已发现的最早生产外销瓷的窑址，而且是福建省内迄今为止唯一一处大量外销的唐代窑场。

中国百姓熟悉的日本高僧一休有个门徒叫村田珠光。据说，珠光初入京都本能寺，跟随一休学佛坐禅时，有点爱打瞌睡。一休教他喝茶，以醒脑清心。珠光使用的茶具，是前代从中国进口的青瓷碗，形状作敛口、深腹、底部带圈足，器内外刻着自然简朴的花纹，表面覆盖着一层青黄色的薄釉。这种普通的中国茶碗，算不得上品佳器，但珠光却爱不释手，认为云遮的月亮比完美的月亮更富有韵味。他在使用这种碗品茗过程中，不断钻研饮茶艺术，逐渐领悟出禅茶一味的境界，倡行修身养性式的恬静茶风，从而创立日本茶道，被尊为茶汤之祖。在当时日本的其他寺院中，他也使用过一些类似的瓷碗。珠光逝世后，这些瓷碗一律被命名作珠光茶碗，有的还刻有"迟樱"（晚开的樱花）、"波澜"等铭款。究竟哪一件才是珠光真正使用过的，大家反而弄不清了。虽然如此，流传下来的此类茶碗均被当作日本国的"名物"而倍受珍视。

近代以来，日本镰仓时代（1192—1333）古文化遗址中，普遍出土了类似珠光碗的遗物。它们的具体产地引起佛教、茶道、陶艺等各界人士的关注。为此，日本学者进行种种探讨和研究，有的认为是中国宋代北方工匠南渡后的作品，有的推测是浙江省德清县烧制的，见仁见智，数十年悬而未决。1956年，北京故宫博物院陈万里先生至闽南一带考察，首次发现并证实同安县为珠光茶碗产地之一。此后，福建从山区到沿海均有类似发现，从而确认珠光碗系宋代福建产物。其中，福州地区的窑场尤为密集，分布于福州宦溪、闽侯鸿尾、闽清义窑、连江浦口、福清东张等处，出产的瓷碗，其形状、坯胎、花纹、颜色与珠光茶碗完全一致。

福州占有地理交通上的优势。宋代福州至日本的航线，主要有两条：一是从福州经琉球群岛抵九州；二是从福州转浙江宁波东抵福冈的博多湾。宋代勃盛的海上贸易时期，从福州石岊渡输往日本的珠光青瓷茶碗，应当是大批量的。

当年从石岊渡随船外销的除了瓷器，还有福州茶叶——唐朝贡茶方山露芽与柏岩茶（鼓山半岩茶）也是从这里出航的。

芋　原　驿

我居住仓山区建新镇上，家后隔一条街即明代状元翁正春、闽剧儒林始祖曹学佺的居住地洪塘街。黄昏，我常至芋原驿漫步，欣赏落日与霞光铺满江面的美景。早期，这是一片荒草萋萋日迟迟、村落田园相依傍的自然景象。景观改造后，芋原驿石碑背后有一片古老的小树林，树林中间有一条石道。我喜欢漫步在这已有千年历史的石道上，临风伫立江头，一睹江畔落日美景，不时偶遇有人在此泡茶、吹笛、览胜。

芋原驿是一个渡口吗？闽剧儒林始祖曹学佺所建的园林石仓园，位于岊江与洪江之间。他进京从芋原驿出发，曾赋诗：

泊舟芋原驿，好我入林庄。
花雨助池涨，松云穿峡长。
兴狂缠着屐，绪发即离觞。
期尔成名后，时时过草堂。

明朝中叶诗人林希元曾赋诗《至芋原驿有感》：

芋原江上水悠悠，此日邮亭又系舟。
世态古今随日变，波涛日夜向东流。
三山云起楼台隐，西峡风高草树秋。
独怪百年成底事，图书归去雪盈头。

"芋原驿"因"芋源江"而得名。"芋源江"又名"岊江"。宋代，"芋原驿"原名"石岊馆"，明朝万历年间，怀安县并入侯官县，"石岊馆"

改为"芋原驿"。

不论名曰"石岊馆"或"芋原驿",皆非渡口,只是一座建筑名称。今天的芋原驿对面有一座古老的提统抚麻府三相公庙,当年的提统抚是负责芋原驿交通的衙门,职能类似如今的邮政与交警部门。明朝的驿铺分为陆驿、水驿、驿站、递运所、急递铺、马快船等,即官方建设的车、马、船等通道,起邮政、交通作用,由军队管辖,是官员出行的重要枢纽,也是政府为各地官员来闽而设,官员离船上岸后,先到芋原驿稍事休息,再坐轿进城。

洪 塘 渡

古代文人到福州,皆以"芋原驿"或"石岊""岊江"为题,赋诗作纪,因这里附近的确是一个重要的码头渡口。很多人到芋原驿附近的金山寺,看到江边竖立的"洪塘渡"石碑,不禁会问,洪塘渡和芋原驿有何区别?

《读史方舆纪要》记载:"闽江自白沙而下,分为两支:其自东而南者,二十里为竹崎所,又四十里曰芋原驿,又东南至府西十里曰洪塘浦,又东南流二十里曰南台江,又东南流五十里为马肠江。"由此可见,芋原驿和洪塘浦的距离。洪塘渡何时使用呢?

唐朝,闽东南人口日渐密集。福州位于闽江下游,闽江长期携带泥沙沉积到下游地区。人们在州城西南面筑堤围垦,沙洲和沼泽地连成片,拓宽了陆地面积。唐朝廷在福州设观察使,民间贸易日渐频繁,福州港的航海地位比泉州港更高,其外贸地位与扬州、广州并列。时任福州观察使郑镒开凿洪塘浦。洪塘浦又称南湖,一头承西湖之水,一头从洪塘浦通海潮。直至宋代,洪塘依然水深不得渡。

《南唐书》记载五代十国时期的苍霞洲还是海道,泥泞难行,不易登陆。宋元时期,福州城乡要道就是石岊渡。石岊村因瓷器贸易,建设专供船只停泊的渡口,俗称"闽江北港",商市繁荣。

明中叶,福州成为琉球唯一的进贡口岸后,琉球船只都在福州建造,福州造船业兴盛,船厂分布在南台、河口、洪塘三地。明万历年间,福州共有市9个，南台与洪塘是主要地区。由于福州连年大旱，粮食主要靠闽江上游四府供应，船运到福州。洪塘成为福建重要的米市。沿海三县，甚至漳泉缺粮区到福州洪塘来运上游粮米。明万历诗人林燫的《洪山桥亩记》中描述了洪塘闹市情况："商舶北自江至者，南自海至者，咸聚于斯，盖数千家云。"清乾隆年间的鳌峰书院山长孟超然咏洪山桥亦有"桥下千帆落影齐"的诗句。

《思文大纪》卷一记载，弘光元年（1645）润六月初三晚，南逃的隆武帝在水口驿下关的泰山庙拟定各要紧衙门的官员名单。第二天早上，船至福州芋原驿，隆武帝才最终增补、确定重要衙门的官员名单。当日午时，隆武帝的御舟抵达洪塘，在金山寺的洪塘渡登岸，驻跸金山寺，择吉时入城。初七日，隆武帝御驾进城，暂时以南安伯府（即旧督府）为行宫，百官庆贺，百姓焚香恭迎，欢声载道。

明清时期，由于广大乡村和内地商贸经济的交往，洪塘和怀安成为福州盐、米等各地货物的集散中心，洪塘渡和怀安的石岊渡都是重要的渡口。

怀 安 大 道

宋代，怀安县修建了一座石造的大码头——怀安大道，因往返福州的官员坐船都要经过怀安县。怀安大道的官方名称是"石岊渡"。

宋代诗人刘克庄曾到怀安，只为了前往藤山梅岭赏梅。藤山西侧是天宁山。北宋时，福州的30个佛教大寺院的主僧共同出资在天宁山上建天宁寺，轮流主持管理和维修南台浮桥的工作。天宁寺之"天宁晓钟"与藤山之"梅岭冬晴"闻名全省。刘克庄来福州赏梅，泊舟在怀安大道，赋诗《怀安道中》：

闽溪瘴岭客程赊，晓泊怀安喜近家。
大屋书旗夸酒米，小舟鸣橹竞鱼虾。
溪移驿已临高岸，潮退帆多聚浅沙。

快着征衫鞭瘦马，要看二十里梅花。

今天到淮安半岛（旧怀安县石岊村），依旧可见芋原驿石碑后的围栏内有一条百米长的石道。芋原驿的石碑上刻着"接官道"，即宋代的福州大码头——怀安大道。它是突堤式结构，东西走向，占地约380平方米，条石路基，素土夯实，上横铺条石，西头道面有三块巨大的条石伸入江面，见证了福州千年"海上丝绸之路"的历史。

石岊村因岊山而命名。石岊山秀拔多石，每年增高一点，后遭火灾而停止生长。山上有闽越王无诸的游憩之所即闽越亭，至今，闽侯县荆溪镇还有一座汉闽越王无诸庙。

《岊水风帆》诗云：

布帆去如飞，日暮江风急。
古城虽已墟，犹指怀安邑。

"岊水"（石岊江）在何处？闽侯县上街镇侯官村与荆溪镇桐口村之间的闽江，抵达仓山区淮安半岛后，这一段闽江被称作"石岊江"。石岊渡位于石岊江的江头。石岊江汇五马三洲之胜，东流被称作"白龙江"又叫作"北港"（仓山区和台江区之间）；西流经金山寺、阳岐村，过龙祥岛汇入东海，称"乌龙江"，也叫作"南港"。

《淳熙三山志》记载："石岊渡，县之右，建炎间置亭。"又"石岊渡，驿路百六十里。"可知石岊渡位于怀安县衙右侧，与芋原驿石碑后的接官道位置一样。

南朝，石岊村内生产瓷器，又是闽江上下游船只必经之地，因此有石岊渡，比乌龙江边的方山北渡、方山南渡、阳岐渡、绍岐渡等更早设立。那么，石岊渡和茶港有关系吗？

《八闽通志》卷七十五记载："开元寺在灵山之西，旧属怀安。""梁时置……会昌中，汰天下寺，存此。"说明开元寺曾由怀安县管辖。唐朝会昌法难期间，开元寺因供奉唐玄宗李隆基像而得以保留。禅宗南岳系自唐天宝初年由马祖道一传入闽中后，福州诞生许多著名禅师，是福建禅宗传法中心，因此寺僧皆种植茶树，并能制茶、饮茶。

唐代福州的涌泉寺、方山寺、开元寺、绍因寺、灵塔寺、武夷山天心寺同属南岳禅宗，寺僧皆能制茶，因此带动了福州乃至福建茶叶的生产和推广。

当年，乌龙江上游的石岊村里有灵塔寺等寺院，乌龙江下游有方山寺，寺庙制茶，乌龙江是否因此尽染茶香呢？当怀安县开元寺的住持、方山寺的章敬国师怀恽、武夷山藻光禅师、日本高僧们带着茶叶或茶树种籽离开福州进京时，和曹学佺北上一样，应是从石岊渡离开。因为石岊渡正是闽江上下游的枢纽站。当他们迎风伫立石岊江畔，但见石岊渡舟航云集，是福州最繁华的渡口。

南宋理学家朱熹当年乘船到石岊渡时，赋诗《石岊江行》：

> 春日江中注，我行溯其波。
> 扬帆指西滋，两岸青山多。
> 青山自逶迤，飞石空嵯峨。
> 绿树生其间，幽鸟鸣相和。
> 塞蓬骋退眺，击节成浩歌。
> 独语无人悟，兹怀竟如何？
> 停骏石岊馆，解缆清江滨。
> 中流棹歌发，天风水生鳞。
> 名都固多才，我来友其仁。
> 兹焉同舟济，讵止胡越亲。
> 相期岂今夕，岁晚无缁磷。

《闽都记》记载："芊原驿，在石岊江头，南行以舆，北以舟。皇华使节往来络绎。察院行署在驿之北。递运所在驿之东。"文中的皇华使节便是明朝琉球册封使和来自琉球国的贡使。他们往返福州和京城之间皆在此坐船出行。当时石岊村之繁华，可见一斑。

福州的茶叶和渡口关系密不可分，没有这些渡口，茶叶便不可能走向世界。福州自古便是产茶区，比如晋安区鼓山镇的茶会村，郊外的北岭、鼓山鼓岭一带，茶农以种茶制茶为生。每年清明前后，茶农集中烘制加工制茶成品，再运至城中售卖。当地茶叶加工作坊区，茶叶烘焙作坊林立，"茶焙"或"茶焙村"因此得名。福州方言"焙"与"会"读音相近，故以讹传讹读成"茶会"。茶会村名由此而来，沿用至今。茶会村的东南有座古庙，庙额上的镏金横匾书有"茶场福境"四个大字。至今，晋安区还有茶园、茶园山的地名，由此可见福州茶叶发展的历史轨迹。

近代，福州是中国三大茶港之一，鼓山茶树种植面积扩展到凤池、茶洋山、鼓岭等地。那时武夷红茶和福州的茉莉花茶，从仓山区的泛船浦与台江区的台江汛出航。但人们却忘记了，早在南朝，怀安县的石岊渡便是福州最重要的贸易港，唐宋时期已是茶港、盐港，见证了福州两千年的对外贸易历史。除了石岊渡、芋原驿、怀安大道，还有近代教育家、思想家严复家乡的阳岐渡，林浦村的绍岐渡，以及明中叶开始出现的洪塘渡，都是见证福州系海丝古城的重要区域。

第三章　茶通四海

　　周重林、太俊林撰写的《茶叶战争》一书前言，总结茶叶战争和1840年鸦片战争的关系："为何英国以茶富强，而晚清却因茶走向衰亡。1840年鸦片战争，在某种意义上，就清朝统治者自身利益而言，是一场茶叶战争。"

　　这就要先了解茶叶变成引发战争导火索的历史背景。在发生鸦片战争以前，中国商品就一直深受外国喜欢，最初的外贸是以朝贡贸易的形式进行，比如日本、琉球、朝鲜、越南都是中国的附属国，但由于琉球国依托其便利的海上贸易通道，船只往来那霸与中国福州之间，北上日本、朝鲜，南下安南、吕宋、爪哇、马六甲等东南亚各地，贸易遍布整个南洋群岛，获得东方"海上马车夫"之称，被誉"万国津梁"。而当葡萄牙人、西班牙人来到马六甲海峡后，就改变这一贸易格局。葡萄牙人通过战争占据了东南亚、中国、印度三角贸易的中心地马六甲王城。从此，联通全球航运的黄金水道落入葡萄牙之手。葡萄牙人走出称霸大航海时代的第一步，也揭开东南亚殖民历史的序幕。但是，马六甲地区历史上一直依赖多元化的贸易商来保障市场的活力和税收，葡萄牙的贸易垄断政策也直接导致马六甲的经济衰败。

　　自16世纪开始，葡萄牙、西班牙、荷兰、法国与英国相继在印度和远东进行殖民活动。那时的远东贸易利润来源主要是香料贸易。香料主产地在印度。万历二十四年（1596），荷兰人与葡萄牙人争夺东印度群岛，多次发生战争。16世纪，欧洲的精英阶层已经接触到茶叶，但直到顺治十七年（1660），斯图亚特王朝复辟后，茶叶才成为一种真正的商品。17世纪到18世纪，英国与荷兰为了争夺海上贸易主导权，在印度境内发生四次交战。当印度香料、棉织品已经无法满足英国快速获得暴利需求时，就把目光转向茶叶。那是17世纪60年代，葡萄牙公主凯瑟琳嫁给英国的查理二世时，将一箱茶叶作为嫁妆之一带入英国宫廷。英国诗人埃德蒙·沃特称赞凯瑟琳是"最好的王后"，因为她泡的茶大受欢迎，是最上等的香茗。茶叶不仅成为英国人消费的时尚奢侈品，也为英国政府带来新收入和暴利。简单了解葡萄牙、西班牙、荷兰、英国等国对外掠夺占领市场的过程，才能明白茶叶贸易为何不仅是一场全球市场竞争，还是一场战争，他们为何会派使团来福州，又如何与福州交往。

明代，福州是琉球和西班牙统治的吕宋国的唯一进贡口岸，是明朝海禁时期对外的重要外贸、外交口岸。通过福州和欧洲各国的交往，可充分了解明清时期福州的经济繁荣景象，作为著名外交城市的世界影响力，有助于理解福州在欧洲各国商人中的印象，以及鸦片战争后为何成为通商口岸的重要原因。

本章介绍福州和各国交往的情况，展现外国进口中国茶叶的历史发展脉络。明代，茶叶已在欧洲国家开始风靡，由此引发各国的贸易战，继而演变成鸦片战争，迫使中国打开对外通商口岸进行贸易。

明代时的福州

闽越国时，福州已开始对外交流、贸易。北宋中期之前，福州"外域诸蕃，琛赆不绝"，是福建海上交通和贸易的中心、中国重要的涉外城市。北宋元祐二年（1087），朝廷在泉州设置福建市舶司后，泉州港兴起，取代了福州港的地位。元代，朝廷把福建行省治所多次迁移至泉州，福州城墙也被拆毁。明代，福州才重新恢复福建省政治中心地位。

《明太祖实录》记载："以驸马都尉王恭为福建行省参政，上谕恭曰，国家用人惟才是与，使苟贤无间于疏远，使不肖何恤于亲昵。福建从昔富庶，元末困于弊政，朘剥尤甚，民病未苏。今命汝往抚绥之，汝毋恃亲，故以生骄纵，贻患于民。国家政令，一本至公，尔不能守法失人臣之道，朕亦岂敢纵法违天下公议？汝其钦哉！"

《明太祖实录》这段记载说明福建自古是富庶之地。朱元璋把大哥朱重四的女儿福成公主嫁给王克恭。王克恭年轻时便跟随朱元璋东征西战，元朝末年战乱时在徽州联结豪强、文豪鸿儒帮助朱元璋稳定后方，立下汗马功劳。王克恭到福州重建城墙时，在今天的鼓楼区通湖路上取土，留下六口大水塘，围绕水塘建造他与福成公主的宅邸——西园。明丞相汪广洋被朱元璋赐死后，王克恭写祭文悼念。不久，朱元璋找到明朝建国前王克恭治理徽州的一点错误，将王克恭父子削为平民，命令搬出公主府，只能与庶人同居，并将王克恭的名字改为"王恭"。从此，公主府的西园荒废，直至明中叶后成为招待琉球贡使的官园。无论如何，王恭对重建福州城贡献巨大。福州的城市格局也基本是在他建设时定型下来，直至清中叶，没有太大改变。

明成祖朱棣即位后，郑和七次下西洋都在福州长乐太平港驻泊。太平港水面宽阔，可同时停泊数百艘船只，内连闽江，外通大海，是一个天然的避风良港，因为这里每年四月至七月吹东南风，十月至翌年正月是东北风，利于福州航行前往东南亚。郑和船队中有16个福州人，对福州到东南亚的路线很熟悉，从此开辟了福州通往东南亚各国的航线。福州成为中国对外交通的重要口岸。

16世纪到17世纪初，福州主导福建沿海贸易政策，掌控与琉球、日本、吕宋、巴达维亚（今雅加达）等国家和地区之间的贸易，日趋兴盛的对外贸易，不断提升福州的国际地位，促使福州城的商业从城内发展到城外，城市范围不断扩大，城市建设也更加发达，加之处理海盗事件而不断增强的军事力量，使福州成为明代涉外事务的重要城市之一。

明代福州籍学者谢肇淛在他的著作《五杂俎》中，从地理环境、周边形势、城市建设等方面作了认真比较，认为福州比南京更优越，因为金陵是兵家必争之地，而"闽可举世而不被兵也"。所以，当葡萄牙、西班牙、荷兰纷纷遣使来福州请求通商被拒绝后，荷兰甚至开炮攻击厦门威胁，最终却因为福州的地理位置难以进攻，只好放弃。

西班牙人眼中的福州是中国最大的城市，城内很多水道，像威尼斯和墨西哥。意大利、法国等欧洲国家都曾以各种名义请求来福州，对福州充满了好奇。

明代，河口（今台江区国货路万寿桥与柔远驿、南公园一片区域）设有"临河务"管理机构，专门管理福州与琉球之间的商务。长期的中琉朝贡贸易为福州商人积累了丰厚的贸易经验。

康熙二十三年（1684），中国73艘商船前往日本贸易，过了四年增加到194艘，其中福州商船占了七分之一。清初，福州出口日本的商品包括文化用品、纺织品、水果、瓷器、海鲜、药物等多种杂货。福州良好的通商港口条件、悠久的对外贸易历史，为清中叶被迫开放为五口通商口岸埋下了伏笔。

福州与琉球

中国的宋元时期，朝贡贸易和民间贸易并行不悖。北宋时期，琉球群岛的居民有的开始漂洋到日本、朝鲜、暹罗等地通商，也曾来到泉州。元大德元年（1297），元成宗立福建平海行中书省，把行政中心转移到泉州，目的是为了征讨台湾。当时的福建省平章政事高兴向元成宗建议："今立省泉州，距瑠求为近，可伺其消息，或宜招宜伐，不必它调兵力，与请就近试之。"后来又派了福建省都镇抚、福州新军万户张进去琉球生擒130多人回来。这里的琉球是指台湾。

琉球群岛和台湾群岛都在东海上，日本人把今天冲绳县和台湾两个群岛分别称作大小琉球。朱元璋为了征服日本，决定先拿下琉球群岛，因为琉球是中国对日防御的第一重警戒线。明洪武五年（1372），朱元璋改国号为"大明"，又把"瑠求"改为"琉球"，并派遣行人杨载去琉球诏告中国已改元为大明朝。

明洪武二年（1369），朱元璋在其家训中所列的不征诸国名单中出现大琉球国和小琉球国。但大琉球的名称并不对。朱元璋派杨载去琉球时，原本完整的琉球群岛已分裂为三个国家，中山国的执政者察度王在朱元璋眼中只能算是"蛮夷酋长"。察度王希望得到朱元璋的帮助，就顺从地派弟弟泰期向明太祖朱元璋奉表称臣入贡。但他们依然自称为"中山国"而非"琉球"。到了尚巴志时代,"山南""山北"都被"中山国"吞并了,国名更是统一为"中山"。巴志也向明朝称臣纳贡,被赐予"尚"姓,顺从地把自己的国名更改为"琉球"了。但是,明宣德三年(1428),尚巴志始建琉球国门时,榜上刻的字却是"中山"。这说明,琉球人自称"中山",对中国则称"琉球"。

明朝册封他们的国王时,称他们的国王也是"琉球国中山王"而非"琉球王"。清朝,第一次发给琉球印章是在康熙元年(1662),印文直接篆刻为"琉球国王之印",最后一次是乾隆二十一年(1756),都不再提中山王。但琉球人依旧自称"中山国"。清朝的琉球国按司向象贤修史志,书名是《中山世鉴》。

明代,琉球国成为中国的藩属国,后被直接称作"琉球",其在中国的进贡口岸最初在泉州,因南宋的福建市舶司设在泉州。明朝的福建市舶司为琉球国进贡专设,不再接受其他国家。琉球贡船到了福建,贡使要把方物先送到福州河口的交盘厅检验,库房储存,再去泉州住宿。但福州为八闽总会之地,其历史文化、衣冠文物在福建省中积淀最深厚,且福州港长期对外贸易航路广阔。

当朱元璋命令"片板不许入海"时,全国许多港口都难逃打击,只有福州港独受青睐。永乐时代,郑和下西洋的船只沿着东海往南一路顺风顺流漂到福州闽江口的五虎门和长乐的太平港停泊。"苏州刘家河泛海至福建,复自福建五虎门扬帆"。在此停泊,一是等候季风再出航,二是检查、修补海船,三是训练水手、下船休整,四是物品补给。郑和团队的停泊时间根据季风情况,少则两三个月,多则半年以上。郑和下西洋经过福州,奠定了明初福州港的海外贸易地位。所以,即使福建市舶司设在泉州,但日本、琉球的船只都要先到福州登记、检查,说明福州港的重要性。

由于祖训严令"片板不许入海",朱棣违法了祖训,遭到大臣们的批评,认为郑和下西洋违反祖制、劳民伤财。但这些大臣们不知道郑和下西洋有一项高级机密的使命——镇抚海外流民,就是摧毁中国走私海商在东洋和南洋建立的贸易基地和通商网,迫使外商把黄金运到中国指定的登陆口岸比如广州的广东市舶司、泉州的福建市舶司、宁波的浙江市舶司，要求他们和官方做生意。大量海外的黄金才能进入大明官方的金库。即使如此，朱棣以后的15个皇帝，依旧坚持"海禁"，轻易不敢放松。

明成化十年（1474），鉴于地理、人文、政治、经济等诸多原因，福建市舶提举司提举武全在福州澳桥购买土地，福建市舶司正式从泉州迁到福州，并废止泉州的来远驿。泉州的福建市舶司从北宋到明初历时380多年的使命至此结束，福州自此专司对琉球贸易事宜，标志福州港取代了泉州港"朝贡贸易"的地位。

明《神宗实录》万历六年（1577）十一月辛亥条载，兵部题："国初于闽、广、两浙设三市舶，不徒督理贡事，亦以牵制市权，意固深远。寻以浙江多故，旋改旋罢，惟闽广二舶尚存，而广南番船直达省下，禁令易行。福建市舶专隶福州，惟琉球入贡一关白之。"福州港成为明政府批准的全国三个公开对外贸易和信使往来的重要港口之一。

中琉之间以"朝贡"和"册封"两种形式同时进行，其中以"朝贡"为主。所谓"朝贡"，即在明朝廷的控制下，按规定的时间、地点、航路进行有限的贸易。

据《宋会要辑稿》载："南宋乾道四年（1168），福州番船主王仲珪等言，本州差拨海船百艘至明州。"后来，宋朝规定，福建海船"自面阔一丈二尺以上，不拘只数，每县分三番应募把隘"。有学者据此测算，仅福州一地，面阔一丈二尺以上的海船至少有300艘以上。

明初，福州是中国的造船中心。靠航海贸易发展经济的琉球为了提高造船工艺水平，时常派人来福州学习造船，也在福州造船和买船。《福州府志万历本》记载："防海之舟，曰官船，曰快船，曰哨船，委指挥一员造之。三卫旧各有厂。景泰间，始并为一厂，在河口。隆庆元年（1567），改设于橘园洲，郡寨游外，更烽火、南日、浯屿、铜山四寨，不隶福州卫，亦造舟于此。"可知，明景泰年间（1450—1457），福州的造船厂设在今天的台江区河口市场一带，隆庆时改设于橘园洲（今仓山区橘园洲）。20世纪80年代，福州台江区的闽江边依然还有造船厂。

仓山临江境附近有一座舍人庙，这一带在明朝中琉朝贡期间被开发为码头，沿用旧址名称，称作"上王码头"，但百姓也称之为"番船浦"。由于舍人庙是一个壮观的建筑群，百姓须经此地坐船，便有了一条"舍人庙道"。清代五口通商后，外国人忌讳"番"字，觉得有羞辱之嫌，遂更名为"泛船浦"。

福建市舶司专门为对口琉球而设，明政府又特别优待琉球，因此，地位比宋元时高了许多，几乎是代表国家处理外交、朝贡关系的外交机构。福州的福建市舶司的规模也比在泉州时大了数倍。市舶司的官员专人专职，除了处理朝贡事务外，还专营盐、铁、酒、茶等事务。为了达到"柔远人，宣王化"的目的，福建市舶司的地点选择就十分重要。如此重要且利润丰厚的事自然不会被福建地方官所轻视。他们考察了一番，根据当时当地的港口情况，方便海关负责管理的地方应该是选择在城门外。

福建市舶司的海关税收长期支撑着国家的收入。明嘉靖初，东南沿海城市商品经济发展快速，出现资本主义萌芽，影响了中琉之间的贸易，市舶司的税收受到影响，到后来甚至入不敷出无力开支办公经费，门庭日渐冷落。同时，中琉朝贡贸易也引来葡萄牙、荷兰海盗侵犯沿海边境。为了抗倭，市舶司也时兴时废。

明代的福建市舶司衙署，同样的位置，今已发生翻天覆地的变化。从澳门桥到乌石山北之间除了一座林则徐纪念馆外，就是大量的居民住宅楼。在林则徐纪念馆和居民楼之间隔着一条名为"澳门路"的商业街。当年这里的福建市舶司，如同一堆尘土早已飞散于光阴里，鲜有人知晓它曾经的辉煌。

除了福建市舶司衙署，中琉朝贡贸易最重要的建筑是位于今天国货路上的进贡厂。当年的进贡厂里有一座柔远驿（别称琉球馆）。柔远驿供琉球贡使住宿，同时也是商品交易市场。史载琉球贡物有马匹、硫黄、香料、药材、玛瑙、象牙、胡椒、漆器、蕉布、螺壳、铜锡、磨刀石、倭扇、干鱼、鱼翅、海参、燕窝及价值万元的金块。

明代，琉球除了与中国贸易，也与日本、朝鲜、安南、吕宋、暹罗、爪哇等国贸易,自豪地自称其国为"万国津梁"。琉球从日本、朝鲜、东南亚各国带来各种商品来柔远驿进行交易,如倭扇、腰刀、漆器等为日本所产,胡椒来自暹罗。日本刀在宋代即开始输入中国。贡品中以马和硫磺为大宗。马在琉球是代耕工具,家家畜养,繁殖颇盛。这种马不高大,但善于山行,明朝是主要贡品,用以补给各卫所的军马。

当时福州铜器业的原料"主要是民船从琉球运来的"。福州商民经常驾船满载茶油去琉球换铜。除此以外,中国各地的商人尤其本省的商人把当地特产带到柔远驿来进行等价交换,而非买卖。商品类别很丰富,日常生活用品就有上百种,还有文化用品类、药材与香料各有几百种,工艺品也有上百种,最少的却是农产品类几十种比如茶叶、山楂、红曲、竹伞纸等。琉球人需求量最大的是纺织品,他们有时是购买土丝带回琉球自织琉球款的绸布,甚至买一些旧衣服回去仿制同款销售。所以,从商品销售上便可知琉球深受中华文化的影响。

明清时期的柔远驿每两年都会在特定日期开馆,本地商人只要向官方登记后,均可与琉球商人交易。一些经常来交易的名牌商户聚集在进贡厂周围,后被官方指定专门代售琉球商人货物,称作"十家排"。十家排就是十个姓的商户。

明嘉靖禁海后,全国只剩下福州的对外口岸依然对琉球开放。每到柔远驿开馆贸易前几日,可以想象全国各地蜂拥而来的商户带来自己最好的商品,住在河口一带等待开馆的热闹情景。白墙黛瓦下的街头商品琳琅满目,商贩挑担走街串巷叫卖声声起,百姓拖家带口来赶集。河畔桃柳烂漫,桥上人来人往,河上楼船画舫里倩妆丽人影影绰绰,间有轻舟鼓吹欢呼,舟中游览风光,畅饮者亦不少。这古代的商品交易会堪比当今国际商品交易会的盛况,较之更添一种世俗生活之美。这些为了长期交易而必须在福州驻扎的国内各地商户,就在进贡厂附近建了自己的会馆,并把会馆也设到码头经济区的上下杭,连成福州最繁华的商贸经济区。

其实,琉球贡使来福州,让福州官方在经济、人力等各方面的投入都有些不堪重负,吓得清朝一些官员不敢接见琉球贡使,多次向朝廷报告说已经费用透支，百姓也牵连受累而怨声载道。但500年后再回头看，琉球真心实意地归附中国，并主动地传播中华传统文化，还承担着许多义务和责任，比如抗倭、为中日交往及贸易起桥梁作用，也促进了中国境内各地的商品生产和贸易。因为琉球使团前往北京进贡时途经各地都会采买商品，所以，国内其他地区争相到福州来进行商品交易，尤其朝廷下禁海令时，琉球成为唯一的商品进出口国。琉球商人满载从福州购买的中国商品前往马六甲海峡交易，引起葡萄牙、荷兰、西班牙、英国等西欧国家对中国商品的浓厚兴趣和需求，提高了中国商品的国际名气和销售量。

总而言之，明清两朝中琉贸易繁荣，承接琉球各项外交事务工作的柔远驿的功能十分强大，不仅是接待琉球贡使、商人食宿的会馆，还是国际商品交易馆，又是琉球自费学生的培训学校，更是一个充满各种商机的国际平台。中琉朝贡贸易，更促使福州在明清时期成为中国最富庶的一线城市，同时让福州城在明末即进入西欧国家的视野中，打开了福州对外开放的窗口。

福州与日本

福州和日本在历史上也曾有过非常兴盛的贸易。《入唐五家传》记载，咸通六年（865），日本商舶"自大唐福州得顺风五日四夜著值嘉岛"。但唐代生产力条件有限，日本与福建的交流只能依靠官方组织的遣唐使团。

北宋初，日本处于文化繁荣时期，统治者不主动与中国交往。中日交易以福建海商为主，并形成开往日本的固定航线。北宋福州太守蔡襄的《荔枝谱》中记载："舟行新罗、日本、琉球、大食之属。"据《开庆四明续志》记载："倭人冒鲸波之险，舳舻相衔，以其物来售。"日本多艘商船驶往南宋的明州和福建。宋代从事福建与日本贸易的福建商人很多，都属于民间贸易性质。宋代福州已是全国造船中心，港口建设事业发展迅猛，为中日经贸文化交流提供了良好的物质基础。

明代，中日之间的贸易往来更多。大明朝建国后，朱元璋遣使去日本几次均无效，必须借助别的渠道和方式。了解海外尤其日本情况的使者提到距离日本很近的琉球群岛。很快，琉球为了得到明廷的保护，成为中国的藩属国。从洪武到永乐年间，琉球来中国的贡船上都顺带大量货物来贸易，这样就能带动琉球的商业繁荣。朱元璋也不规定他们来的次数，允许"不时朝贡"，因为考虑的更多是抗倭和国家海防问题，希望借助琉球处理好中日关系。

日本镰仓幕府时期（1185—1333），中国很多商人在日本从事贸易活动。元至正十年（1350）后，倭人不断袭击朝鲜半岛。明朝建国后，朱元璋因倭寇骚扰朝鲜边境，以足利幕府放任倭寇不管为由与日本断交，还将此写入祖训中，要求后代子孙都不要与日本来往，并且开始实施海禁政策，建立朝贡体系，只同意日本、韩国、琉球、越南、泰国、爪哇等40国的商人以朝贡方式来中国进行有限的贸易，禁止民间商人与外商开展私人贸易，从而对海洋进行管理和控制来垄断中国的对外贸易。

《后汉书》提到"东冶县人海行，有遭风流移至澶州者"。东冶县指的是福州。那时，从福州前往日本贸易的海商多是福州河口人，即今福州市光明港、国货路与上下杭一带的商民。他们掌握了季风航行规律，往返于福州和琉球之间。根据自然季风情况，会稽郡北境即今浙江杭州或宁波，顺风抵达之地是日本。会稽郡南境则对接东冶县。这是自唐代以来中日交通的事实。所以，根据季风航行规律，澶州人所到的应是会稽郡南境。而传说中的澶州是大琉球的说法，证据虽不足，但福州人借夏天的西南风去澶州，把澶州作为中间停靠站，再去日本贸易，等秋季的东北风回福州是一条可靠的固定航线。

《日中文化交流史》记载，明永乐二年（1404），明廷发放给日本的勘合文表类似现代的通行证或护照，一册封存礼部，一册保存在福建承宣布政使司作为档案检查。每次日本船只到宁波前，必先到福州港登记、检查，通过后才能转到宁波贸易。可见，明朝廷对福州的重视。日本政府规定每年赴日贸易的中国船只为70艘，其中，春船20艘，福州占6艘；夏船30艘，福州占4艘；秋船20艘，福州占3艘。可见，福州与日本之间悠久密切的商贸历史关系。

明宣德七年（1432），中国沿海倭寇问题严重，日本不再进贡。明宣宗派宦官柴山带着明朝的文书第二次去琉球。柴山命琉球国王尚巴志遣人把明朝文书交给日本，劝日本来朝贡。因此，朱元璋重视琉球乃因其起到外交中介的作用。而琉球向中国称臣纳贡的理由则比较复杂。

从明成化十七年（1481）历弘治、正德到嘉靖二年（1523），42年间，中琉关系趋于冷淡。这时期，日本室町幕府（1338—1573）需要进行国家建设，皇室与大名们对中国的奢侈品需求欲不断膨胀，而且长期战争导致财政紧张，室町幕府的足利义满将军便愉快地接受明朝称臣朝贡的要求。建文三年（1401），足利义满将军遣使赴明。通过纳贡，日本不仅可以得到超过贡品价值的赏赐，还可随贡船携带货物到中国进行贸易。丰厚的朝贡红包让日本各界疯狂了，但和琉球一年多次相比，明廷规定日本的贡期是十年一贡，这么长久的等待，机会却只有一次。日本的两大诸侯大内氏和细川氏开始了明争暗斗，于是发生宁波争贡事件。这次事件使日本诸侯发现明廷武备荒废、军事实力衰弱，认为轻松就能战胜中国，便与日本武士、海盗组团乘虚而入，为后来的"东南倭祸"埋下隐患。

清五口通商后，据日本参谋部所编的《东亚各港口岸志》记载，长期居留在日本长崎的中国人以福州人为多。早在清初，日本于元禄元年（1688）八月，限制清舶每年航日不得超过70艘，但其中来自福州的贸易船竟占10艘，居中日贸易之首。"中国人虽属善于商务，然各有所长。宁波人巧于大贸易，广东人则巧于小贸易，而独福州人则两尽其长"。

日本驻福州领事馆的建馆日期是清同治十一年九月（1872年10月）。领馆级别：同治十一年至光绪二十五年（1872—1899）为副领事级，光绪二十五年（1899）后升格为正领事级，地址是鹤岭（爱国）路12号（今对湖路2号），位置就在今天的对湖路马厂街门口的正对面。清中叶，福州市仓山区很多地方被日本占据，比如跑马场附近有日本海军武官室，立新路上有日本小学、日本神社，师大附中旁边和洋墓亭之间有日本军人墓等。

福州与葡萄牙

19世纪中叶，为了打开中国市场，英国的怡和洋行鼓动英国政府发动了两次鸦片战争。战争结果是中国战败，被迫签订丧权辱国的中英《南京条约》。

英国强烈要求把福州列入五口通商口岸。除了福州优越的地理位置适合对外贸易外，还因为其悠久的对外贸易历史，尤其福州与琉球、日本、马六甲等东南亚国家的贸易往来可追溯到唐朝。而引起西欧国家关注福州的时期，正是明代中琉朝贡贸易时。

16世纪，奥斯曼帝国垄断了地中海向东方的路线，陆上丝绸之路遭到阻断。为了与东方进行贸易往来，葡萄牙、西班牙等国率先开启了大航海计划，于是地理大发现。海洋由此热闹起来，荷兰、英国相继涌向东南亚，开拓殖民地，寻求利益。

早在15世纪末，马来半岛的南部马六甲发展成为繁荣强盛的满剌加国，旧属暹罗国。《东西洋考》记载，永乐三年（1405），满剌加国遣使上表，愿内附为中国属郡，每年进贡40两黄金。永乐七年（1409），郑和下西洋到达爪哇国，赐以双台银印、冠带袍服，建碑封城，目的是震慑暹罗不敢再军事侵犯马六甲。马六甲城内，至今还有以郑和名字命名的三保山。得到明朝庇佑的爪哇国一直与中国保持着密切的联系和交往，控制着马六甲海峡航线，成为东西商品的汇集地。

东亚的朝鲜、琉球也是中国的附属国。琉球的进贡口岸在福州，福州前往马六甲经商的人也不少，因此，福州名气远播海外。

明中叶，朝廷海禁，其他港口全部关闭，福州作为琉球、吕宋进贡的唯一口岸得以保留，其繁荣发达的经济、文明富丽的城市景象，再次引起当时在印度贸易的葡萄牙、西班牙、荷兰与英国东印度公司的注意。

葡萄牙人听说遥远的东方物产丰富，便开始寻觅东方航线，成为欧洲人中最先由海路到达东方的欧洲人，是印度洋海域名副其实的"海盗"。正德十二年（1517），葡萄牙国王首次遣往中国的使臣多默·皮列士（Tome Pires，1465—1524/1540）游历东方各国后，撰写了一本介绍东方的书《东方志——从红海到中国》，书中不仅介绍东方各国的情况，还特别介绍马六甲爪哇国被葡萄牙军队占领，以及爪哇国与中国交往的历史情况。《东方志》中称呼福建为"Foquem""Oquem""Fucheo""Amqm"，其实指的就是与琉球贸易的福州人。书中的中国章节提及福州："除广州港外，有另一个叫福州的港口；从陆路到那里是三天的路程，水路一天又一夜。这是去琉球和其他民族的港口。"这本书于嘉靖二十九年（1550）被翻译为意大利文、法文，在欧洲广为流传。因此，欧洲人那时就知道中国的福建福州。

正德六年（1511），葡萄牙军队征服爪哇国，迫使当地的诸王向葡萄牙进贡，从此不再向中国朝贡。葡萄牙人主要从印度进口胡椒和香料，运到欧洲后垄断经营。为了和中国贸易，葡萄牙军队数次企图武力征服雷州南部地区，未能得逞，便与广东、浙江、福建的商人从事走私贸易，把中国商品运往马六甲赚取巨额利润。他们向漳州走私商人采购生白丝、药用樟脑，但无法来到福建的政治中心福州。为了获得更多的中国商品，他们就与在马六甲的琉球人贸易。琉球人带到马六甲的商品都来自福州。多默·皮列士认为，琉球人很诚实，制作的武器、箱子、扇子质量很好，不买奴隶，也不卖自己的人民为奴，对与琉球贸易的福州充满了强烈的好奇。

明嘉靖二十八年（1549）三月，葡萄牙商人到达福建诏安走马溪，遭遇官方剿倭，被当时的闽浙提督朱纨下属卢镗关押在福州监狱。两个葡萄牙人盖略特·伯来拉、加斯帕·达·克路士被释放回国后，分别撰写文章记录他们在福州的所见所闻。

伯来拉在《中国报道》中描述福州城的情况："城市极其壮丽，特别靠近城门，大得出奇。""福州城很大，有内外都用方石筑成的高大城墙，从城墙的宽度看，中间是实以泥土，瞭望楼盖瓦，有整齐的走廊，里头可住人。他们用的梯级，修得平坦，人们可以骑马上下，他们常这样做。如前所述，街道是铺平的。有大批的商贩，各人在他门外挂一块大牌子，写明他出售何种商品。手艺人也写明他的行业。市场不小，售卖的物品极其丰富。城市建在水上，许多条河流经过它，河岸是倾斜的，很宽阔，作为城市的街道使用。河流上有各种木桥和石桥，和街道一般高，不妨碍船只来往。河道很宽，在河流通过城池的地方，墙上有拱门。他们的巴老（paraos）驶来驶去，那是他们的一种船，仅在白天行驶。晚上关闭拱门，把所有的城门都关上了。这些河流和船只使该城变得十分高贵，好像它是另一个威尼斯。房屋都很矮，但盖得很好，除售货的屋外并不高大。看到这些城市那么大，感到惊奇，原因在于，如我所说，房屋造得很矮，占了大面积的地盘。"

"另一省叫福建，它的省城叫作福州。此省有十城，而且都很大，很雄伟，该城是最大最高贵者之一。此城是我们在中国看到的最大的城，据我们所知，有15万户，而且是福建省的省会。它周围全是粗大理石筑的城墙，约三寸高，四寸宽。全城房屋用方石建造，屋顶用瓦。有的地方有很深的水渠，城内有很多的水道，像墨西哥城，船只装载必用物品由此进出。它有四个大郊区，我们进入的那个郊区有两里格长，他们告诉我们说其他郊区更大。"

由伯来拉的记录可知，当时的福州是一座水城，重要交通工具是船只，因此被作者比作拉丁美洲的墨西哥城和著名的意大利水城威尼斯。这时正是明嘉靖倭寇侵扰福州期间，葡萄牙人看到的福州城景象依旧是人们安居乐业、商贸繁荣。但他所见的"福州"只是今天福州市的城中心三坊七巷片区，此外其他地区在明嘉靖时虽也隶属于福州管辖，但属于郊区，不能算作省政治中心的"福州"。明朝的福州与21世纪的福州地理范围差别非常大。那时百姓喝茶也是自家的事，没有形成产业。葡萄牙人终究无法在福州找到任何贸易机会，灰溜溜地被遣送回国了。

明嘉靖年间（1522—1566），剿倭是福建的大事，今天的仓山区虽然与鼓楼区只隔一条白龙江，但在当时属于市郊，怀安县的洪塘是一个经济繁荣的区域。今天的橘园洲曾是明末的福州造船厂所在地，当时一并被倭寇烧毁，由此造成后来怀安县被撤县，并入侯官县。据《明世宗实录》记载，为了防止倭寇攻破福州城，当时的福建巡抚阮鹗向全省官员、百姓搜刮金银财宝，全部献给倭寇，保了城池，经济则全面衰弱。而此时恰逢琉球册封正使郭汝霖要前往琉球册封世子尚元继任琉球国王。因民船皆被官方征用，官方无钱造出使船只，海面倭寇耀武扬威，郭汝霖被迫留在福州等了三年。

嘉靖三十二年（1553），葡萄牙人以贿赂明朝地方官员的手段，在澳门立足。嘉靖三十五年（1556），葡萄牙神父加斯博克鲁兹到达中国，是在中国传播天主教的第一人，于嘉靖三十九年（1560）返回葡萄牙，以葡萄牙文撰写茶叶著作并马上出版。他在书中写道："凡是上等人家大都以茶敬客，这种饮料以苦叶为主，为红色，可以治病，是一种药草煎成的汁液。"这种红色的茶叶就是武夷岩茶，源自福州鼓山的半岩茶。中国茶叶和中国的名称"China"被葡萄牙人传到欧洲。

嘉靖三十八年（1559），意大利威尼斯著名作家拉姆西奥撰写《中国茶》和《航海旅行记》两本书，进一步把中国茶叶传播到西欧国家。那时，欧洲国家已经知道有茶叶这样的商品，但没有品尝过，不知其滋味如何。

万历九年（1581）后，葡萄牙王位由西班牙国王腓力二世兼任，加上葡萄牙在印度无法做到属地的一体化管理运作，导致葡萄牙的"海上帝国"逐渐变质，也失去了和荷兰、英国、法国的海外贸易竞争力。但葡萄牙对中国的宣传，激发了欧洲人对强大繁荣中国的向往。

清代，除了荷兰在顺治十二年（1655）来入贡外，欧洲其他国家都是在康熙时期开始朝贡。因为康乾盛世吸引了欧洲国家，希望和琉球一样进行朝贡贸易。清雍正五年（1727），被清代官方称为"博尔都葛尔雅国"的葡萄牙和意大利等国来入贡，并进献大量方物。清乾隆五十八年（1793），英国派遣马嘎尔尼使团要求通商，提出有利于英国的平等贸易要求却被拒绝。

葡萄牙是欧洲国家最早在中国设立自己根据地的国家。葡萄牙人得到清政府的最优厚待遇，始终在澳门定居。福州开放为五口通商口岸后，清同治二年（1863），葡萄牙驻福州领事馆在仓山区的泛船浦设立，但尚未查到建筑及领馆级别。

福州与西班牙

福州曾是吕宋国的进贡口岸。

《明史》记载，吕宋国是南洋群岛中的一个岛国，位于今菲律宾北部的马尼拉。传说，南宋灭亡后，左丞相陆秀夫之子陆自立率领残部坐船逃至南洋，留居在此，以图复国。后人按照南宋衣冠礼制、习俗生活，此地遂被称作"陆宋"，明时改称吕宋（losung）。为了防止元兵追击，陆自立率领南宋后裔又逃至爪哇岛建顺塔国（Sunda，巽他）。

《明史·吕宋传》记载："吕宋居南海中，去漳州甚近。洪武五年（1372）正月遣使偕琐里诸国来贡。永乐三年（1405）十月遣官赍诏，抚谕其国。八年（1410）与冯嘉施兰入贡，自后久不至。万历四年（1576），官军追海寇林道乾至其国，国人助讨有功，复朝贡。"

明永乐三年（1405）十月，郑和第一次下西洋，在前往渤泥途中经停吕宋，后至爪哇。在吕宋，郑和见到许多福建侨商，并应侨商请求，任命福建晋江籍华侨商人许柴佬（Ko Cha Lao）为吕宋总督直至永乐二十二年（1424）。郑和赐予明王朝的《大统历》给吕宋总督许柴佬，作为新政权制定颁布的历法，也为永乐新朝对外宣传交流提供重要法物。陆自立后人这才得知元朝已亡，汉人建立了大明王朝。许柴佬便派遣使者向大明进贡，上表称臣。

吕宋岛命名的原因记载在郑和下西洋的官方记录中。朱棣过世后，文官集团担心海商知道前往南洋的海路，就烧毁涉及郑和下西洋的全部资料。

吕宋国、顺塔国（Sunda，巽他）曾于明洪武五年（1372）至明永乐八年（1410）间三次共同遣使向中国进贡。彼时，明朝国力日益鼎盛，万邦来朝进贡。吕宋岛、爪哇岛被陆自立的后人统治了100多年。

明永乐八年（1410），吕宋国与"冯嘉施兰"的新建岛国遣使到明朝廷进贡，登陆口岸即是福州。

吕宋盛产黄金，物产丰饶，贸易繁荣。15、16世纪，福建沿海商民常至吕宋贸易，后有几万商民留居吕宋。正德十五年（1520）后，葡萄牙人、西班牙人先后来到吕宋国。葡萄牙人在航海日志中把明朝时的吕宋国写作"Lucoes"（陆宋），因为他们发现吕宋岛人使用先进的工具石磨舂稻米，并且将工具称为Losung。这正是中国南宋时期百姓常用的去稻谷皮的方法。

嘉靖二十二年（1543），西班牙探险家比利亚洛沃斯为讨好王子菲利普二世（西班牙语：FelipeII de España），将"吕宋"改为菲律宾群岛（Las Islas Filipinas）。嘉靖四十四年（1565）左右，西班牙人占领了吕宋岛，并建造马尼拉城市为据点。他们把原产于南美的番薯、马铃薯、玉米运到吕宋国，用南美的白银来和福建商人做交易。他们需要中国的丝绸、瓷器。

明隆庆三年（1569），海盗林凤亲率战艇62艘，以5000多精壮强悍之士，直捣西班牙殖民者巢穴，一举攻陷吕宋岛的玳瑁港，并在玳瑁镇上建立都城。明朝后期，我国版图也扩展至玳瑁镇（今菲律宾）。

隆庆五年（1571）6月3日，西班牙武力征服吕宋国，驱赶、杀害大量土著人，把西班牙人移民到吕宋居住，直至光绪二十四年（1898）。西班牙占领吕宋国时期，华侨称西班牙为大吕宋，称菲律宾为小吕宋。明代史籍也将西班牙人占领的吕宋继续称之为"吕宋"。

由于羡慕葡萄牙在中国立足开展贸易，获得高额利润，西班牙也蠢蠢欲动，希望在中国获得通商口岸。西班牙首任菲律宾总督黎牙实比（Legazpi）从菲律宾原住民手里救出几十名中国商人，认为这是和明廷建立贸易往来的好机会，向这些中国商人说明了自己的想法，称愿意派遣使者往中国，建立贸易关系。那时的东南沿海，倭寇和大海盗林凤一直在攻击福建沿海城市，同时也进攻西班牙军队。西班牙想和明朝贸易，明朝也想借助西班牙的力量牵制海上日益增多的海盗力量。

万历三年（1575），明朝把总王望高追踪海盗林凤到了马尼拉。西班牙的中国翻译、商人林必秀带王望高在马尼拉会见菲律宾总督。为了打击海盗林凤，双方携手合作。同年，王望高同意带领西班牙使团出使明廷，携同西班牙奥斯定会修士马丁·德·拉达神父一行人赴华，从而揭开中国与西班牙交往的序幕。

《明实录·神宗实录》记载，当时巡抚福建佥都御史刘尧海奏报："把总王望高等，以吕宋夷兵，败贼林凤于海，焚舟斩级，凤溃围逃，复斩多级，并吕宋所赍贡文、方物以进，下所司。"朝廷同意后，万历三年（1575）6月12日，西班牙使团从马尼拉出发，乘坐福建商人的船只来到福建，7月5日抵达厦门，经海防署盘验货物后，再前往福州，停留福州35天。

西班牙使团中的使者马丁·德·拉达回国后撰写的《出使福建记》《记大明的中国事情》记载了这件事。他把福州写作"Hogchin"，写道："我们到达福州城时，他们已先得到消息，出来半道相迎，送我们到下榻处，那是在城外的一个郊区，据说有两里格路程。"郊区应当是指如今的国货路一带。明朝的国货路一带是福州商贸最繁华的地区——琉球进贡厂。琉球使者就住在进贡厂内的柔远驿（琉球馆）。因此，把西班牙使者安排在这一带，就比较符合外宾接待的规矩。

西班牙人希望和葡萄牙人一样，在中国得到一个通商港口。西班牙驻菲律宾总督基多·德·拉维扎列斯（Guido de Lavezares）交给出使团员拉达一个任务，务必要了解福州人是否言而有信，有什么商品可买卖及各项事物情况，兼任中国情报搜集任务。拉达就在福州城内兜兜转转，仔细观察福州的情况，对军事、法律及城市管理都做了详细的记录。

第二天，西班牙使团进城拜访已晋升为福建巡抚的刘尧海，看到刘尧海办公衙门仿佛一座大城，刘尧海的座椅也是一个大宝座。刘尧海很客气礼貌地接待了他们，并收下西班牙使团的信函，命令军官送他们去一个新的馆舍住宿，在城内靠近城墙的一座漂亮房子，提供了良好的食宿和礼品，不许任何人靠近和骚扰他们。

西班牙使团呈给刘尧海的信函里提到，"我们不是来谈世俗的事，更不是为了寻求现世的俗物，而是来进行有关天堂的事，因此我们要求他允许我们宣讲那包涵一切福祉的真实上帝，这也是我们西班牙天主教国王的愿望，我们向总督保证国王的友谊。因为不先学中国语言便不能向他们解释这个最重要的教义，我们请求他允许和同意我们在他的国土居留，由他给我们指定地点，那我们可以学习中国语言、风俗和习惯"。

刘尧海同意他们的要求，但补充说自己无权决定，只能向皇帝先报告，由朝廷审查和决定如何处置这样的大事。刘尧海又向他们询问西班牙的国情、礼仪、风俗等情况，此后又交流了西班牙的印刷术，还有耶稣、圣母、圣经等宗教问题。他们觉得中国人太傲慢了，以为自己是世界第一。

拉达只要出门就特别仔细地观察城市，记录的福州城景象是："大街很宽，都有许多牌坊，有的用石精筑，有的用木。因为每位大人物都以留下这样一座牌坊作为纪念而引以为荣，上面就刻着他的名字和建造年代，及他完成的丰功伟绩。这些大街是作为市场使用，街上售卖各种肉、鱼、水果及蔬菜；有摆摊的出售书、纸、刀、剪、帽、鞋、草鞋等。因为这些大街很宽，中间有足够的空地，摊子和屋舍之间有余地可通，尽管摊子从街的一头摆到另一头。其他街道则全是肮脏小巷……他们的大路铺石板，还有建筑良好的石桥。"他拿莆田兴化对比福州，兴化由于被倭寇侵扰，屋毁人亡，许多人流离失所，城市一片凋敝景象，不像福州，经过20年的建设，重新活跃繁荣起来。

因为居住在进贡厂附近，西班牙人在街头看见琉球贡使团160人携带贡品抵达福州，准备入京进贡。他们是为了迎接琉球册封正使、户科左给事中萧崇业，琉球册封副使、行人司行人谢杰（福州长乐人），于万历四年（1576）前往琉球册封琉球国世子尚永为中山王。

琉球人活跃于马六甲从事多边贸易，也到吕宋岛贸易，和西班牙人很熟悉。因此，西班牙人称呼琉球人为"Lequios"，深知琉球和中国的朝贡贸易关系。隆庆四年（1570），西班牙人 Abraham Ortelius（1527—1598）绘制了地图《在中国、日本之间的岛屿群》。

"刘尧海召开福建省首脑人物会议后，决定叫我们先返回马尼拉等消息"。万历年间的福州知府何继高撰写的《守城事宜》记载，当时福州城长3346丈，守城的征操军，守城门的门军、民丁皆守在城墙之上的跺眼，防守严明。拉达发现白天兵力都集中在城门，专门到军械库参观，发现只有一个小铁炮，而城墙上却没有高炮台来安置铁炮，武器主要是火绳、勾枪、矛和戟及其他带柄的武器。射手箭法纯熟，士兵操练时迅速而熟练，令拉达目瞪口呆地惊叹不已。拉达确信这是福州，是福建的文化、经济、行政中心，更是军事重镇，同时肩负着接待琉球等外国使节团、朝贡贸易等明朝外贸及外交重要职能，是中国的重要大型城市。

拉达在记录中一再表示，他们来到福建后，从厦门、泉州到各地方政府对他们的接待是如何热情隆重，不断设宴款待，殷勤友好到让他们难以忍受。他们的船队到达澎湖时，听说海盗林凤的船队停泊在附近，就想通知中国，觉得因此可以帮助剿灭林凤，从而获得通商机会。

万历二十一年（1593）八月，吕宋国的总督郎雷敝里被华人潘和五枭首后，总督的儿子郎雷猫吝派遣僧人向明朝喊冤，乞求还其战舰、金宝，替他报杀父之仇。福建巡抚许孚远以礼遣僧，没有派兵去支援吕宋的西班牙人。郎雷猫吝就把留居在吕宋岛上的汉人驱逐于城外，毁其房产。福建巡抚许孚远听说后，遣人招还这些流浪在外的福建商民。郎雷猫吝同意发放行粮送遣福建商民回家。但是华商贪利，在城外住下，不想回国。

福州商人陈振龙赴吕宋国经商，发现那里红薯遍野，并了解到红薯耐旱、高产、适应性强，生熟皆可食，遂学习种植法，出资购买薯种，于明万历二十一年（1593）五月，密携薯藤，避过出境检查，经七昼夜航行回到福州。当年夏季正值闽中大旱，五谷歉收，陈振龙让儿子陈经纶上书福建巡抚金学曾，建议试种红薯，以解粮荒。金学曾令其觅地试种。陈振龙家住福州市南台达道纱帽池，依照土人传授种植之法，在住宅旁的空地试种红薯成功。金学曾遂通令各地如法栽种，大获丰收，闽中饥荒得以缓解。

万历二十三年（1595），西班牙人公告马尼拉成为菲律宾群岛的首府，从此开始长达300多年的统治。

《明史·吕宋》记载："其时矿税使者四出，奸宄蜂起言利，有阎应龙、张嶷者，言吕宋机易山素产金银，采之，岁可得金十万两、银30万两，以三十年七月诣阙奏闻，帝即纳之。命下，举朝骇异。"

高寀是万历皇帝的亲信、特派员和密探，万历二十七年（1599）来福建担任税珰（税监）。高寀在福建可谓是权势熏天、作恶多端。隆庆开海，漳州月港更加活跃，每年多达近3万两的税收，表面上是充作福建兵饷，其实却被高寀中饱私囊。漳州月港成了高寀私人的财港。

都御史温纯赶紧上奏，说明矿税之害，以及闽中奸徒以吕宋的金银诱惑高寀。高寀假借朝命，想出国与藩国联合，以逞不轨之谋。尤其当时海盗蜂起，负海称王，拥兵列寨者渐增，认为不应该纵容高寀派人出国采金银矿产，将成为国家大患！但是奏章上报后，言官金忠士、曹于汴、朱吾弼等置之不理。万历皇帝也不知情况。

高寀为了个人权益，通过海商偷偷与吕宋的西班牙人建立联系，允许泉州、漳州海商出海到南洋贸易。在隆庆开海后，个人走私贸易多数已纳入官方的外贸管理体系。福建对外贸管控采取严厉或宽松的措施，全由高寀一人做主，因此，他根据受贿程度而自如地玩弄着手中的外贸管理权。他甚至从海商这里获得个人海船，不时坐船出海巡游。福建境内官员敢怒不敢言，奏报万历皇帝却不被采信。为了获取万历皇帝的宠信，高寀不断输送各种财宝和大量金钱给言官和万历皇帝，在福建享受着一人之下万人之上的土皇帝待遇。为了获得更多的利益，高寀不断出台各种禁令敲诈勒索海商，规定出国贸易的漳州海商必须缴清税费后才能回家，否则就游街示众，引起海商的反抗，想秘密绑架高寀沉海。高寀吓得不敢再去漳州，万历四十二年（1614）被万历皇帝召回。

福建巡抚为防止商民下海，引倭寇扰乱福建边境，遣海澄丞王时和率兵前往吕宋查核实情。吕宋的西班牙人闻之大骇，担心中国要派兵占领吕宋岛、吕宋岛的华人会成为内应，就以重金骗取华人的铁器，然后杀戮华人，却写信给福建官方污蔑福建华人在吕宋谋乱。福建巡抚徐学聚立即将吕宋发生的事件上奏朝廷，发函声讨吕宋的西班牙总督，命令送死者妻子回福建。西班牙总督不予理睬。后来，华人见事情平息了，继续前往贸易。西班牙人需要中国商品，也不再驱逐，久而又在吕宋聚居。从此，直至清代五口通商，吕宋国的西班牙人再也没有来过福州。

福州作为吕宋的朝贡贸易口岸，只从明洪武五年（1372）至明永乐八年（1410）为止。

康熙六年（1667），西班牙又驾驶正贡船一只、护贡船三只来向中国朝贡了。当时的贡道改为广州。康熙九年（1670）六月，西班牙带着大量礼品进贡，康熙帝赏赐丝绸缎等给西班牙贡使。康熙十七年（1678）和第二年，西班牙陆续以吕宋名义来进贡，都得到康熙帝的厚赏。

康熙二十三年（1684）开海后，西班牙以进贡名义来中国直接贸易。《厦门志》卷五记载，乾隆年间，西班牙航行在太平洋丝路上的海舶，是明显的殖民主义商船。船上除商品外，配置炮位十几门、长枪三四十支，奴役黑人清舱理货。他们开辟了一条太平洋丝路，驾驶这种海船直接从墨西哥到菲律宾抵达中国。中国的丝绸、瓷器和其他货物，经此航线进入美洲，对美洲的历史有积极的影响。

福州开放为五口通商口岸后，西班牙于清同治二年（1863）在福州设领事馆，领事馆设在仓山，今烟台山片区内，但尚未确定位置。

福州与意大利

明清两朝，意大利都曾派使者到中国来交流。利玛窦和艾儒略都曾与当时的内阁首辅叶向高有来往。最早来中国传教的是利玛窦，于明万历九年（1581）到中国传教，直至万历三十八年（1610）在北京逝世，在华传教28年，是天主教在中国传教的最早传教士之一。

《利玛窦中国札记》记载："这座城市在全国是最富足和供应最好的。它是全省的首府，非常富庶肥沃……所有田园都景色美丽，并且散发异香，因为有许多各种香花，它也点缀着种植在江河溪流畔的绿村……他们的城市大多建在河畔，可通航，城市四角有壕堑，使城市变得十分坚固。"

利玛窦笔下的"这座城市"就是福州。一派田园风光景色应当和柔远驿有关。琼河两岸的经贸繁华胜地，景色十分富丽、寸土寸金。每到琼河畔的柔远驿开馆贸易前几日，本省和徽浙赣三省的商户蜂拥而来，住在河口一带等待开馆。

万历三十八年（1610）5月11日，利玛窦因病卒于北京，终年59岁。

按照当时惯例，西方传教士死后本应移葬澳门，但在内阁首辅叶向高等人的斡旋下，万历皇帝破例准许利玛窦葬于北京西郊的藤公栅栏，使其成为首位葬于北京的西方传教士。

艾儒略（Giulio Aleni，1582—1649），意大利天主教耶稣会传教士。万历三十八年（1610）抵澳门，翌年入广州，万历四十一年（1613）至中国内地，曾在江苏、陕西、山西、福建等地传教，与中国士大夫过往甚密。他为了拥护利玛窦的传教路线，对儒学与天主教义采取调和的态度。一面传教，一面学习、研究和宣传儒学。其著作多达30多种，著述中大量引用儒家经典。他到福建传教，被闽中人称为"西来孔子"，亦有人称其为"西方孔子"。这不得不说与叶向高关系密切。

据《叶向高年谱》记载，天启四年（1624）7月，阁老叶向高辞官归里，途经杭州，至杨廷筠寓所。艾儒略入谒，二人相谈甚欢。叶向高邀艾儒略入闽："先生亦有载道南来意，乃同舫而来。"天启四年（1624）12月29日，艾儒略随叶向高抵福州。顺治六年（1649）6月10日，艾儒略在福建省延平避难时病逝，葬福州北门十字山。他在福建传教23年，建圣堂22座，在福州也留下一座建筑。

据《福州地方志》记载，艾儒略在福州传教，并在宫巷建天主教堂一座，名三山堂，为福州最早的天主堂。清康熙至道光年间，清政府实行禁教，闽浙总督驱逐外国天主教传教士，宫巷天主教堂被查禁，没收后改为关帝庙。清朝五口通商后，外国传教士接踵而至，恢复传教工作。清同治三年（1864），福建省通商总局以泛船浦民田抵换宫巷原天主堂。1933年，泛船浦天主堂落成，可容2000多人。

清光绪二十八年（1902），意大利驻福州领事馆设在仓前山，领馆级别未定。

2008年，因道路建设需要，泛船浦教堂神父楼不得不进行迁移。考虑其为文物，有关方面选择整体平移的方式来迁移该建筑。10月6日，经过一个多月平移80.7米后，安全抵达旋转的指定位置，开始进行逆时针方向旋转90度"转身"，由原东西朝向变为南北朝向，最终与主教堂平行。

明清两朝，意大利遣使来的目的都与贸易无关，而是为了传教。清雍正三年（1725），意大利教化王派遣葛达都易德丰奉表来贡，目的是祝贺雍正登基，同时感谢康熙皇帝对意大利教士的宣抚。此次，他们带来了名贵礼物，但主要是一些精密先进的仪器，与贸易无关，希望善待在华的耶稣教会的教士，释放关押在广东监狱里的耶稣教士。此后，意大利教化王因感激又遣使奉表进贡，贡品精美多样。明清两朝朝廷践行儒家政术，意在柔远人与怀诸侯，薄来厚往，以强大经济实力、军事力量来维持与欧洲国家的交往。

福州与荷兰

　　明代，中国茶叶成为奇货可居的商品。荷兰东印度公司和英国东印度公司在印度找不到茶树，渴望来中国进行茶叶贸易。最早把茶叶带到西方的是荷兰人。17世纪至18世纪初期，荷兰是西方国家中最大的茶叶贩运国。荷兰人从中国购买的茶叶，不仅满足自己的消费，还贩卖到欧洲和北美。

　　荷兰对于福州茶港开埠有着重要的影响。《明史》称荷兰为"和兰"，《大清一统志》将"和兰"改为"荷兰"。

　　万历十六年（1588），荷兰联省共和国从西班牙独立出来，成立新国家，在17世纪时国力达到鼎盛，成为当时世界上最强大的海上霸主，被誉为"海上马车夫"。他们控制了印度利润丰厚的胡椒、丁香、肉豆蔻等香料贸易，由于造船业非常发达，快速发展起海上贸易和远洋海军，使其贸易范围从波罗的海一直延伸到远东和美洲。

　　万历二十三年（1595）4月，荷兰商船从阿姆斯特丹出发，历经15个月，穿过好望角到达爪哇岛西部万丹王国，带回胡椒等货物，这是荷兰商船第一次到达远东贸易的胜利象征。他们于万历二十五年（1597）8月回到荷兰，万历二十七年（1599）再次前往东印度，船队带回的胡椒利润率高达400%。当时，荷兰有14家贸易公司竞争收购印度的胡椒等香料。

荷兰东印度公司不仅在马六甲、印度贸易，还渴望到中国来贸易，但明朝廷不愿开放台海两岸之间的自由通商。万历二十九年（1601），荷兰遣军以贸易为名，驾舰携炮直抵广州珠海的香山和澳门不成，转而盯上台湾。

荷兰是世界上第一个商人团体在外国成立私人公司的国家。这家公司日渐发展成为国家在境外领土的代理人，并从此拉开欧洲国家在海外发展殖民地的序幕。万历三十年（1602），荷兰成立联合东印度公司（简称V.O.C），对股东实行有限责任制。当年8月7日，荷兰东印度公司舰队从马来半岛抵达台湾的澎湖，随后在闽南海商的帮助下，请求通商，被拒绝。直至清顺治十二年（1655），他们正式向中国入贡。

17世纪，中国的桑蚕丝是亚洲、欧洲市场狂热追求的重要商品。明天启二年（1622），为了和中国做生意，巴达维亚城（今雅加达）的荷兰总督库恩（Jan Pieterszoon Coen，1587—1629）任命雷理生（Cornelis Reijersen）为舰队司令官，率领8艘船共1024人，企图攻击澳门的葡萄牙人。由于战事不顺，雷理生转向台湾，请求福建当局通商，又被拒绝。天启二年（1622）10月17日，雷理生开始派船舰不断攻击厦门，胁迫明朝廷同意通商。明朝廷终于被迫同意，福建当局邀请雷理生使团来商谈。

天启三年（1623）2月6日，雷理生从厦门来福州，于11日晚和福建巡抚商周祚洽谈通商事宜，回国后将此谈判过程写成日志发表。

福建境内多崇山峻岭，陆路艰难，运输费也比海运昂贵，一般人出行多是陆路加海路。雷理生使团走的几乎都是陆路，且是官道即铺驿，说明是按照官方指定的路线来，沿途走路、坐轿、骑马或搭船。他的日志还叙述前往福州沿途的所见所闻。在途经兴化时，得知有13个荷兰人关押在福州监狱。从他们绘制的《福建铺驿地图》可见，当时福州的铺驿有两个，即城内的三山驿和城外石岊村（今淮安半岛）的芋原驿。

雷理生使团从福州南门进入，可见也和琉球贡使一样，坐船到石岊渡后下船，在芋原驿休息后，由官兵护送入城。他们到达的日子正是初七，是福州人的行香日。说起行香与嘉靖年间戚继光抗倭有关。因倭寇烧毁仓山藤山、洪塘一带，人们避难在外，正月回乡后相聚各境之寺庙，用黄豆作菜送饭、甘蔗止渴，因此留下行香日以庆祝、纪念生还。仓山人家遂有分米饭、黄豆、甘蔗之习俗，并纳入春节活动，形成福州城特有的集体仪式活动。

当福州举行重大节庆日——初七行香日、也是道教玉皇大帝的诞辰日活动时，雷理生使团恰从南门入城，看见城南人家潮流般涌入城中去寺庙行香，街头更是人山人海在迎接玉皇大帝的神像，整个城市像沸腾了一般热闹。没几天，福州又庆祝元宵节。福州不仅热闹，官员们也正逢休假，显得悠闲自在。由于痛恨荷兰人攻击厦门的强盗行径，福建官员给予雷理生使团的待遇不如几十年前的西班牙使团，不准其入城住宿，有时把他们安排到市郊的寺庙或某富豪私人别墅中过夜。雷理生因此体验到城内、城外的迥异风景与民间风俗。雷理生与福建巡抚商周祚商谈的结果是承诺从台湾澎湖撤退，却未得到与福建通商的机会。

万历三十七年（1609）、四十四年（1616），日本的德川家康两次派遣船队侵犯台湾。天启四年（1624）起，荷兰东印度公司侵占台湾南部长达38年，因此，与日本发生激烈的贸易冲突。

荷兰东印度公司和日本为了抢夺生丝和绸缎而明争暗斗。为了避免失去日本的茶叶市场，荷兰东印度公司不与日本争夺福建的丝绸贸易市场。当时管理福建市舶司的是市舶府太监，为了暴利，他只派商人许心素独揽与荷兰东印度公司贸易的特权。荷兰东印度公司因此只能与许心素贸易。为了在福建购买物美价廉的商品，荷兰东印度公司不断贿赂提举市舶司太监，希望开放两国商人自由贸易的权限、允许福建商人前往台湾贸易。为了维持生丝的高价，明朝廷禁止出口绢丝和绢丝品。

明朝海禁时期，福州是中国的唯一开放口岸，是琉球的进贡口岸。日本为了获得中国商品不得不依赖于琉球。琉球则从福州的柔远驿十间排（官方特许经营商户）购买中国商品。日本、琉球、荷兰都垂涎三尺的生丝主要来自福州。福州自宋代开始就是丝城，丝织水平位于全国前列。浙江产的优质蚕丝需运到福州加工成生丝，或织成绢丝品，浙江商人再来福州回购绢丝品。除此以外，福建福州、漳州等地都大量养蚕产丝。因此，福州本地有大量的生丝可供应销售。

福建市舶太监不同意开放自由贸易权，荷兰东印度公司一筹莫展之际，郑芝龙海盗船队开始攻击福建沿海，沉重打击独揽荷兰外贸业务的许心素。为了分享中国商品，荷兰东印度公司支持郑芝龙的海盗活动。继而，福建官方答应，只要荷兰东印度公司协助剿灭郑芝龙，就同意中荷之间的自由贸易。谁知，荷兰东印度公司舰队被郑芝龙的船队打败。此后，荷兰东印度公司以贸易之名，诱骗并扣留郑芝龙，要求郑芝龙每年向荷兰提供1400担生丝、4000锭白色皱绸、1000锭红色皱绸、5000担白糖。谁知郑芝龙与同伙李魁奇在福建沿海发生冲突，导致荷兰东印度公司的勒索计划化为泡影。

荷兰重视的商品是印度的胡椒等香料，想不到中国茶叶能带来更大的利润。

看到荷兰因胡椒发家致富，英国为了抢夺胡椒市场，与荷兰发生三次著名的英荷战争。三次英荷战争为英国带去一次海上的"军事革命"，促使英国作为海权帝国的崛起与荷兰帝国的衰落。

第三次英荷战争中，由于英法联合对抗，荷兰东印度公司败北，但这并不影响荷兰的香料市场。英国继续进口胡椒等香料，即使经济受损也要使劲阻止荷兰的垄断经营，并启动对荷兰的全面挑战。由于英国东印度公司不断进口胡椒，并用便宜的生姜代替胡椒，成功打压了荷兰的胡椒市场。随后，英国东印度公司开始寻找新的商品市场，逐渐转型到印度棉织物、咖啡和中国的丝织品、茶等商品，开发了自己的贸易市场，并自顺治十七年（1660）后迅速崛起成为世界上最大的国际商业帝国。此后，一直到18、19世纪，世界市场基本被茶叶这一难以替代的新商品占领了。

15世纪到19世纪，重商主义一直是世界核心价值观。欧美间的战争几乎都是为了抢夺市场而发生。因此，想要在世界构建自己满意的全球秩序，必须奇货可居才能在世界贸易中独占鳌头，控制那些求购的国家按照自己认可的方式来交往。比如明朝，利用茶叶控制其他国家或地区，进行茶马贸易，让各国成为附属国，必须按照朝贡贸易方式来交往。

嘉靖三十五年（1556），葡萄牙神父加斯博克鲁兹到达中国时发现中国人喜欢喝茶，写书专门介绍这种饮料，但这没有引起葡萄牙商人的重视。万历三十五年（1607），荷兰商人从澳门运送茶叶到爪哇。这是西方国家第一次从中国出口茶叶，也从此把中国茶叶推向世界。万历三十八年（1610），他们又从日本平户运茶到爪哇再到欧洲。万历四十七年（1619），荷兰在万丹王国的港口城市雅加达设立贸易据点。

那时，荷兰人从澳门运到欧洲的茶叶是绿茶。苏格兰医学家、作家托马斯·舒特在其著作中写道："欧洲人最初所订购的茶叶是绿茶，后来则改为订购武夷茶。"万历三十九年（1611），荷兰人在日本平户岛设立贸易商社做茶叶贸易被禁止，转而与中国开始贸易。

崇祯十年（1637），荷兰东印度公司开始从中日运送大量茶叶回荷兰。17世纪30年代，饮茶风气在欧洲大陆扩散开来。当时，他们把茶称作"tsia"。

为了卖茶，荷兰政府组织专家研究茶叶，说明喝茶的好处，比如，荷兰的邦迪尔斯医生是欧洲宣传推广茶叶的第一人，他劝告人们每天至少要饮茶8~10杯。荷兰化学家、生理学家荷尔蒙说："茶有促进血液循环和清理肠胃的作用。"

顺治八年至九年（1651—1652），阿姆斯特丹的荷兰东印度公司分部首次拍卖茶叶。顺治十二年（1655），荷兰作家J·尼尔霍夫随荷兰东印度公司出使中国，担任荷兰驻中国代表。他发表于17世纪中叶的作品中，介绍了广东政府招待外国使节的喝茶礼节和方法。他说，当时广东人把茶叶煎煮到水剩下三分之二时，加入四分之一的热牛奶，再略加一点食盐后热饮。这种喝茶方法随之传到欧洲。因为欧洲人认为，如果茶里不加牛奶，会有害健康。这大概和地域环境有关，欧洲人和蒙古人、西藏人的喝茶方法一样，都喜欢在茶里加牛奶。如今社会也流行喝奶茶。

康熙元年（1662），荷兰东印度公司被郑成功逐出台湾。但真正让荷兰东印度公司退出海上贸易的原因是多方面的，包括其陈旧的经营体制、法国大革命的爆发、西北欧相继诞生民主国家等。在这变革的时代，荷兰国内也发生民主运动。乾隆六十年（1795），法国革命家占领荷兰，建立巴达维亚共和国，取代荷兰共和国。嘉庆四年（1799），荷兰东印度公司被迫结束近200年的活动。

如今能证明荷兰人早期来中国参与茶叶贸易的，福州应是其中一个重要港口城市。《利玛窦中国札记》记载，荷兰人曾在万历四十年（1612）时想登陆福建港口，并对沿海的渔民许诺，如果允许他们登陆，就和渔民做生意，保证渔民发财，还许诺当地官员帮助赶走占据台湾的日本人和葡萄牙人，还有菲律宾的西班牙人。因为当时的菲律宾属于中国的附属国。当这些条件无法诱惑渔民和官员时，荷兰商人就放了几炮威胁恐吓，结果无效，只好转道马六甲，继续他们的海盗抢劫行业，抢劫的依旧是满载中国货物的船只。

清顺治十二年（1655），顺治帝敕书，同意荷兰商船每8年来一次进行朝贡贸易，但荷兰模仿琉球，没有按照规定的期限来，找借口隔一两年就来朝贡一次，并积极进贡金叶表文。看到荷兰进贡的一座自鸣钟，康熙帝激动之下，同意把8年一贡改为5年一贡，贡道从广州改为福建的厦门。这个修改贡道的意见是荷兰提出的，理由是"以船入广东路近而险，福建路远而稳"。从此，荷兰的贡道都在厦门，直至乾隆时期。广东贡道不再有荷兰登陆记载。

康熙二年（1663），荷兰人想攻占澳门、潮州为立足之地未遂。次年，荷兰政府委派商人范和伦（Van Hoo-rn）去北京，申请允许荷兰与中国通商。经过福州时，对福州进行了考察，认为开辟福州作为对外通商口岸具有"伟大的前途"，但国内没有资料记载此事。17世纪70年代，荷兰有4艘船只进入福州，说明当时康熙帝对荷兰的重视。英国东印度公司知道后非常生气，责备万丹总办事处没有报告这个重要情况，导致他们以为福州是难以开放的口岸。到了乾隆帝执政时，依然给予荷兰十分优厚的条件，在春节庆典时赏赐了大量珍贵礼物给荷兰的国王、贡使、高级随员等。荷兰也借进贡的机会满载商品来广州交易，再购足中国的丝、茶叶、瓷器回国。乾隆帝知情后非但没有责备，还大笔一挥予以全船免税，包括船税也全免。

康熙二十五年（1686）荷兰进贡时，献上一把"蟠肠鸟枪"想震慑康熙帝。康熙帝吹牛说大清有的是，要送给荷兰贡使10把。《国朝省献类征初编·戴梓传》记载："时荷兰来献蟠肠鸟枪。立命梓造十枪赐之。"大清的武器专家戴梓仿造出10把"蟠肠鸟枪"，令荷兰贡使佩服得五体投地，丧失了再次试探大清军事实力的勇气，也不敢再肆无忌惮地跑去福州了。西班牙和葡萄牙使者随后也向康熙帝进贡他们研发的先进火炮。康熙帝又把高仿武器的任务交给戴梓。戴梓只用5天时间即仿造出一样的武器，贡使们惊愕得不敢再轻视大清的军事实力。

荷兰商人真正到达福州大规模开展贸易还是在清中叶五口通商后。同治二年（1863），荷兰在今仓山影剧院位置设荷兰驻福州领事馆，属副领事级。仓山影剧院位于仓山区烟台山梅坞路的坡顶，建于1956年，2019年修复。该建筑是苏式新古典主义风格，占地面积960平方米。建筑前有两株华盛顿老人葵，为稀有树种。影剧院前广场原为英商太兴洋行（Bathgate & Co.）住宅。太兴洋行老板、英国商人高士威（J. C. Oswald）于清光绪十五年（1889）开始署理荷兰驻福州领事职务；光绪二十三年（1897）正式授荷兰驻福州领事，直至民国十九年（1930）离榕。此间，太兴洋行馆舍一直作为荷兰驻福州领事馆使用。1955年，太兴洋行旧址建筑被拆除，仅余地基。如今，仓山影剧院不再营业，作为它用。

福州与英国

几个世纪以来，各国都在构建以贸易为主的新世界秩序，只是中心国在几个世纪中不停轮流变换。英国当年能成功打败荷兰，是找到了新商品。而重商主义的战争，只有商品能解决。中国的奇货就是茶叶，因此傲立群雄。

英国流行喝茶应从荷兰开始说起。17世纪中叶开始，荷兰国内十分流行饮茶，而且讲究仪式，普通人家也会辟茶室喝茶。荷兰人积极努力地在欧洲卖茶，崇祯八年（1635）把茶运到法国巴黎。法国内阁总理马克斯林大主教用茶治疗痛风。康熙十九年（1680），法国女作家塞维恩写文章介绍牛奶冲茶，是欧洲最早的奶茶记录。顺治七年（1650），荷兰又把茶叶卖到德国，但德国人对茶叶没有太大的兴趣。英国是何时开始喝茶的呢？这还要从英国东印度公司说起。

嘉靖十五年（1536），英格兰与威尔士合并。这时的英格兰看到葡萄牙从印度进口胡椒，王室获得暴利，激发了前往印度贸易的强烈欲望。16世纪末，英国看到荷兰也参与东印度贸易后，也想加入亚洲商贸中来。他们经由地中海和莫斯科辗转进口印度商品，并因此成立黎凡特公司来开展和地中海东岸地区的贸易。黎凡特公司却想直接开展东印度贸易。

对英国海外贸易支持力度最大的是女王伊丽莎白一世、护国公奥利弗·克伦威尔和国王查理二世。万历二十八年（1600）底，英国女王伊丽莎白一世同意黎凡特公司成立英国东印度公司（East India Company，以下简称英东），而且授予皇家特许的东印度经营垄断权。公司的投资者中也有俄罗斯的公司。这家公司后来慢慢地从企业变成印度的实际主宰者。直到道光二十三年（1843），英东被解除行政权力为止，它还获得助理政府和军事作用。它的诞生对英美和亚洲乃至世界历史发展进程都产生巨大而深远的影响。

英东成立初衷主要是往国外倾销英国生产的毛织品。万历二十九年（1601），英东舰队先后到达苏门答腊的亚齐和爪哇岛西部的万丹。此时的印度已经开始饮茶。

万历三十一年（1603），伊丽莎白女王无嗣而终，苏格兰国王詹姆士六世继承英国王位后，英格兰、苏格兰、威尔士成为一个整体，到嘉庆六年（1801）合并爱尔兰，正式名称是"大不列颠及爱尔兰联合王国"。英国王室与议会之间开始不断斗争，影响了英国的海外贸易。比如，国王查理一世把属于英东的贸易权颁发给了英国的其他公司。

由于英国的毛织品在亚洲滞销，英国商人又看中爪哇岛的肉豆蔻和豆蔻瓣，于是转向印度输送金银等金属，收购香料和亚洲各地的奇珍异宝，最终发现依然竞争不过荷兰，因此转向印度的棉织物。英国商业革命由此发生，从顺治十七年（1660）持续到乾隆二十五年（1760），英国海外贸易的扩张经济蓬勃发展，国民收入上升。此后，英国步入工业革命时代。而这个时代却是英国与中国茶叶开始联系的时期。

英东虽然与荷兰进行贸易竞争时并不重视茶叶，但早在万历四十三年（1615），英国就有了茶叶的英文名称，即"chaa"。那时，英东由于多种因素无力与荷兰东印度公司进行贸易竞争。

崇祯十五年（1642），英国爆发资产阶级革命，私营贸易活动开始活跃起来。英东开始重建体制，使之成为一个强大的帝国公司。同一年，两位化装成印度教徒的英国基督教传教士成功翻越海拔5577.84米的玛那山口，潜入西藏阿里地区，从此有很多的英国传教士进入西藏。处于明代的中国还无法完全控制西藏。为了茶叶交易，蒙古首领和西藏宗教首领联合对抗明朝廷。

从元朝到17世纪，汉藏的茶马交易对西藏而言是最重要的交易。崇祯十五年（1642），黄教格鲁派第五世达赖喇嘛在蒙古部落首领支持下，统一西藏，把英国传教士赶出了西藏。西藏实行政教合一的制度，达赖喇嘛既是宗教领袖，也是政府的实际首领，控制着最重要的茶马交易。顺治七年（1650），蒙古的活佛入藏学习佛法，同时，在各大寺院建立礼茶和礼佛的规制。

清康熙时期，官府拥有大量马匹，茶马交易对清廷而言不再那么重要。此时的西藏和蒙古人都把茶加入酥油、青稞炒面中，当作一天最美味的早餐。拉萨寺院的僧人每天喝茶8~10次。西藏非常重视茶叶贸易，交易市场设在川西重镇打箭炉（今康定），吸引英东想方设法进入西藏。

英东占据印度后，西藏成了列强博弈的棋盘。乾隆五十八年（1793），乾隆帝谕福康安与西藏地区商定的29条协议，即《中堂法规》（《藏内善后事宜二十九条》），从法理高度把西藏纳入清廷直接管辖之下。但百年后，光绪十九年（1893），清政府被迫与英国签订了《中英会议藏印条款》，在西藏亚东开关通商，允许英国商人前往自由贸易。

打开西藏，是英东打开中国茶叶贸易大门、把印度茶也销入中国的方式。英国人爱茶从此开始。

崇祯十年（1637）春，英东第一次到广州，却没有带茶叶回英国。但他们发现荷兰人和奥地利人都在销售中国茶叶，敏锐地嗅到新的商业契机。于是，英东开始从荷兰走私茶叶到英国销售，价格便宜。英东船员看到茶叶的巨大利润也开始走私。英国海关发现后，开始严密监视英东的茶叶船只，防止船员走私茶叶。

崇祯十三年（1640），荷兰贵族开始饮茶，而英国人还不了解茶味。顺治七年（1650），来自黎巴嫩的犹太人看到了商机，在英国开了第一家咖啡馆，在咖啡馆里卖茶、喝茶。当时，喝咖啡的英国人对茶还没有太大兴趣。英东即使知道茶叶生意是奇货可居，但航海次数少，成本太高，公司是临时性的贸易集团，而没有考虑进口茶叶。

顺治九年（1652），第一次英荷战争（1652—1654）爆发。英国想打击荷兰经济，取代荷兰成为全球贸易的主导者。顺治十四年（1657），在执政者克伦威尔的支持下，英东获得新的皇家特许状，从临时企业正式转变为一家可与荷兰东印度公司抗衡的永久性公司组织，重新开启东方贸易的航程。这一年，英东公司从荷兰进口茶叶，用英国的船只运到英国。

康熙元年（1662），葡萄牙公主凯瑟琳嫁给支持英国东印度公司的查理二世。葡萄牙商人早在印度开始学习喝茶。葡萄牙喝茶的历史比英国早，凯瑟琳从小就把茶作为日常饮料。凯瑟琳喝茶时习惯加贵重的砂糖。康熙三年（1664），英东精选茶叶敬献凯瑟琳王后。随后，王后对茶的喜好，很快在英国皇宫贵族的女性中流行起来。这种饮茶方式就被英国贵族仿效而流行开了。举办茶会成为贵妇们社交的重要方式。

同年，法国在财政大臣提议下，也成立东印度公司，但和英国、荷兰民间商人自发建立的东印度公司不同。法国的东印度公司是国家行政机关，由于资本稳定，很快就在印度南部开展贸易。和英国、荷兰一样，他们也是购买棉织物换西非奴隶，再运到西印度种甘蔗，把甘蔗糖再卖到欧洲赚白银。对于中国茶叶贸易，法国介入得比英国、荷兰少。因此，法国驻福州领事馆的商人，从事的不是茶叶贸易，而是劳工出口贸易。这是法国、英国、荷兰、美国贸易的不同之处。

康熙五年（1666），英国阿灵顿爵士带回茶叶，讲究喝茶的仪式。茶在英国，变成"时尚饮料"，推动了英国饮茶之风。康熙八年（1669），查理二世执政后，英东得到政府特权支持，其建立的商业帝国立即超过荷兰与葡萄牙的商业组织。当年，英国颁布法律禁止从荷兰进口茶叶，英东开始垄断经营英国境内的茶叶贸易。

康熙十年（1671），英国派遣狭尾帆船（pinkey）"万丹"号和"皇冠"号去中国台湾建立商馆，但中途失踪了。第二年6月，由中国帆船"骆驼"号领航，带领英国的"归来"号和"试验"号前往中国台湾和日本，结果从中国台湾回返时被荷兰截获。英船又开往日本、中国澳门销售英国的毛织品，而后在日本东京设立商馆，主要目的是购买日本的丝织品，但依然想把中国台湾当作与中国贸易的枢纽站。当时，郑成功的儿子郑经成为英国人眼中的台湾王，统治台湾抗清，并把台湾出产的糖和皮革作为对外贸易的主要商品。同时，郑经与日本、英国联合贸易。康熙十五年（1676），郑经同意英东在厦门设立一间商馆。但由于郑经反清，和大陆各地隔绝，带给英东的商品价格高昂，使得英东想在福州和泉州建立商馆。

《东印度公司对华贸易编年史》第一卷《台湾与厦门》中记载，17世纪70年代，荷兰有4艘船只进入福州。当时正值康熙朝，荷兰船只如何进入福州的情形，书中没有详细记载，但表示英东对此十分生气，命令把厦门作为中国的总商馆，台湾商馆也隶属厦门商馆。当年，他们从厦门购买9000匹丝织品和10箱生丝运回伦敦。

为了从厦门获得大量商品，英国人支持郑经购买军火对抗清政府。荷兰人却发现郑经已经失利，军队马上要叛变，就帮助清政府攻击郑经。英国人了解郑经军力情况后，也转而巴结、贿赂福州官员，把厦门商馆作为重要的贸易基地。清廷就在厦门设立海关，规定英国和荷兰在此贸易必须缴纳关税。英国人知道，在福州设立商馆基本是做白日梦，对福州港的觊觎却从未放松过。

康熙十九年（1680），苏格兰公主随父亲流亡到海牙，学会喝茶，成为苏格兰贵族的爱好，后嫁给詹姆斯二世，成为英格兰和爱尔兰的王后。由于贵族们纷纷效仿喝茶，茶叶在皇室贵族层更加流行了。

康熙二十年（1681），郑经被福建水师提督万正色打败，只好率诸将撤回台湾。英国在厦门的商馆贸易也结束了，就转到广州。康熙二十二年（1683），郑经的儿子郑克塽投降。至此，英国人又想来福州尝试通商，但被告知广州和福州没有欧洲人的贸易居留地，也永远不会获准他们进入。

过了一年，转机出现了，常驻福州的将军兼巡抚同意接见他们。他们先送礼物贿赂厦门的县令老爷、道台、经手将军事务的幕僚。这些官吏又嘱咐英国人送礼给总督保义（Poee）一份厚利。康熙二十三年（1684）6月5日，福州将军来信，通知英国商人可以在厦门贸易，但怀疑他们带来的军火是用来供应台湾人来造反的，要求他们把军火送缴给清朝廷销毁。此后一个月，英国人一直期待能在福州留下贸易，半年后得到通知，皇上只允许他们在厦门自由贸易。为此，英国人再次支付福建总督、福州将军及其幕僚一笔价值高昂的礼物。这些贪官污吏的索贿行为为后来引发鸦片战争埋下隐患。英东商人认为自己没有从清朝这里得到和葡萄牙、西班牙一样的最惠国待遇，就想通过战争来补偿他们贸易过程中造成的巨大经济损失。

康熙二十九年（1690），中国商人用中国帆船运送茶叶到印度尼西亚的巴达维亚（今雅加达），英东就在巴达维亚购买中国茶叶，再进口到英国。17世纪末，伦敦出现茶叶杂货店，那时茶叶依旧是奢侈品。到了18世纪初，茶叶倍受英东的重视，开始用茶叶代替他们需要的生丝，因为英国政府为了保护他们的纺织品产业，规定英东不能在英国境内售卖中国丝织品，甚至禁止进口生丝。康熙四十二年（1703），英国从广州行商处大量购入松萝、大珠茶和武夷红茶。

康熙四十四年（1705），茶叶已等于珠宝的价格。康熙五十二年（1713），清政府第一次同意英国商人来广州经商。康熙五十六年（1717），英东开始定期从广东运送中国茶叶到英国。这一年，伦敦开设英国第一家茶室——金狮茶室，标志着中国茶叶正式进入英国民间。

康熙五十九年（1720）后，英国商品进口量最大的是茶叶和咖啡。茶叶的进口量从此超过印度的棉织物，成为贸易中的核心商品。这是18世纪英东的贸易特色。那时，伦敦的咖啡店开始遍布街头，人们到咖啡店既喝咖啡也喝茶。但基本流行男人在咖啡店喝咖啡，女人去茶室喝茶的风尚。这时期，英国人普遍喝加奶加糖的武夷红茶，但价格昂贵，因此，又出现低价的绿茶，茶叶迅速在英国普及，不再是奢侈品，而是英国人家的日常消费品。

迄今发现的英国最早的茶叶广告，出现在乾隆二十三年（1758）伦敦的一家新闻周刊上。当时的英国商人赋予了茶各种药效。那则茶叶广告，把茶称为"极好的，受到所有医生认可的中国饮料"。到了18世纪后半期，茶叶进口占据中国贸易的80%以上比例。

英国受到荷兰和葡萄牙的影响，成为后来的喝茶大国。荷兰饮茶首先在贵族阶层流行。贵妇人会在下午喝茶时，借机炫耀他们豪华的茶室装饰、精美的陶瓷器、银制茶器，如此就能显示他们家庭的财富和社会地位。荷兰的茶会形式是模仿日本的茶道。日本的茶道源于中国，追求侘寂朴素的精神。然而，丰臣秀吉把茶会变成日本政客的聚会活动，用黄金打造茶室，享受极奢品质的至尊生活。荷兰商人虽然是被日本的朴素茶道所感动、吸引，但引进荷兰后，茶会就变成上流社会社交、炫富的场所。19世纪的英国贝德福德公爵夫人安娜正式地把茶会的社交方式，称作"下午茶"。这种形式从英国又传到美国。清中叶，福州被迫开放通商后，基督教徒们来到鼓岭避暑时，以喝下午茶的方式社交，却不知道茶会的做法最初来自福州的百丈禅师创造的礼茶制度。

英国人喝的下午茶是什么茶呢？根据东印度公司的对华贸易记录，最初他们更喜欢绿茶，17世纪末开始进口武夷红茶（Bohea）、工夫茶（Congou）和香红茶（Pekoe），而且成为英国的国民饮料。欧洲很多地方水质硬。水的软、硬取决于其钙、镁矿物质的含量，硬水的腐蚀性和酸性容易伤身。绿茶未经发酵，含有大量鞣酸，具有收敛作用，影响胃肠功能。因此，英国人觉得喝发酵后的红茶比喝绿茶，肠胃更舒服，口感也更好。除此以外，还有其他因素造成，比如绿茶、红茶价格不同，女性喜欢红茶，也是武夷红茶开始流行的原因。

18世纪开始，荷兰与英国的东印度公司开始大量进口武夷红茶。乾隆四十九年（1784）英国"抵代税条例"颁布后，英国直接进口中国茶叶的数量激增，当年便达到1500万磅。从此，武夷红茶成为英国最大宗的进口商品，也是中英之间沟通的最重要桥梁。英东垄断对华贸易的最后几年，从中国输出的唯一商品就是茶叶，甚至被英国国会规定必须每年都保持一年的茶叶供应量。因此，这为五口通商口岸开放，尤其福州港的开埠埋下伏笔。

英国的下午茶与茶会，从茶器、茶园的装饰都非常讲究，使得茶的文化意义大于生理需求意义，促使英国人形成独特的审美观和文化仪式，成为英国人生活高品质的象征。

此时的亚洲物产多样、物资丰富，英国从中国进口中国产的纺织品、绿茶、红茶。而亚洲进口的欧洲产品种类不多。中国商人在海外交易的商品主要是毛织物、珊瑚、铜、水银、锡等。

福州与法国

明万历时期，福州已是西班牙人眼中中国最重要的城市。葡萄牙、西班牙、荷兰都希望福州被开放为通商口岸。嘉庆二十二年（1817），英国东印度公司已在筹划进入福州口岸，为了海运武夷红茶。

福州引起了法国的重视。

19世纪30年代，福州还没有开放为五口通商口岸时，一位法国作家老尼克运用自己丰富的知识，以游记的形式撰写了一本反映晚清中国情况的书，书中提到福州。他认为福州是一座比广东和厦门都更重要的城市。文章叙述"我们由一条大河'闽'进入福州，河口有数组岛屿，每组约有20座小岛，当地人美其名曰'鳄鱼'"。书中描述了万寿桥，还有城外迷人的风光、富商的别墅"万喜阁"。书中附有万喜阁的图画。他说来福州的原因是为了前往世界闻名的红茶种植地武夷山。

清咸丰十一年五月（1861年7月），法国在福州设领事馆，地址是仓山乐群路4号及爱国路12号（今乐群路5号及对湖路2号）。当时的领事级别只是副领事级（1861年7月—1869年），同治八年（1869）升格为正领事级。

今天的乐群路23号，有一栋法国驻福州的领事馆建筑。该建筑建于清末，占地面积约1527平方米，建筑面积1603平方米，为两层砖木结构、带地下室的外廊式建筑，2010年列为仓山区文物登记点。

法国近代剧作家、诗人、外交家保罗·克洛岱尔，于光绪二十六年至宣统元年（1900—1909）任法国驻福州领事期间居住于此，并据此生活经历出版散文集《认识东方》《福州橄榄贸易》。光绪三十一年（1905），他把这段爱情创作成充满诗意和象征的戏剧《正午的分界》、著名的剧本《缎子鞋》。抗日战争胜利后，该建筑为天主教福州教区使用，社会主义改造期间被没收为公房，1981年落实宗教政策，产权归还天主教会。如今，这座建筑内居民已迁出，正在修复中。

第四章　茶叶贸易和鸦片战争

　　19世纪，当经济全球化的浪潮开始波及中国时，在外力的推动下，中国的产品如茶叶、丝绸、瓷器、蔗糖等迅速商品化。茶叶从竞争到战争对福州的影响是什么呢？近代的福州港因茶叶贸易而闻名于世，而开拓福州茶市却在鸦片战争爆发前。茶叶市场的兴衰关乎国计民生，从某种意义上说，福州港的兴起是和鸦片战争联系在一起的。

　　《The Chinese RePository》（《中国丛报月刊》）记载，鸦片战争前，中英的合法贸易主要是茶叶贸易。18世纪后期，茶叶已成为英国广大市民的日常生活必需品，茶叶的唯一来源是从中国进口。乾隆五十年（1785），英国茶叶的销售量达1500多万磅，且消费量与日俱增，以至于英国国会要求英东必须经常保持一年供应量的存货。在英东拥有垄断专利权的最后几年中，它从中国输出的唯一商品就是茶叶。茶叶带给英国国库的税收平均为每年330万镑。从中国来的茶叶提供了英国财政总收入的十分之一左右和英东的全部利润。福建开埠通商之前，武夷山红茶已经在国外市场享有盛誉。

　　因此，要了解茶市与鸦片战争的关系，不能绕开荷兰、英国、法国的东印度公司。根据英东公司的300多年贸易历史资料，分析英东公司出口中国茶叶的历史成因与关系，说明英东公司是近代中国形成茶叶出口生产链一端的重要进口商，即山户—茶庄—行商—东印度公司。英东公司对华贸易的权力垄断及丧失，对中英茶叶贸易格局造成重大影响。

　　当英东公司全面解散退出后，英国自由商人开始涌向中国，为逐利而发生激烈竞争。其中最著名的就是世界鸦片帝王怡和洋行。怡和洋行老板威廉·渣甸是英国东印度公司的随船外科医生。他若非跟随英东公司的船队来到中国，不可能了解中国广阔的商业市场，但没有机会做其他贸易，就千方百计通过倾销鸦片到中国以达到个人暴富的目的，并积极推动英国向中国开战，引发了两次鸦片战争。

东印度公司

喝下午茶，不仅改变欧洲一些国家人们的嗜好和生活方式，同时也改变了他们的生态系统和土地利用，甚至改变了他们的制度。因此，才出现19世纪的鸦片战争即茶叶战争。

康熙二十三年（1684），清廷镇压郑成功集团并收复台湾后，康熙帝了解到对日贸易的众多好处，于次年（1685）正式废除《迁海令》，颁布《展海令》，允许百姓出海经商。浙江、福建、广东等沿海商民重新前往日本、马尼拉、东南亚等地经商。康熙二十三年（1684）到道光二十年（1840）鸦片战争爆发前，中国的茶叶已经在国外进入热销阶段。

继荷兰、英国成立东印度公司后，法国因为茶叶贸易，顺着这股影响世界的商业大潮流也成立东印度公司，并推动这股贸易潮流在世界范围内发展起来。当时，亚当·斯密的《国富论》中提出自由贸易才是富国之路的理论，强烈批评了东印度公司的垄断贸易。由于这些国家的贸易是为了获得更多的商业权益，而非征服当地人成为领主，尤其当领主要付出大量的军事和行政管理费时，势必影响公司的贸易发展，国内就会爆发抗议运动。18世纪末，民族国家和自由贸易的新时代到来了，英法荷三国的东印度公司在远东被迫彻底结束了垄断贸易。

这三个国家的东印度公司何时开始垄断贸易呢？自由市场打开后，18世纪，欧洲开往中国的船只开始增多，尤其英国东印度公司和私人贸易船只频繁前往广州、厦门、宁波等地购买茶叶、瓷器等中国商品。茶叶在欧洲开始热销后，大量的欧洲私人贸易船只开始加入进来，并前往厦门开展贸易。

18世纪早期，英东和议会就茶叶和其他东印度群岛商品的进口关税进行激烈的谈判。在控制税收和外贸成本方面，英国政府充分利用茶叶进口、再出口和国内茶叶消费量的增长，为政府增加财政收入。18世纪上半叶，中国茶叶的进口量和销售量急剧增加，成为一种可靠的应税商品。18世纪20年代，英东进入广州的茶叶市场，但来自英国的无照经营者和走私也越来越多，削弱了英东的特许垄断经营权。康熙五十一年（1712）后，在英东的代理人、货监受到茶叶暴利的诱惑纷纷开始走私茶叶。在英国走私茶叶也日渐变得司空见惯。随之而起的是与之相关的各种额外工作的诞生。因此，英国政府对在英国出售的所有茶叶、咖啡和巧克力开始多征内地税。这是他们偿还国家债务最重要的手段。

康熙五十八年（1719），英国伦敦举行的拍卖会上，英东售出的茶叶中75%是绿茶。但此后，英国进口的茶叶超过50%是松萝茶。很快，英东代理人又转向更便宜的红茶——武夷茶（Bohea）。因为运输茶叶的时间通常比较久，担心茶叶霉变，就只能购买容易保存的武夷红茶。康熙六十年至雍正八年（1721—1730），英国进口了9129049磅茶叶。18世纪40年代，英东进口到英国的茶叶增长了20多倍，进口的茶叶中只有30%是绿茶，剩下的都是武夷红茶。那时，英东在船上的每个角落和缝隙里都塞满了茶叶，甚至把茶叶藏在甲板之间和船尾用来装舵杆的井里。乾隆十年（1745），英国议会走私调查委员会估计，康熙六十年（1721）后的英国家庭每年消费300万磅茶叶，其中200万磅是走私偷运来的。

英国政府对茶叶进口商增加了销售税和消费税。英东的重商主义政策促使他们必须在中国建立自己的商业实体机构。这就不得不强行打开还处于因闭关锁国而闻名世界的中国市场。除此以外，英国的无照经营者和走私犯、欧洲其他国家的竞争对手都在寻找能获得暴利的新商品。在英国政府特许垄断力量的帮助下，英东在印度马德拉斯的圣乔治堡（Fort St.George）建设自己的运营基地，不断扩大商业经营版图，但受到清政府海禁政策的限制，地方官吏对中国所有商业活动的控制，英东难以在中国找到自己的市场，而且影响了新兴的茶叶贸易。

为了防止外国船只扰乱中国治安，也为了隔离和排除基督教传教士，乾隆二十二年（1757），清政府规定欧洲船只的贸易只能在广州珠江沿岸的外国人特定区域进行，并指定由广州十三行来代理外贸。这项规定一直持续到鸦片战争后。广州十三行于康熙二十五年（1686）创立，有垄断对外贸易的特权。十三行建造了花岗岩和砖砌的厚实建筑，作为广州外国商人们的仓库和住处。房子前面飘扬着英国、法国、美国、瑞典、丹麦等各国旗帜。十三行和外国商人的交易就在这里进行。18世纪后半期，美国商人也加入到这个庞大的贸易队伍中。

英国商人非常反感清政府设定的禁止他们与华商接触的规定，导致他们无法直接购买商品和服务。英东在广州没有固定的办公地点。十三行向广州政府缴纳费用后，拥有与欧洲商人交易的特权，可以制定商品价格、安排货物销售、出租设施设备，在排他性合同中收取更高的费用。由于欧洲商人只能和十三行贸易，竞争激烈，英东觉得中国处境对他们不利。他们的商船货物总监抱怨："由于需求太大，而且中国人早就知道我们来干什么，结果茶叶价格涨上了天。"即便如此，英东商人还是迅速积累了茶叶生产、包装和运输等各个环境的专业知识，每年购买的茶叶品种和数量也越来越多。他们购买的茶叶都来自福建省。他们称之为"这是在中国最受重视、喝的人最多的茶"。

英国工业革命爆发后，工人们的营养来源之一竟是红茶中加入牛奶和蔗糖作为丰盛美好的早餐。英国人爱喝红茶，还有一个重要原因是英国的水质很硬，喝绿茶会对肠胃不利，红茶的浓香也更符合他们的口味，所以喝红茶做早餐成为英国工人的普遍需求。这一营养需求推动了中国茶叶贸易在英国市场的发展。

英东在广州建立自己的地位后，购买的茶叶量也超过其他欧洲公司，但发现对华贸易日益失衡，英国的商品在中国几乎销售不出去，尤其中国是盛产优质棉花和丝绸的国家，不需要英国的羊毛纺织品，只有银能在中国找到市场。所以，英东的代理人不得不将钟表和古玩作为礼物贿赂中国官员和海关监督，希望他们同意用银锭和银币购买中国商品。但英国的货币政策规定商人不能将银带出国门，直到查理二世放松货币政策后，英东运往广州的出口货物中80%~90%都是银，引起英国官员的担忧和警惕，担心英国的财富会因为与中国贸易而枯竭。其实，伦敦城里的原始金融业务早在伊丽莎白女王一世之后就在缓慢地发展。到威廉三世时，为了适应贸易支付的需求，也是为了把政府直接借贷的功能银行化，康熙三十三年（1694），英国商人们成立一家与荷兰机构类似的银行，为政府筹措经费，并因此取得货币发行权。当时英国能成就世界霸权，现代金融——银行的支撑是其重要基石之一。

英东为了筹措资金必须从伦敦的英格兰银行或西班牙购买银币用于贸易，然后在中国交换成茶叶和丝绸。这些白银成为中国市场上最重要的商品，价格比欧洲市场高出50%，补偿了英东将货物运往亚洲的成本。从此，白银成为茶叶生产和分销渠道中必不可少的驱动力。当中国商人为下一个季度订购茶叶时，就必须向乡下的茶农预付高达70%以上的定金。英东为了垄断中国茶叶市场，就要支付合同金额的一半以上，保证茶叶市场价格的稳定性，因此对广州十三行也进行双管齐下、软硬兼施的策略。

乾隆五十八年（1793），英东和英国私人贸易商团动员英国国王派大使去北京，希望说服乾隆皇帝答应英国在中国沿海设立贸易据点、在北京设置英国大使馆、减少中英贸易限制障碍，但被全部拒绝。

当英国、葡萄牙、荷兰都在印度开展贸易时，也获得印度萨法维帝国和莫卧儿帝国赐予的很高政治地位。因为当时的印度还没有产生主权国家概念，以统治人为目的，没有国籍概念。因此，外来的人只要能为当地政权做出贡献，也能被印度和波斯统治者破格优待，成为地方管理者，使得欧洲各国的东印度公司有机会在印度开展贸易。最后，统治领土和统治人的两种不同国家秩序体系发生冲突后，拥有强大军事力量的英国战胜了印度，从而使得英东公司以垄断贸易性质来统治印度200年。

18世纪中叶，垄断贸易开始落后于时代的发展了，欧洲各国东印度公司开始相继结束。首先是法国东印度公司陷入"七年英法战争"，作为政府主导设立的公司出现财政困难而难以维持经营，于乾隆三十四年（1769）结束。嘉庆四年（1799），荷兰东印度公司因财政危机和管理混乱而结束。最迟结束海外垄断贸易的是英国东印度公司。英东由于在统治印度期间的军事和行政费用不断膨胀也出现财政危机，于嘉庆十八年

（1813）结束印度的垄断贸易。

　　随着英国国内工业革命的进展、工业资本家实力的增强、私营贸易商和非法商人的大量涌现，英国大量自由商人要求贸易自由权。英东被皇家授权任意严惩违法者，甚至可以施以绞刑，自由商人被迫只能在印度做买卖，不能在英国、中国有任何贸易的机会。在此情形下，英国自由商人的鸦片买卖也无法进入中国。英东害怕在中国从事违法生意，会被中国政府驱赶，失去贸易机会，禁止自己的船员到中国境内销售鸦片。此时，清廷统治下的中国境内鸦片销售尚未开始泛滥，因此也没有引起清政府的重视。

　　18世纪的印度人、中国人和日本人都怀着根深蒂固的民族意识，同样地反欧。乾隆四十五年（1780），在澳门获得永久居留权的葡萄牙人开始进口鸦片。随后，英东立即在印度种植鸦片，但为了不被中国政府驱赶，丧失正常贸易机会，就把鸦片贩卖到葡萄牙控制的澳门，并在澳门建了鸦片仓库。

　　清嘉庆元年（1796），清政府开始明令禁止百姓吸食鸦片，但鸦片走私却开始猖獗起来。

　　18世纪法国大革命爆发，西北欧相继诞生民主国家概念。荷兰、法国、英国等国的垄断贸易时代彻底结束，针对远东贸易的方式开始转变为亚当·斯密提议的自由贸易方式。19世纪，英国相继征服了印度境内的各个小国家，将他们封为自己藩属国进行庇护和管理。英国大量的自由贸易商人开始涌向印度和中国，其中最著名的就是英国怡和洋行。他们在中国购买的商品主要是茶叶。

　　清嘉庆二十二年（1817），由于对武夷红茶的热爱，英国商人大量收购武夷红茶。他们从武夷山星村收购茶叶后，水陆不断交换运到广州的路程漫长而艰险。这条路的运输路线随着后来交通方式的改变、茶叶税厘卡的增设而导致在某段的运输线路上有微小的变化，但最初一般都是先将包装好的茶汇集在崇安县城南约25千米（今武夷山九曲溪）的星村，放在木筏上，一般每只木筏只能放12箱茶，将茶运到崇安县城，雇用苦力肩挑茶箱，翻越武夷山洋庄乡与江西上饶市黄岗山交界的分水关，这里山道崎岖，苦力需要8天才能挑到目的地。再到江西桐木江走水路，但如今江西靠近武夷山的区域没有桐木江的名称，而武夷山有一条桐木溪。按照当年资料的记载，在桐木江用承载22箱的小船，将茶运到江西铅山县的河口镇。河口镇是鄱阳湖东南的一个主要茶叶集散地。从河口镇改为水运，换载重量约200箱的船顺上饶江而下，进入鄱阳湖。接着，经鄱阳湖运往江西省会南昌府，再由南昌溯赣江而上，经过十八滩的湍急河道运到赣州府。在赣州以载重量约60箱的船运至南安，再沿小河运至大庾县。在大庾县起岸，由苦力扛负茶箱穿过梅岭抵达广东省南雄州，再挑运至南雄州的始兴县。在始兴县，茶叶装上大船（载重量为500至600箱）运到韶州府曲江县，从曲江县沿北江顺流南下，经过珠江运达广州。

这条漫长的水陆运程，有人估计约为2885华里（又说750里或800里）。茶叶运输经过如此广阔的地区，必须雇用成千累万的船夫、挑夫，通常需费时50至60日，运费百斤三两六钱五分。赣州和韶州征收通过税，广州海关贿赂需二钱七分。清政府沿途设关征税，"茶叶价格因而大增，有人估计最粗的茶叶的运费，达总成本的三分之一"。因此，武夷山星村到广州的茶叶运费总共100斤需三两九钱二分。

英国商人觉得经过东部山岭及沿东江而下的路线逆水运输困难，不方便，而且路程遥远，茶叶运输成本高。他们发现武夷山的"大红茶区"距福州仅150英里。有的英国商人就趁着东北季风，通过船运茶叶，最快只需4天即可抵达福州，运往广州的路线，最快要4周。而且从星村船运茶叶顺溪流沿闽江南下，每担运费仅四钱三分，比走广州少了三两四钱九分。从福州再海运到广州，根据航运情况，每担运费由600文至1000文不等。在福州，他们可以用低于广州20%至25%的价格买到武夷红茶。因此，英国商人认为在福州"以洋货易红茶似乎是在这个港口建立永久性的英国贸易的唯一可靠基础"。嘉庆十六年（1811）至嘉庆十七年（1812）时，他们就努力开辟从星村到福州再到广州的船运线路。嘉庆十八年（1813）后，走这条线路的茶叶量大增。嘉庆十八年（1813）有380多吨，嘉庆二十一年（1816）为3360多吨。于是，英国商人希望在福建开辟一个新的港口即福州，减少运输成本和税捐总数，希望清政府废除茶叶从武夷山船运到福建的禁令。这说明嘉庆二十二年（1817）时，英国商人已在筹划开放福州口岸，并非因为鸦片战争，也不是咸丰三年（1853）太平天国战争导致内陆商路被阻断，才想改变运输方式。而是英东从长久的运输利益考虑，希望开放福州口岸以达到海运茶叶、降低成本获利的目的。

海运茶叶方面，英国商人考虑的是自己的利益问题，但他们想不到这样做侵犯了广州十三行行商的茶叶外贸垄断权和利益。而且从武夷山过江西到广州的漫长茶道是几十万溪河船工和搬运工赖以谋生的运输商路。于是，行商呈请两广总督蒋攸铦禁止外国人从福州海运茶叶到广州。

蒋攸铦向朝廷陈奏英东的海运要求时，嘉庆皇帝回复洋面辽阔，无法稽查，难保无走私和暗行售卖违禁货物，永禁由海道贩运"走漏事小，而与外国人勾结则事关重大"。于是，贩运茶叶的商人依旧要由内河过梅岭运茶到广州。清政府考虑的是国家安全问题、税收问题、民生问题。这段文字在《粤海关志》卷一八《禁令》二里有明确记载，确定茶路只有陆运一条。但福建的茶商还是偷偷通过海道从福建运茶到广东，被广东官方发现后严重警告，并专门在梅岭及其他要冲设置更多关卡，派驻官员监督检查。

《清史稿》记载，由于粤匪窜扰，浙江、湖北的茶贩无法运茶，暂弛海禁。因为当时从福建走海路运茶到广州，不仅影响沿途土匪的收益，还涉及浙江、江西、广东的关卡征税问题。此外，由于中国仅开放广州口岸给欧洲商人，"昔年闽茶运粤，粤之十三行逐春收贮，次第出洋，以此诸番皆缺，茶价常贵"。广州十三行商由此获得垄断性的利润。因此，闽商想海运红茶到广州也成为难题。

由于茶叶的利润实在惊人，英东又无法直接在福建购茶，还担心荷兰商人更强的竞争力。英东试图和法国人合作，以阻止荷兰人和中国人贸易，谁知掀起一场商业狂潮。越来越多的欧洲商人到中国购买茶叶，走私到英国，导致英国国内的茶叶供过于求。全球经济在中国发生后，广州的茶叶数量也开始无法满足全球市场的需求量。同时，中国官员也试图控制外贸和海上交通，以尽力维持茶叶的销售高价，对茶叶销售控制更加严格并征收重税。十三行行商陈寿官帮助英东垄断绿茶市场，又联合其他行商制定价格和控制分销渠道来控制茶叶销售价格。紧接着，广州的小商贩都参与乡下茶农投机性购买茶叶的狂潮中。有的茶农和茶商开始将陈年茶或便宜茶与新茶混合，以便尽快在外商市场上销售出去获得暴利。信仰基督教的欧洲商人痛恨这种做法，认为中国人需要一种纯正的、高尚的宗教，才能避免中国商人道德堕落。因此，基督教传教士越来越多地进入中国境内传播基督教思想。

18世纪20年代后，茶叶充斥伦敦市场，英国也把茶叶销售到美洲殖民地，迅速地使得北美商人也爱上了喝茶，并为茶叶隐藏的巨大商机而狂热。茶叶在美洲引起的争端最后聚集在美国国家独立的事件上。18世纪30年代，欧美国家的精英们开始争论喝茶对健康和文化的影响。正因为茶叶的热销，道光十年（1830），英东继续向清政府建议开放福州为通商口岸，再次被拒绝。英东打开福州门户的根本目的，在变福州为西方资本主义商品与原料的重要基地。这种开埠通商的性质，决定了近代福州对外贸易发展的曲折性。

那时英东每年从中国输出的中国货物约值700万元。这350万元差额初期由英东带到中国的美洲银币补偿。嘉庆十年（1805）以后，英东停止向广州输入白银，因为英国散商把机器、印度棉花和来自东南亚的舶来品出售给广州的零售商。中国政府禁止英国散商把现金利润输出广州，英国散商就把白银直接交给英东，换取在伦敦或印度兑现的汇票。英东就利用这笔白银继续在广州购买大量茶叶在英国出售。后来有三种发展情况改变了这几方面经济利益的平衡体系：外贸的暴利导致清朝海关监督日益贪污腐化、中英贸易的垄断商的信用日趋不稳定、鸦片自由贸易的兴起。

18世纪上半叶，英国商业扩张和日益繁荣的美洲殖民地为来自世界各地的消费品开辟了一片新的广大商业市场。当时由于英东经营茶叶的利润非常高，使得英国散商都垂涎欲滴，跃跃欲试地力图斩断英东的贸易垄断权，想方设法地插足中英茶叶贸易，希望分享高额利润。英国散商就告发英东茶价高于欧洲其他国家，抱怨英国商人不如美国商人自由。

道光十三年（1833），英国多家新兴产业资本家来到中国，为茶叶贸易而疯狂。当时广东省有66家英国自由商人经营的公司，还有美国的商人。道光十四年（1834），在英国自由商人，尤其是怡和洋行的推动下，英国国会经过激烈辩论，最终决定终止东印度公司对华贸易的垄断地位。英东对华贸易独占权的结束，标志着一个时代的结束。但英东的管理者和职员回英国后，通过贿赂转身变成下议院的议员，依旧发挥着他们对印度、中国贸易的作用。由于英东十分不满他们在中国贸易期间所受到的待遇，当怡和洋行提出对华战争时，表示了理解和支持。这是导致鸦片战争必然爆发的一个原因。英东与近代中国社会产生的诸多问题有着密切关系。

道光二十九年（1849），直隶督臣讷尔经额上奏闽商贩运茶叶，官私莫辨，请求崇安县允许给闽商颁发执照，经过关隘，验税放行。咸丰三年（1853）到光绪十五年（1889），是武夷红茶贸易的鼎盛阶段。闽商都渴望加入贩茶行列。咸丰五年（1855）开始，官方同意闽商贩运茶叶，自此闽税增加。咸丰十一年（1861），广东巡抚觉罗耆龄奏请抽收落地茶税。同治二年（1863），两江总督曾国藩上奏："江西茶叶运至九江，有华商、洋商之分。洋商既完子口半税，固不抽釐，华商既纳浔关正税，亦未便再令完釐。臣即照部章，于义宁州开办落地税。"各地茶税的沉重负担，使得英商想方设法地要制定各种协议来摆脱清政府的控制。

茶叶贸易与鸦片战争

《晚清对外贸易史》认为："清朝从完全闭关到限制性贸易的这200年，却是世界自由资本主义的最活跃时期。"

17和18世纪，"中国趣味"（Chinoiserie）成为欧洲国家日常生活的时尚。中国茶叶更是成为葡萄牙、西班牙、荷兰、英国最重要的进口商品之一。当英国对中国茶叶越来越依赖，购买茶叶造成英国白银流失时，清政府却没有进口外国商品的需求。中国国民生产总值占当时全世界的近三分之一，与整个欧洲的国民生产总值相当。但清廷却不知道英国开始了棉纺织业的技术革新、蒸汽机的发明及运用，这些都将对未来世界格局变化产生重要影响。

18世纪中期开始，欧洲资本主义国家开始全球性的扩张，欧洲经济飞速发展。由于18世纪末到19世纪初，中西之间相互了解少，中国对西方国家了解更少。中西贸易只有一个流向即西方进口中国商品。英国热烈追求中国的丝绸、瓷器、漆器等高级奢侈品，尤其痴迷于茶叶。18世纪后期，移居到美洲的英国移民也形成一个巨大的茶叶消费市场。

长期垄断对华贸易的英东很满意自己在中国的茶叶生意，康熙五十年至嘉庆十五年（1711—1810），英国政府从英东的茶叶贸易中获得7700万英镑的税收。英东为了保证自己的茶叶贸易，并不想做任何事让清政府不满意。但英国自由商人看不惯英东在茶叶上的贸易垄断权，也不满意中国是茶叶贸易中的最大赢家。他们希望找到新的暴利商品来替代茶叶。印度鸦片就成为他们的目标。全世界因为茶叶、白银和鸦片联结在一起。茶、银、鸦片的循环，最终导致中国白银的大量流出。英国开始借助武力向亚洲扩张。为了保住银子和百姓的健康体魄，清政府有识之士发起禁烟运动，最终引发1840年鸦片战争。鸦片战争是一个贸易矛盾问题的漫长积累、发展到最后爆发的一个过程，并非仅仅是一个事件。它呈现18到19世纪的世界各国陆续从本土通过海洋走向更广阔的世界，寻求更好的生存环境的一个特殊景象。

英国强行在中国推行鸦片贸易并最终付诸武力的侵略，让19世纪成为一个悲剧频发的世纪，中国传统社会受到重大冲击。

18世纪的重商主义模式为英国的经济发展带来显赫的成就。英东的董事托马斯·孟（Thomas Mun）的商业理论是："对外贸易是增加我们财富和珍宝的通常手段。我们必须时时谨守这一原则：在价值上，每年卖给外国人的货物，必须比我们消费他们的多。"因此，他们买了茶叶，必须卖出英国特产，卖不出商品，就倾销鸦片。

鸦片是如何进入中国的？18世纪的中国，最初被视为麻醉剂的鸦片对于中国人民如同洪水猛兽，不仅吞噬了中国人的财富，还严重毒害民众的身心。它究竟是何时进入中国的呢？这应该追溯到崇祯八年（1635），澳门成为欧洲商人的贸易点后，英国、荷兰、葡萄牙商人之间就开始为贸易而不断发生激烈摩擦。为了掠夺中国市场和巨额暴利，鸦片贸易悄然上场了。

鸦片最初进入中国时被视为麻醉剂，可麻痹神经，有效防止疼痛，因此一度按照药材纳税，入关后只准以货易货。最初吸食鸦片的都是百姓。其实鸦片味苦，17世纪后，荷兰、英国、葡萄牙、印度等国家都已利用吞服或煎服的方法服用鸦片，但他们很少产生生理依赖，唯独中国烟民特别上瘾。因为英国法律规定吸食鸦片者以死论处，清政府对死罪的论处比较严谨，一旦涉及死罪都要经过县、府、省三级审理，送刑部、大理寺、都察院衙门核议，最后皇帝决定。这导致官员不愿意为了禁烟给自己增加工作量和麻烦，所以烟民数量越来越多，屡禁不绝。

天启四年（1624）荷兰占领台湾后，将鸦片与烟草混合吸食的方法带到台湾。开店引诱百姓吸鸦片的都是当地的无赖恶少。他们给鸦片搭配蜜饯、蜜糖等十几种甜食和水果，打出优惠活动广告，第一次吸鸦片免费，但只要吸了鸦片就容易上瘾，而且会通宵不寐，助淫欲。吸鸦片久而久之形容枯槁、脱神欲毙。

康熙四十三年（1704）时，英东发现广州的待遇比厦门的好，而且商品交易价格便宜，但广州很难订购大量的茶叶，因为葡萄牙商人为了保护其在广州的贸易垄断，想方设法阻碍英东在广州的贸易。另外，英国散商在广州买茶叶被当地商人诈骗，此后的报复行为之一就是通过贩卖鸦片来赚取中国白银。同样在做鸦片贸易的英东，为了不得罪中国政府，把"斯特雷特姆"号货船运的鸦片贩卖到苏门答腊、爪哇出售，不敢运到中国。

也就在这一年，广州出现了皇商，即广州十三行行商。行商付给朝廷42000两银，获得对欧洲人贸易的独占权，因此，没有一个中国人敢干涉行商的外贸权力，但如果行商认为对方对外贸有价值，会准许对方入伙合作。行商洪顺官、连官等鼓励英东在广州贸易,由此英东开始稳定地在广州交易。但是外商认为广州海关监督的贪婪、恶意刁难已经难以忍受。另外,广州一些行商售卖给英东的茶叶是用劣质品蒙混。在与荷兰、葡萄牙等国的商业竞争中,英国认为清政府偏心葡萄牙,没有给予英国商人和葡萄牙商人一样的优惠特权,又长期受到广州贪官污吏的压迫,就想发动一场战争,展示英国的经济和军事实力,征服清王朝,以弥补200年来不对等贸易带来的经济损失。这是鸦片战争必然爆发的最重要原因。但他们没有想过,中国贡献给他们的是黄金一般的茶叶,不仅让他们身体健康,还促成西欧国家的经济发展。而英国自由主义商人(散商)所谓的平等贸易,却是在以武力威胁、鸦片倾销的基础上,以中国百姓的健康和倾家荡产为代价,获取他们需要的宝贵资源。

虽然内心对清政府的贸易壁垒和贪污腐败的海关监督充满怨恨,但为了贸易,英东和英国散商暂时不敢破坏清政府的规定,不敢把鸦片运到中国。当时主要还是葡萄牙商人在澳门从事鸦片贸易。

雍正七年(1729),雍正皇帝开始禁售鸦片。乾隆元年(1736),乾隆皇帝放宽了朝廷的税收政策,取消了对用于贸易的外国白银征收的10%的附加税,英东却认为这次税收改革也并不一定对他们有利。

乾隆二十五年(1760),清代的"十三行官商贸易政策"被确立。洋商可以在广州兴建自己的行馆。这些地点都被指定在临江地点,靠近行商或码头区域。乾隆至道光80多年的广州十三行是中国中西贸易中心,和福州设立在河口(国货路)的琉球进贡厂、十间排一样,都是明清时期中西文化商贸交流的重点场所。因此,当时的福州琉球进贡厂一带生意兴隆,从今天的国货路开始不断涌现各类商馆,一直发展到上下杭靠近码头区域。清初的靖南王耿继茂选择在国货路建造王府,正匡进贡厂的贸易繁荣景象。

当时的琉球进贡厂、十间排有没有出售鸦片?其实,福州商人也多数到广州进口货物,再转售给琉球商人。福州的鸦片也就来自这些商户。广州的很多商人也来自福州、泉州、漳州等福建地区。

乾隆四十七年(1782),为了解决资金困难,英东开始在马来沿岸销售鸦片，剩下的运往广州出售。其中有一艘名为"嫩实兹"号的战船运载鸦片进入澳门。紧接着，很多英国散商的船只开始大量运送鸦片到澳门。广州的行商中有人买通广州各级官吏，私下与英国散商进行鸦片贸易。慢慢地，鸦片成了抽剥巨额暴利的工具，海关监督和北京朝廷的官员都从中获益匪浅。但垄断中国贸易权的依然是英东，因此在广州进行的正常交易依然以红茶、绿茶、南京布、熟丝、生丝、羽纱、棉花、水银、冰糖、瓷器、姜黄、大黄、胡椒、毛皮、人参、肉桂为主。

18世纪，随着棉纺织机器的发明、改进和使用，乾隆五十六年（1791），英国建立世界第一家织布厂，从此开启英国新兴棉纺织工业时代。棉纺织工业很快在欧洲逐渐兴起。于是，英国逐渐把出口到欧洲的棉织物转到亚洲。曾经称霸世界市场的印度棉产业自此被摧毁，印度许多繁荣的城市沦落为贫穷的小镇，大量印度纺织工人失业及至饿死。接着，英国的棉纺织工业资本家就到中国销售棉织物。

乾隆五十七年（1792），英国商人迫切地到广州来销售棉毛织物，购买茶叶的数量已达到武夷红茶600箱、工夫茶6000箱，并和广州十三行签订了第二年茶叶、毛织品贸易的订单。武夷红茶增加到1000箱，工夫茶12000箱。同时，英国商人看到中国茶叶的巨额暴利，反对英东垄断贸易的呼声越来越强烈。此时，澳门的云雀湾已成为鸦片交易市场。葡萄牙商人以贩卖鸦片为主，吸引英国散商加入。就在这一年，英国的"国王乔治"号散商货船载着棉花、檀香木、没药和鸦片从孟买前往广州黄埔时，被雷电击中起火，全船烧毁。

18世纪末，英国散商不顾英国政府和英东的反对，都自发跑到中国从事私人茶叶贸易，比其他各国商人在中国的人数更多，交易量也最大，引起英国本土茶叶交易市场价格的不稳定，严重影响英东的权益。为了和葡萄牙竞争，英东后期有一部分鸦片也开始销售到中国。由于中国政府禁止销售鸦片，英国负责欧洲贸易事务的马戛尔尼勋爵便要求尽快处理好非法鸦片影响正常贸易的问题。英国政府给马戛尔尼勋爵写了一封信，说明："如果提出明确的要求，或提议订立一个商约，其中有规定不准我们将这种麻醉品运入中国的条款，你必须让步，而不要冒丧失其他主要利益的危险，去争取这方面的自由权。在这种情况下，我们在孟加拉出售的鸦片，只有任其在公开市场碰机会，或在东部海面分散而曲折的贸易上寻找销路。"

为了合法购买中国茶叶，防止鸦片与茶叶的私人贸易行为给两国正常贸易制造麻烦，同时让中国皇帝了解中国远方省份政府的腐败和滥用职权造成的各种矛盾问题，解决中英两国的矛盾，马戛尔尼勋爵受任为英国特命全权大使，乾隆五十八年（1793）带了上百人的使团前往觐见乾隆皇帝。他把这次觐见活动当作一次旅行，在旅途中发现清朝贫富差距极大的问题，大部分可流动资金都掌握在清朝官员的手中，仅剩一小部分的经济在百姓的手中。他和一些政治家进行交流，其中只有汉人政治家考虑到国家的福利和各省行政的利益，明白奖励贸易并消除束缚贸易发展的障碍，是百姓富庶和帝国安宁的重要手段。18到19世纪，中国官员的收入很大部分与贸易征税有关，官员中尤其是满人贵族官员、广州满人海关监督都强烈反对对外开放贸易，而采取收受贿赂、征税的办法来获取自己的高额福利。汉族官员和满族官员在贸易开放与否的问题上出现明显的态度区别，并发生了矛盾。

乾隆五十八年（1793）9月14日，马戛尔尼勋爵觐见乾隆皇帝。他希望在政治上为大不列颠王国建立与中华帝国作为平等的主权国家的外交关系，经济上扩大与中国的贸易规模并使其合法化，知识上了解中国的自然、器物、制度与人文，至少最低限度是让英国商人在中国境内能获得与葡萄牙人的同等待遇，准许他们在中国大陆某个邻近岛屿上有一个便利的固定商站，以便商人或公司代理人、船只等过渡，获得与葡萄牙人在澳门同样的特权，最后强调他们需要商站的目的纯粹是商业的，毫无占领领土的意图，所以不会设防，希望清政府保护英国商人的内地贸易或旅行。

英王乔治三世写给乾隆皇帝的信中也表示："我们还从事前所未有的工作，即利用种种机会装备船只，并派一些最聪明和有学识的子民，从事发现远方的及未知的地域，其目的不是为了征服，也不是为了扩大我们早已足够我们所需的广阔领地，其目的不是为了获得财富，或为了我们子民的商业利益，而是为了我们对人类地球的知识，找寻大地上各种产品，并传播给各地前所未闻的各种生活的技能与舒适；因此，我们船运对人类最有用的动植物到那些有这种需要的岛上和地方去。我们仍然更热切地从事探究那些由于其君主等的天赋智慧与正直行为的长期统治，而使文明完美的各国的技能与方法：更重要的是我们热烈渴望能够知道，陛下使人口众多的广阔帝国达到如此高度富强并为四邻各国所赞美的卓绝创造——同时，现在由于我们的谨慎与正义，避免卷入欧洲其他各国的纷扰与野心的战祸，而且又在印度斯坦结成联盟，将一个有野心的邻邦说引起的冲突制止，虽然我们的力量可以毁灭它，我们幸而在全世界获得和平，没有一个时期如此适宜于顺利推广友谊及善意的范围，以及通过无私的友好往还，提出中国和大不列颠这样伟大而文明的两国互相传播福利的事了。"

马戛尔尼勋爵还呈送了对英国贸易最适度的六条《权利宪章》。这份宪章没有被乾隆当回事。乾隆回信给乔治三世表示："此种陈议，有改变建立已久之全部欧洲商业制度之倾向，是以朕无从允准。即使如此，余等不妨公平论列此事。尔国及欧洲其他各国商人来中华贸易者，长久以来皆前往广州。中华物产丰盈，无所不有，原不仰赖别国货物。中国特别盛产茶叶、精美瓷器、丝及其他物品。皆为尔国及其他欧洲各国必需之物。为特别施恩于尔国，朕已颁旨在广州建立公共堆栈，以存放各种货物，但尔之使臣，竟呈请立即改变此种年代久远之贸易方法，并以另一办法代替之，但此种新法与朕施于万国之善意极不相符。朕之不变规例，即对待各国子民一视同仁，不能有分彼此。在广州贸易者，不独英吉利一国之人；现在，倘若他们全体竞效尔之所为，乞请同一要求，朕岂能一一允准予以满足乎？尔之君主，远处殊方，间隔重瀛，是以无法熟谙我朝之体制……"

对于英国的《权利宪章》六条，乾隆皇帝也在信中一一对应回复拒绝，并警告英国商人若不按照清廷规定贸易，就要求他们强制离开，没有耐心再谈论此事。明朝时，朱元璋以同样的口吻和态度对待日本朝贡贸易的请求，那时的日本没有强大的海军力量来攻击中国。但此时的欧洲国家，尤其英国的海军力量已经十分强大。乾隆帝想不到，道光二十二年（1842）英国用武力征服中国后，满足了他们在乾隆五十八年（1793）时对他提出的对外开放的贸易要求。

马戛尔尼勋爵返回广州时经过江西茶园，经当地满洲官员允许，他拿走了几棵成长中的茶树，想移植到孟加拉。回到英国的马戛尔尼将他在清朝的所见所闻全部记录在《纪实》中，认为在专制君主之下的边地官吏专横又腐败，居民的道德也普遍败坏，不仅导致广州的贸易弊端多，还做出清朝必将倾覆的判断。

乾隆五十九年（1794）7月，荷兰也派遣了一个使团到北京，对抗英国使团。但当年9月，法军占领荷兰全境，荷兰的奥兰治亲王逃到了英国，荷兰共和国大动荡。

这期间，英东公司在广州的贸易主要以英国毛织品与中国茶叶进行以物易物的交易。广州不少行商由于资金周转困难，又被满人海关监督不断索贿，终于导致破产且被流放。英国商人与广州十三行行商之间已建立了深厚的交易关系，因此颇为同情这些破产并被流放的富商。这也是日后中英两国政府与领导人之间势如水火，而中英商人之间依旧关系良好的原因，乃至鸦片战争爆发后，官方不得不依赖广州行商来中间调停解决中英之间的矛盾。

清嘉庆元年（1796），嘉庆皇帝严令禁止外国人售卖鸦片。嘉庆二年（1797），英东掌握了在印度的鸦片生产垄断权。然而，嘉庆三年（1798），英东写给英国总督的贸易报告中继续表示不愿意销售鸦片到中国，要求公司开往中国的船只上禁止携带鸦片，担心这种非法贸易事故给他们在中国的丝绸、茶叶等正常贸易带来巨大损失，后来却发现广州海关官员在暗中支持鸦片销售，目的是从中获得巨额贿赂。此时，英东公司派往广州的三艘散商船只满载着向广州行商购买的茶叶返回英伦。为了不让船只受到法国和西班牙战舰的攻击，他们的货船上运载了从伦敦带来的军用品。英国商船从广州返回时，向广州海关官员报告了他们与法国、西班牙之间可能发生的海面战争。海关监督亲自接见了英东总督，并派兵增防虎门要塞。嘉庆四年（1799）2月7日乾隆帝逝世，和珅被处死，财产被没收，相当于英镑三万万。英东统计这就是东印度公司在中国贸易期间，和珅贪污所得的非法收入。而这一年，广州的英国商船已有15艘。他们把印度的棉花、香料、人参、上等毛皮卖到广州，在广州买了茶叶157526担、生丝871担、南京布匹180000担。

当时澳门是中国唯一的鸦片市场，英国散商就把孟加拉生产的鸦片全部倾销到澳门。英东想禁止澳门的鸦片贸易，并写信通知孟加拉大总督，表示雍正十一年（1733）以来就不断禁止公司的船只运送鸦片，说："中国政府已经准备严禁今后再运送鸦片入境，但这种物品仍然在澳门继续进行交易，而那些因这种买卖获得厚利的人，并未受到任何特别的妨碍。在那段期间，我们相信还未颁布法令，因为大家认为由于海关监督可以从中收取巨额规费，故他暗中鼓励这种非法贸易，而不想采取有效办法。虽然如此，仍希望避免发生任何意外，致使公司不幸被控与这种非法贸易有关，因此请求总办事处应颁布严令，禁止今后驶来中国的公司船只载运鸦片。"

由于广州海关监督都由旗人担任，这些官员人格低下、贪婪，不断地向英国商人索贿，恶意刁难，导致英国商人日积月累下对清朝中国官员的鄙视，和对清政府的仇恨。加之，英东公司与广州行商之间的贸易发生争端，尤其是商品被拖欠不供给，促使他们对中国的贸易产生愈加严重的怨恨情绪。此时，葡萄牙人在澳门大规模地从事鸦片买卖，并未受到澳门贪官污吏的干涉。

嘉庆六年（1801），英国为了联合葡萄牙抵抗法国军队的攻击，想帮助葡萄牙保护澳门。而澳门的葡萄牙军队并不欢迎英国远征军的帮助，向中国散布谣言，说英国意图派远征军占领澳门。

这段时期从嘉庆皇帝到官员、百姓都误会洋人以大黄茶叶为通肠神药。其实在英国，最初是把茶当作帮助消化的药物来使用，因而放在药店里销售。当时不少教徒和中国僧人一样以茶代酒来提神修行。随着英国凯瑟琳王后饮茶之风传播整个宫廷之后，贵族喝茶纯粹是因为时尚、品味，以下午茶会来社交、炫耀自己的社会地位和财富。英国工人喝茶是当作营养早餐，还有部分百姓也是以茶代酒。这是后来立顿茶热销的起因。但由于对英国人的情况了解不够深入，鸦片、白银与茶叶三者的关系，成为晚清一个复杂、矛盾的公共热点。

《海国图志》的作者魏源说："中国以茶叶、湖丝驭外夷，而外夷以鸦片耗中国，此皆自古未有，而本朝独有之。"包世臣于是主张罢黜广州十三行，对外开放，便能割除海关陈弊，中国政府获利更大，外国人也不必再贿赂海关官员，偷运鸦片来扰乱市场经济，毒害百姓身心，导致白银流失。但当时鸦片的问题没有尖锐到引起嘉庆皇帝的重视。

嘉庆十四年（1809），为了庆贺嘉庆皇帝的万寿庆典，广州行商缴纳的款项达到白银50万两。巨大的款项导致行商资金周转困难，若再遇到贪官索贿和刁难，甚至濒临破产。英东为支持这些关系和睦的行商免于破产，就减除了他们的部分债务。由于和广州行商之间密切的贸易与债务关系，英东对清政府贪官污吏长期压迫他们和行商的行为十分痛恨，总想找机会报复。

由于茶叶交易量有限，有些行商出售的茶叶是劣质品，无法满足他们的暴利要求。嘉庆十九年（1814）时，葡萄牙商人和英国散商尤其是怡和洋行开始大量地在澳门销售鸦片。英东无力阻止非法鸦片贸易对他们公司正常商业造成的侵害。嘉庆二十一年（1816），停泊在黄埔的外国船只已多达87艘。其中，英东28艘、英国散商39艘，还有葡萄牙、西班牙、印度等国的商船。这时英国的商人不受英东管理，留在广州贩卖鸦片，从事卑鄙勾当。

此时的中国仍是世界上最大的经济体。因此，英东代表团发现嘉庆皇帝的态度比乾隆皇帝更傲慢，官员对他们同样没有礼节。每一次的交接过程都是朝令夕改、反复无常。英东本想借嘉庆皇帝来申诉广东省当局的贪婪及对英国商人的压迫，但发现毫无用处，随即失落地离开北京。这个被无礼对待的事件使英国人耿耿于怀，也为日后的中英战争埋下情绪上的地雷，随时可能因为某件事而爆发。当然，这也只是英国武力侵略中国的一个借口。

此后，由于英国"休伊特将军"号运送茶叶的船只想引水到黄埔，作为贡舶，请求豁免出口税，被拒绝，随即船只供应被停止，同时被广东水师船艇包围，于是为了改变他们的被动局面，将炮弹上膛，双方开始出现激烈的摩擦。他们强烈要求："我要使他们明白，我的船是构成和平使命的一部分，只有这样才能使我们服从或准许这样对待英国人，但不能侮辱。"这就是鸦片战争前的一种示威行为。他们忘了他们是不请自来，并非清政府需要他们。

此后，由于英东的买办被刑罚，英东派代表去广州城门表达不满。广州行商告诉英国人要保持安静，不要去闹事。有些为外商服务的买办，令外商非常痛恨，认为他们道德败坏、诡计多端、低价高卖、以次充优。很多外商如果初来乍到广州，不熟悉贸易程序、政府政策，容易受骗上当。另外，当时的通货膨胀和收入下降的压力促使通事和海关官吏从非法贸易和走私活动中牟利，类似这样的事件在广州日积月累，造成中英双方矛盾越来越激烈、恶化。广州的贸易体系开始日益崩溃。嘉庆皇帝被盛世神话所包围，对这些情况一无所知。

嘉庆二十二年（1817），英国皇家战舰"奥尔斯特"号提出要驶入虎门来躲避坏气候，但被水师拒绝，于是驶越虎门要塞并开始射击，最后此事在总督的隐瞒下不了了之。此时美国商人开始在广州贸易，主要从事棉花、茶叶、生丝、丝织品等交易。

嘉庆二十三年（1818），西班牙镇压了墨西哥和南美洲的革命，横渡太平洋的贸易再度活跃起来。欧洲各国商人继续大量涌入中国。此时的中国就像一块令世界垂涎三尺的大肥肉，欧洲商人们迫不及待地要冲向中国。而葡萄牙当局限制葡萄牙籍人在澳门买卖鸦片，容许他们去黄埔买卖鸦片，同时也不控制澳门的鸦片买卖，促使欧洲许多商人都潜入澳门贩卖鸦片。美国有44艘船到中国购买棉花、茶叶、生丝等，同时也把土耳其鸦片运到澳门贩卖。

英东认为，从乾隆四十七年（1782）以来，他们从未将鸦片销售到中国，主要是销售在印度的加尔各答。他们还认为："这种物品的性质，或它受到中国及东方民族居民中流行的特别嗜好，可以任何价格都能获得相当数量的消费，虽然突然丧失这种毒品差不多肯定会对那些惯于使用它的人产生极大的痛苦，政府没有道德上的责任去扩大它的生产。因此，假如加尔各答的鸦片销售能够获得独占出售的市场，则管理会副主席倾向于认为，它可以适当地逐渐减少供应。"他们还提供了一份中国鸦片的销售数据给广州政府审议，说明嘉庆十九年（1814）外国商人就在中国创办了一个销售鸦片的联合组织倾销鸦片。嘉庆二十三年（1818），中国每年消费孟加拉鸦片约3200箱。中国百姓由于吸食鸦片后成瘾，开始倾家荡产，甚至丧心病狂地购买鸦片以维系他们的生理性需求。但其实在此之前，英东曾销售鸦片到中国，但被英国负责欧洲贸易事务的马戛尔尼勋爵阻止了。英东收集大量数据给广州政府，想表示自己公司比其他欧洲国家的商人更遵守清廷的规则，争取得到最惠国的待遇。由此可见在广东贸易的欧洲商人之间的激烈竞争和不择手段。

嘉庆二十四年（1819），广东出现了茶贩组织，专门对付外商和广州行商。这时期，行商送给英东的茶叶只有一半是普通或中等的品质，所以剩余的低劣茶叶就被拒收。于是，茶贩组织和英东之间开始出现矛盾。加之海关官员与茶贩、买办之间都发生矛盾，导致没有食物供应给英国停泊在港口的货船。这又促使中英两国的矛盾越发激烈。澳门总督欧布基向英东提出改变鸦片贸易的建议，希望核准收购5000箱鸦片，英东替他们每年缴付澳门海关10万两。英东知道葡萄牙想独占利益的企图便拒绝了。此时，其他地方的鸦片生产、贸易竞争也越来越激烈。美国许多商人都在从事土耳其的鸦片贸易，而且都倾销到中国。这意味着，鸦片战争爆发前，澳门、广州的鸦片贸易商人来自葡萄牙和美国的最多，英东并不参与鸦片买卖，只有英国散商参与，但为何最后还是爆发了中英战争呢？

道光十三年（1833），英东的茶叶贸易垄断权被废除，英国政府全面开放中国茶叶贸易权给英国全民。至此，英国商人经营的商社有66家进驻广东省。其中最大的鸦片商贩怡和洋行对中国的银矿垂涎三尺，多次向英国政府抱怨清政府的禁银出口政策妨碍了他们的自由贸易。因此，无良的怡和洋行用金钱来贿赂中国官员，欺骗中国善良的百姓说鸦片是药，可以治病，却没有告知鸦片的危害性，导致中国百姓深受鸦片毒害。怡和洋行认为，只有用鸦片贸易才能促使中国政府一直大量广泛地开采银矿，以防止市场白银流通不足，但最终造成中国鸦片泛滥成灾，白银大量外流，中国财政枯竭、经济衰退。

鸦片和茶叶贸易、白银外流之间的重大问题，终于引起道光皇帝的焦虑。每天都有官员来建议，一方是要求海禁，另一方要求内禁。林则徐和许乃济、鸿胪寺卿黄爵滋主张内禁，即鸦片贸易合法化，避免海禁而导致私人商贩进行更严重的鸦片走私贸易。尤其许乃济认为可以种土烟来减少洋烟的侵害。从历史的发展看，百姓习惯了吸烟，后来确实是土烟赶走了洋烟。

广州十三行也上疏总督府，表示支持许乃济。当时的广东各界对此保持了高度一致意见。但英国政府并不赞同鸦片贸易，尤其是鸦片走私。英国外务大臣巴麦尊也强烈谴责走私鸦片的商人。但是许乃济的观点依然遭到众多官员和社会舆论的批评。许乃济因此声名狼藉，被削职。

内阁学士、礼部侍郎朱樽认为，鸦片损害了百姓健康，一旦吸食成瘾，则民弱不可救药。但他们没有对禁烟后的后果做过深入的研究分析。许球（兵科给事中）与朱樽一样主张禁烟，并影响了林则徐。邓廷桢认为，朱樽是书生在纸上谈兵，无论是驱逐英国的鸦片船，还是缉拿走私的鸦片船，或捣毁鸦片窑口，都不是容易的事，反而越禁越隐蔽和猖狂，但以货易货，可杜绝白银流出。

鸿胪寺卿黄爵滋认为，鸦片政策有漏洞，首先海关官员收受贿赂，海防线太长。贩卖鸦片是暴利行业，且中国奸商和外商在海外贸易，导致走私鸦片屡禁不绝，禁海不如防内。如果在国内种植鸦片，土烟不如印度洋烟，因此禁烟重点在于重惩吸烟者。他用英国与荷兰以极刑和死罪论处、同时实行连坐制来互保，便杜绝了鸦片泛滥为例。官员们对禁烟的意见不同，海禁派认为会增加诉讼成本，易引起社会不稳定。直隶总督琦善认为，封海关、海禁来解决白银外流、禁烟的问题，希望通过海禁来斩断与西方的一切贸易往来。至今，他留下的无知论断是："外夷土地坚刚，风日燥热。且夷人每日以牛羊肉作为口粮，不易消化，若无大黄，则大便不畅，夷人将活活憋死。故每餐饭后，需以大黄茶叶为通肠神药。"

林则徐赞同极刑峻法治理鸦片，并说禁烟不难，更关键的在于改变鸦片吸食者的思想。他甚至担心"中原几无可以御敌之兵，且无可以充饷之银"。于是提出了六项主张，以内禁为主。

白银外流并非只因鸦片的输入，而是其他商品的数量不断增加。嘉庆十九年（1814），嘉庆皇帝已下旨禁运纹银出国，运返印度的白银就从600万减为100万两。但运返印度的白银，包括贩卖鸦片的收益，数额依旧巨大。英东早在嘉庆二十一年（1816）时，就采用汇票兑换的方式，而不是用白银。而美国一直是运白银到中国来交易。到了道光十三年（1833），美国商人开始将伦敦汇票带到广州，售给愿意汇款往印度的商人。即使如此，那时外洋船只历年运入中国的白银也达到四五百万两。由于和各国贸易依旧输出大量纹银，清政府想通过禁止鸦片来阻止白银外流不能起到绝对有效的作用。除非与西方各国完全停止贸易，白银外流的情况才能得到缓解。

道光十二年（1832），英国东印度公司广东商馆职员林德赛（Huyh Hamilton Lindsay，1802—1881），化名胡夏米（Hoo Hea Mee），冒充船主，和普鲁士籍传教士、医生郭士立租用"阿美士德"号（Amherst）船，载着棉布和棉纱等货物，于2月26日从澳门出发，以经商、传教为掩护，从事间谍活动，测量中国沿海厦门、福州、宁波、上海等地港湾水道，刺探政治、经济、军事情报，提出对华侵略的具体建议。该船途经厦门、福州、宁波、上海、威海卫，前往朝鲜。他们于3月19日船抵闽江口，想购买茶叶或以货易货，遭到闽浙总督的拒绝。福州两伙茶商却向他售茶换鸦片，还有举人献内河地图，求赠金银，作为赴京赶考费用。因此，胡夏米觉得福州开放为通商口岸前景良好。他给英国东印度公司的报告说："帝国的城市在地位上很少有比福州更适宜的了……闽江可以航行载重极多船舶，直达福州城外十英里，闽江源出最好红茶的产地武夷山中部……位于闽江上游的武夷茶产区，距离福州只有150英里（1英里约等于1.61千米），茶运到福州最快只要4天，而如果运到600英里外的广州则要1—2月，运到上海也要28天左右。此时福州的茶叶贸易已经繁盛，是福建省重要的税收来源。通过闽江直接运茶到福州出口比从广州出口，每年每担可以节省4两银子的运费，每年15万担，就是节省60万两。因此，就区域位置和节省成本而言，福州是十分理想的茶叶贸易口岸。"

胡夏米的结论使英国东印度公司更加希望推动开放福州口岸，实现武夷红茶海运的目的。道光十五年（1835）7月，他写信向英国外务大臣巴麦尊献策，竭力怂恿英国政府使用武力打开中国门户。后来英军在鸦片战争中选择进攻和登陆的地点，就是参照他提供的情报。

当英商咄咄逼人地靠近中国时，面对这日益开放且难以关闭门户的外贸问题，嘉庆皇帝的治国思路不断被各地连绵起伏的起义搅乱，对内禁也产生了畏惧心理，怕内禁引发更多的起义运动。道光十六年（1836），鸦片贩子怡和洋行停泊在广东珠江口外的船只已有12艘，组成了一支力量雄厚的船队，并在印度加尔各答到珠江口之间开辟了一条快速航线，专供航速飞快的快速船运输鸦片。

林则徐明白一旦全面海禁，就断绝了所有外商贸易，但并非所有外商都参与违法的鸦片贸易，一刀切的海禁肯定会得罪所有外商，后果堪虞。道光皇帝一直赏识林则徐，道光十八年（1838）12月31日任命林则徐为钦差大臣，到广东查禁鸦片，实行海禁和内禁的双禁政策。

道光十九年（1839），林则徐到在达广东禁烟，在虎门销烟前夕，采用了分化政策，对问题最严重的英国鸦片贸易者进行制裁。他点名捉拿英国怡和洋行的麦迪逊，说"鸦片之到处流行，实以该夷为祸首"，敦促英美商人交出两万箱鸦片，其中怡和洋行占了7000箱，沉重打击了以怡和洋行为首的鸦片奸商。于是，英国商人们全部迁移到香港。

道光二十年（1840）1月5日，林则徐宣布广州封港，规定任何船只企图以转载方式输入货物者，其船只和货物均予以没收，永远断绝英国船只、英国商品的进口。鸦片走私头目、怡和洋行的威廉·渣甸得知消息后，一面通知在广州的合伙人麦迪逊，火速将义律缴烟收据送回国，一面串通《泰晤士报》，就义律向英国商人许诺由英国政府赔偿鸦片经济损失问题大造舆论，故意把鸦片资本集团的利益和政府的经济利益扯在一起，从而刺激英国政府加速用武装行动向中国政府勒索。

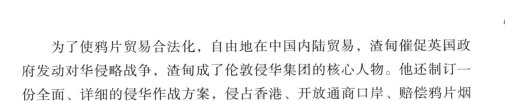

　　为了使鸦片贸易合法化，自由地在中国内陆贸易，渣甸催促英国政府发动对华侵略战争，渣甸成了伦敦侵华集团的核心人物。他还制订一份全面、详细的侵华作战方案，侵占香港、开放通商口岸、赔偿鸦片烟款等《对华条约草案》。

　　道光二十年（1840）2月，在伦敦的巴麦尊开始调兵遣将，派出东方远征军开往中国。当时的英国民众被蒙在鼓里。林则徐对此情况一无所知。直到4月，反对党领袖皮尔要求英国国会举行辩论会，决定对政府发动不信任投票。年轻的保守党议员格莱斯顿反对战争，认为这是令英国蒙受耻辱的不义战争。

　　英国政府任命义律的堂兄、海军少将懿律（George Elliot）作为远征军总司令，要求清政府就"屈辱和损害"做出全面赔偿，割让一个或数个岛屿，废除公行制度及还清公行商欠款等。当年6月，懿律把英国侵略军舰队开到广东海面。渣甸作为这场战争的参谋之一，认为就中国的中央集权体制而言，权力来自中央，只有在权力中心地区开炮效果最明显，于是把目标确定在了北方。7月5日，英军占领了舟山群岛上的定海，10日，英军封锁宁波，8月15日抵达白河。懿律将巴麦尊致道光皇帝的照会函交给直隶总督琦善。

　　林则徐无畏战争，在广州做好充分的作战准备，但英军在短时间内就轻松地封锁了长江口和沿海，顺利地到达白河口，与北京越来越近后，林则徐受到朝廷官员的指责就越来越多，愈加严厉。道光皇帝愤怒到极点，知道开战毫无胜算，只能和谈。和谈并不顺利，义律要求割让香港，并为此突袭虎门来威胁琦善。林则徐、关天培、邓廷桢等爱国官吏率领军民进行英勇的抵抗，谁知琦善却吓得立即投降了，签订了《穿鼻草约》。2月26日，道光皇帝得知琦善擅自割让香港后，将琦善革职锁拿到北京，并抄没家产。

　　为国家坚守原则，英勇奋战的林则徐同样被革职，发往新疆戍边，道光二十五年（1845）重获起用，历任陕甘总督、陕西巡抚、云贵总督等职，加太子太保。道光三十年（1850），林则徐在奉命镇压拜上帝会起事途中，病逝于潮州普宁，获赠太子太傅，谥号"文忠"，有《林文忠公政书》等著作传世。

对于鸦片战争的失败，中外学者都有大量的分析文章。第一次鸦片战争前夕，清政府首先认为中国在战争中一定会占优势，其次是有贵重商品可使外国人接受纳贡地位，如同对待日本、朝鲜、琉球、越南等国。但清政府不知道西欧和美国在1839年时已经进入工业时代，纳贡的方式只适用于工业时代以前的商业往来的时期。那时外商来华只是为了购买中国货物。19世纪开始，西方制造商来中国是为了寻找市场。道光十六年（1836）2月，英国曼彻斯特商会在交给外交大臣的一份呈文中指出："广州提供了年达300万镑印度商品的出路，这使我们的印度臣民能够大大增加对我们制成品的消费量。"也就是说，英国商人不只是想买茶叶，还想卖商品到中国。英国人希望扭转1000年来欧洲和东亚之间的供求关系，坚决要求清政府取消防止西方商业入侵而设立的外贸壁垒。这呼声夹杂着19世纪反对君主制、拥护议会制的英国辉格党自由主义（Whig）与曼彻斯特企业的共同要求——自由贸易。当时，"自由贸易"的英国散商已经开始主张侵华，他们写的一些时文小册子和院外活动者异口同声地要求贸易特权和国家之间平等的外交往来。

道光二十二年（1842）8月29日，清政府被迫同英国侵略者签订《中英江宁条约》（即《南京条约》）。中国从此被迫开放广州、福州、厦门、宁波、上海5处为通商口岸。

5个通商口岸，福建占了两个，而福州被列入的原因是什么呢？前文讲述过，早在嘉庆二十二年（1817）时，由于对武夷红茶的热爱，英国商人觉得从武夷山运送武夷红茶到广东梅岭，翻越山岭的路线不方便，希望在福州开辟一个新的港口、减少运输成本和税捐总数，希望清廷废除由海运到福建的禁令。因此，他们等待了33年后，终于通过鸦片战争实现了开放福州口岸。

由此可见，没有鸦片被烧毁的事件，英国依然会为了他们商民主张的自由贸易和平等外交，在与清政府沟通无效后采取武装行动。这是乾隆五十八年（1793），马戛尔尼勋爵觐见乾隆皇帝，呈送英国的《权利宪章》时就已经埋下的战争地雷，只是延迟50年后，鸦片成为导火索而已。

因此，鸦片战争的本质就是世界贸易战争，不仅仅是中英贸易战、茶叶战争，调整的是世界政治、经济新格局。

鸦片战争，清政府失败了，当时以林则徐为代表的官员想获得西方武器，希望重建中国沿海军事力量，其中包括海军的训练、火器的使用以及建造新的炮台和要塞。因此，林则徐命福州地方官在天安山（今烟台山）峰顶设炮台。但钦差大臣耆英想利用法、美来对抗英国的策略，认为仍要把广州继续作为中国外交的接触点。他还物色和任命一批可靠又有才干的官吏，这些人既能博得朝廷和外国人的信任，同时又能忠于自己并与地方势力合作共事。比如，福建布政使徐继畬（1795—1873），他是道光六年（1826）的进士，在翰林院工作过十年，深受安抚政策的主要拟订者穆彰阿的赏识。他在鸦片战争时期是福建省的一名道台，道光二十二年（1842）春被任命为广东按察使，有了正式接触外国领事及传教士的机会，获得许多外部世界的知识。他是个学者，那时已开始根据西方资料编辑一部附有44张西式地图的新的世界地理书《瀛环志略》。《剑桥中国晚清史》作者费正清、刘广京评价："他这本1848年编成的书较之魏源的《海国图志》更为简明和精确。"他因此被《纽约时报》赞誉为"东方的伽利略"。道光二十三年（1843），徐继畬调回福建担任福建布政使并负责兼办通商事务，对福州正式开埠起重要作用。

第五章 福州开埠

开埠之理由

明中叶后，葡萄牙、西班牙、荷兰、英国、法国纷纷派使团来福州调研，惊讶地发现福州是一座经济繁荣、城市建设先进的城市。西班牙认为福州是中国最大的城市。

道光二十七年（1847）1月18日，福州英领事若逊（R.B.Jacksan）关于英国对福州贸易展望的报告中认为，外国人对福建省会福州做出的多方面调查基本符合事实。鸦片战争前的福州，手工业、商业发展程度良好，这样的贸易基础在中国整个沿海地区并不多见。因此，英国领事们对福州寄予极大的希望："我们的制造品可以很成功地销售给他们。"而且从各方面看，福州"人烟稠密、土地肥沃、资金充足，很可能成为销售外国纺织物的一个广阔场所"，所以，必须被列入中国通商口岸名单中。姚贤镐编写的《中国近代对外贸易史资料》和美国传教士裨治文（Elijah Coleman Bridgman）于道光十二年（1832）5月在广州创办的英文月刊《The Chinese Repository》对于福州开埠的理由都做了类似的论述，但也只是引用一些外国商人的话语，没有做全面和深入的探讨。还有其他的一些国内论文或书籍零碎地表述个人认识，依旧是支离破碎的言论或较为简单的分析。

我纵览了国内外有关福州开埠主题的文章，整理后进行判断分析，归纳总结出以下七点是英国要求福州必须开埠的主要理由。

第一，福州的独特地理位置和省会政治经济中心的地位。福州不仅是福建最大的城市，而且是五口通商中仅次于广州的第二大口岸。外国人根据当时城市的规模估计，福州至少拥有人口50万，就建有房屋的地区而言，大约比宁波大一倍，比上海大两倍。"考虑到福州的大量人口，和福州附近人烟稠密，土地肥沃的乡间，加之福州又是一个省会，它似乎很可能成为销售外国纺织物的一个广阔场所"。

第二，福州设有海关，比厦门方便外商纳税。《筹办夷务始末选辑》记载："此外滨海之区，贩茶最便，无过福州。"这句话是耆英对道光皇帝说的。他认为，武彝茶（武夷茶）产自建宁，聚于福州贩卖，再运到西洋诸国，为外国商人求情说他们要求开放福州口岸："该夷因贩茶求往福州贸易，尚属实情。"

第三，发达的商业形态，福州是物资出口和分配中心。福州当时是我国东南沿海城乡手工业比较发达的城市之一，具有良好的贸易基础。比较著名的手工业项目有铜器，"从满列铜器的店铺的数目看来，福州的铜器业很发达"；铁器，有大量的铁器生产，尤其铁丝制造非常普遍；瓷器，福州府的瓷器也相当著名，在"福州附近大量生产着供应出口的瓷器……可以肯定有32座窑正在全力生产。有些绿色瓷器非常美丽出色"。为了和国内各地输入闽省的商品交换，福州输出的产品除本地手工业品外，还有从本省山区运来的竹子、笋干、香菇、茶油等物品。此外，福州早在宋真宗大中祥符二年（1009）生产的红蕉布就被列为土贡上供宫廷。近代产制的"青布""蓝布""苎布""缭布"都很流行，尤其"蓝布"由于其颜色美观和经久耐用而驰名全中国。当时福州学子参加科举考试都要穿蓝布衫。木材也是福州最大量的出口货物之一。据当时外国人的调查，开埠前福州的国内贸易相当可观，如从邻省江西来的瓷器，从遥远的山西省运来的皮货，从山东、天津及沿海其他各地运来的药材、棉布，从台湾来的大米，等等。1915年巴拿马万国博览会上，福州的纸伞、脱胎漆器、角梳一起获奖，被誉为"福州三宝"。这当然是开埠以后的事，但说明了福州发达的手工业有过的光辉历史。

第四，福州南台是商船汇泊之区。清康熙二十四年（1685）在福州南台（今中洲岛）设立闽海关，福州成为全国最早设立海关的口岸之一。本省出产之木料、纸张、糖、烟等各项大宗货物，出口都要在闽海关交税。乾隆四十三年（1778）又设立南台仓（盐仓）归浦下关兼管。所有浦下关并石码盘验馆，均委盐大使管办。还有，福粮通判并闽侯两县均驻扎城内，令兼管城外盐关的官员在运道可通、商贾云集的南台设立一所收米局、一所铁钢官行。南台作为福州乃至福建的重要枢纽关卡，是外国商人不得不重视的区域。如同明中叶，琉球贡使希望把福建市舶司迁往福州的原因，正因福建省所有的重要行政机关，尤其海关检查、税务申报都在福州。

第五，福州有便利的内河航运、发达的海上运输航线。福建省毗邻广东、江西与浙江，与台湾岛隔海峡相望，境内山脉纵横，构成地理上的明显特点，海岸全线崎岖险峻，西部被数条溪流截断，这些溪流成为闽江和九龙江两大河流的支流。闽江为本省主要河流，总长2958千米，干流577千米，其流域面积占全省河流流域面积的四分之三。河床很浅，只有本地吃水最浅的船只才能航行到上游。但从最远的内地到主要市场和出口中心的福州，到处可通行木筏。福州利用较发达的手工业产品以及闽江航运之便，掌握了福建全省山区的丰富物资，发展成为一个较为繁荣的贸易城市。福建山区的木材由闽江放筏，集中福州然后转运到宁波、乍浦，甚至远销山东及渤海湾各地。当时进出福州港口的各地经营木材贸易的木帆船多达千条以上。在没有开通内河航运茶叶之前，外商认为茶叶运到福州可以比其他贸易港口能更好更快捷准备好装运。武夷红茶当时在英国最受欢迎，而且从武夷茶区到福州的运费比运到上海的费用低。每当茶季，武夷山的茶庄和福州茶栈派茶商到此收购毛茶，在这里设临时采买所进行分类、烘焙、调和、包装，再运至各通商口岸。

第六，福州发达的私营钱庄。早在18世纪末，福州即出现私营钱庄。19世纪40年代初期，福州钱庄开始发行纸币和铜钱票，后设立"钱业商事研究所"登记开业钱庄。福州出现由钱庄发行纸币（期票）的制度。当时福州约有100家发行期票（商业票据的一种）的钱庄大都拥有很高的信用和大量的资金。期票上印有发行商号的名称和日期。这种纸币价值很高，钱数从500文到1000元不等，使用起来远比银锭、银圆或铜钱便利。外国商人惊叹地说道："它们既是储蓄银行，又是发行银行。这种由钱庄发行纸币的制度在福州府比在中国任何其他城市都普遍。如果我们单从它的货币交易方面来看的话，则福州商业的发展着实要比我们所想象的更高。"因此，外国人对福州市场十分感兴趣。

第七，"福州通商，意在武夷山茶"。中国茶叶占国际市场比例最大。中国绿茶主要来源于安徽、江苏、浙江三省。福建占中国茶叶的地位举足轻重。英国进口的中国茶叶中，以红茶为主。红茶主要来源于福建武夷山区。清朝，福建武夷山星村的武夷红茶在国际市场上声名远扬。武夷红茶主要产于崇安县的武夷山麓，集散于下梅村、星村和距外城7.5千米的赤石街。星村主要茶庄有永丰福、福茂新、同泰荣、华记和炳记等。赤石街的茶庄最大的是美盛、文园、协盛、森泰等。当时，英国人待客以奉上星村红茶为最高礼遇。前文已提及早在嘉庆二十二年（1817）时，英国商人已在筹划开放福州口岸，因为英东在武夷山地区做了实地考察，证实开辟新茶路绝对有利可图。因此，为打开武夷红茶的海运航线，中英《南京条约》谈判时，道光帝提出用福建的泉州来代替福州开埠，但"该夷等坚执不从"。英国商人坚持要求加上福州。他们认为福建省是素称为一个广大的产茶中心，当时中国又是唯一的茶叶供应地，期待从福州出口茶叶的贸易前途可观。由此足以证明，福州港在当时清帝国的政治经济生活中有着多么重要的地位和影响。

开埠不开市

《南京条约》签订后，五口通商口岸开放的时间分别是：道光二十三年（1843）开放广州于7月27日，厦门于11月2日，上海于11月17日；宁波于道光二十四年（1844）1月1日开放，福州于同年6月开放。

福州是五口中最迟开埠的通商口岸，对外贸易的发展也比其他通商口岸迟缓。1918年1月17日，英国驻福州领事卫京生（F.E.Wilkinson，C.M.G.）在福州外侨组成的"福州文学会"（Foochow Literary Society）上宣读他写的一篇讲稿《*The Early Days of the Treaty Port of Foochow*》（《早期的通商口岸福州》），文中认为福州在政治上是一个相当重要的地点，因为它是省会所在地，又是物资出口和分配中心，但是他认为"它的商业由于种种障碍就与人口的比例和地区资源不相适应"。而且深入剖析商业发展的两种主要障碍：一是禁止茶叶由海船运输出口，二是全省沿岸海盗猖獗，航运极不安全。如果茶叶不能海运，就要从陆路通过江西运到广州。有部分茶叶是运往北方，要通过鄱阳湖转入扬子江航运。当时的英国驻上海领事阿礼国（Rutherford Alcock）和英国怡和洋行的纪连（Glen）热切地期望福州能成为一个茶叶出口的中心，如此可降低货价25%。

此外，英国商人发现无法在福州大量购买红茶，原因是武夷红茶贸易采取预购制度，被广州十三行行商垄断。广州十三行行商在头一年预付采购定金给茶农，翌年春天按合同收茶。广州行商作为最初的买办直接到武夷茶产区购买，可以单方面决定预售茶的数量和价格，掌握了武夷红茶的销售环节，确保华商在茶叶贸易中的绝对利益。广州十三行行商首领伍秉鉴在武夷山拥有自己的茶园，每年收购武夷茶后运往英国，获得暴利。此后价格虽然降低，茶叶的品质也开始下降。于是，咸丰十年（1860）后，福州的各大洋行都直接到武夷茶产区买茶。

茶叶贸易还有一个最大的问题是运输。茶叶容易霉变，是易损品，运到欧洲市场时往往已严重变质，导致进口商人损失惨重。

开埠的障碍也包括福州地方当局下令华商不得与英商互市通商所致。清道光二十年（1840）在议定五口通商事宜之时，道光帝就谕令不能让福州港开埠，但由于英国坚持而被迫同意福州开埠通商。《清实录·道光朝实录》记载，五口通商口岸中，福州暂停开市，通知商民不准与外商私下交易。这件事就交由刘韵珂、刘鸿翱和藩司徐继畲一同监督筹办。这是明确了不许福州开埠通商。

那么，福州是如何开埠的呢？根据《奏谕密英防夷疏》，藩司徐继畲向道光皇帝汇报："该夷之索要马头，无非欲广销货物，若能劝谕居民铺户不与交易，则该夷无利可牟，自必无所贪恋，弃之而去。"道光皇帝十分满意他的说法，这些外商不过是为了贸易，只要秘令福州居民不要和他们贸易，外商就无利可图，只能离开，于是允准照徐继畲的建议执行。

道光二十四年（1844）6月，福州正式被定为商埠，当地官员则暗地向省城内外之巨商大贾密加晓谕，不得与外商贸易。由于地方官员接受朝廷命令，坚决反对英人入城。道光二十四年五月十五日（1844年6月30日），英国驻福州首任领事李太郭（G.T.Lay）第一天抵达福州交涉开埠事宜时，没人理他，租房也困难，福州民众还爆发异常强烈的民族仇恨情绪。此后，反抗英国领事人员和英商入驻福州的言行愈演愈烈。

当年九月，美国第一艘商船驶入闽江口停泊月余，"因耽延已久，欲行驶赴他口，而资斧罄尽，不能起程，愿将船载胡椒沙藤、哔叽洋布等货，减价出售，以资盘费"。英国领事李太郭亦将英商寄来之哔叽一包、棉花一包、洋布四匹，一并销卖。这算是一次货物交易。第二年，对外贸易也无多大改观。这一年，唯一侨居福州的外商只有英国人。不久，李太郭很快被调离去厦门。

既然茶叶贸易困难，英国商人就考虑如何保证自己的商业盈利，自然想到了鸦片贸易。因为鸦片是英印政府的财政收入和中英印三角贸易的生命线，因此，五口通商后，靠鸦片起家的怡和洋行不惜采用一切手段在中国进行鸦片贸易，走私是其中最重要的手段。鸦片战争失败后，清廷不敢把禁止鸦片写入条约中，也无力禁止鸦片在中国境内销售或走私，在通商口岸，鸦片交易几乎完全公开进行。

道光二十四年（1844）英国驻宁波的领事报告说，舟山有鸦片船3艘。每月仅运往台州、温州等城市的走私鸦片就有一两百箱，到第二年迅速增加到3600箱。几乎所有的鸦片船都是在英国国旗的保护下走私的。不仅清政府对挂有英国国旗的船只敬而远之，连海盗也望而生畏。

道光二十三年（1843）上海开埠的当年，怡和洋行、宝顺洋行、仁记洋行纷纷涌向上海。由于大量鸦片涌进上海，上海成为世界上进口鸦片的最大口岸。道光三十年（1850），上海在中国进出口贸易中的地位迅速攀升，成为中国最大的贸易中心。广州有五六百家的鸦片铺，厦门鸦片船停泊于外港，香港则成为英国商人鸦片走私的基地。

福州开埠后，英商的鸦片船直接开到福州。闽海关公然进口鸦片。当时，多数官员吸食鸦片，从鸦片买卖中牟利。福州地区男性早已从泉州进口鸦片来吸食。当年，福州的鸦片年消耗量在二三千箱，许多成年男子都染上烟瘾。道光二十五年（1845），福州出口货物总价仅4.0293万镑，没有茶叶出口。同年底，闽江口停泊着一艘鸦片船。这艘船是储存外来鸦片的船只。船主在福州郊区租房居住，打算长期居留福州。虽然清政府禁止鸦片买卖，但鸦片已成为外国进入中国最主要又是最值钱的货物。由于官吏的纵容，鸦片贸易几乎完全是免税的。法国的合一洋行、日本的福记洋行和三五公司及英国的美打洋行在福州以经营鸦片为主要业务。

道光二十五年（1845）3月，厦门领事阿礼国来福州担任领事，希望未来的福州成为一个中国茶叶的出口中心，一到任就开始调查茶区生产、贸易、运输、税收等各方面情况。但他带来的翻译巴夏礼在路上遭遇清兵，双方发生激烈冲突。还有一个英国海军军官在罗星塔搭乘小船进城时，愤怒的福州百姓冲上去殴打并抢走物品以示对侵略者的痛恨。不久，又有一个英国军官携带枪支到闽江口附近打猎，附近群众发现后上前围攻。

道光二十五年（1845）6月，雄心勃勃的怡和洋行大老板纪连到福州，想通商贸易，结果失败了。道光二十六年（1846）春，英国一艘商船停泊南台内河，英国商人上岸赴市购买鱼、肉，言语不通而发生摩擦。纪连经过时，百姓以为是一个团伙的，愤怒地用棍棒和石块狠狠教训这些侵略分子。地方当局赶紧出面镇压，"并将夷商纪连及白夷通事等人拨兵送回夷馆"，这场冲突才告结束。地方官建议外国人不要在街上随便行走，最好在自己房子及周围活动。这些事件使阿礼国气急败坏地招来一艘英国炮舰，地方当局也贴出警民告示，但没有改变百姓对侵略者的痛恨言行。

开埠后的福州对外贸易，一开始就遭受挫折，在外商看来，这是由于严重的暴乱导致在福州设行营业的"一切计划陷于停顿"。作为侵略者，他们当然不会理会中国百姓的爱国情绪。英国驻福州领事阿礼国经过多次的交涉和炮舰的示威，向中国当局硬索了46163元的赔偿款。因此，当英商纪连的房子被烧毁时，还有两个在福州贩卖鸦片的英国商人的房子也被愤怒的民众烧毁了。此后4年间，没有一只商船敢来福州通商。

除了红茶预购制度、地方政府不愿与外商贸易之外，福州沿海有海盗，福州港道也是一个问题。这里港口狭，沙线多，各国小船虽往来无碍，而大船易于搁浅，只能用小船运到内河泛船浦港口装货，再运回闽江口。从武夷山到泛船浦的闽江水路，外商没有经验，又畏惧沿途百姓的仇外情绪，不敢擅自深入闽江上游的产茶区，觉得走水路比较冒险，还是传统陆路贸易比较保险。

道光二十六年（1846），若逊担任英国驻福州领事，积极派遣传教士到福州。先到达福州的是天主教徒，第二个是美部会（American Board Mission）的杨顺牧师（Rev.Stephen Johnson），住在中洲岛。他也和前两任领事一样想积极开发福州的商业贸易，即使没用茶叶贸易，也希望打开别的商品市场。道光二十八年（1848）1月10日，若逊给香港英总督德庇时的报告中说："去年下半年，这个港口的商业形势丝毫未有改变……"因为没有一艘英国或其他外国的船只为了贸易来福州，也没有外国商人想了解福州的商业情况，渐渐地在福州的英国人只剩下领事馆的人员。次年1月15日，若逊又报告："我再一次担任这个不愉快的任务，向你报告，我们曾经怀抱着使这个港口成为欧洲商船的常临之地和英国商人驻中之点的希望，仍未实现。"于是打算放弃福州领馆。

英国外交部鉴于中英远隔重洋，难以及时回应各通商口岸领事的情报，决定领事不与伦敦直接通信，仅与驻华商务总监保持信息往来，驻港商务总监成为英国在远东的信息汇集点。道光二十八年（1848）12月，英国驻华商务总监文翰（Samuel Bonham）指出，福州国际贸易流量不足，维持福州领馆不合乎商业逻辑，但福州作为福建省会和闽浙总督驻地，极具政治意义，因此他反对裁撤福州领馆，建议将其降级为厦门领馆的派出机构，作为日后与清政府交换其他口岸的筹码。

道光二十九年（1849）9月，在厦门、福州都担任过领事的阿礼国写的《1848年福州贸易报表》和《1848年宁波贸易报表》送达伦敦后，英外交大臣帕麦斯顿（Lord Palmerston）也认为经过7年多的试验以后，证实他们选择福州港贸易是一个非常失败的决定，要立即放弃，而且放弃了也不觉得有什么损失，反而有收获。他们开始筹划用两个新的沿海口岸交换福州和宁波，并命驻华商务总监文翰进行调查。文翰一方面派出由海军和领事组成的考察队调查温州地区，另一方面指示阿礼国针对该问题提供系统性报告。

随着调研的中方资料日益丰富，阿礼国通过"中国海洋贸易"（Native Maritime Trade）和"中国内陆贸易"（Native Inland Trade）两个维度分析福州贸易。他在福州、上海领事任内撰写了8份长篇报告，把中国通商口岸研究方法和基本认知汇总在道光三十年（1850）的报告中，改变了英外交部用新口岸交换福州、宁波的判断，使长江流域进入英国扩张的视野。明清时期，中国海洋贸易网络逐步成型，华商通过民船从事中国沿海各省与日本、东南亚各国的贸易往来。中国内陆贸易网络以内陆长程贸易为主，形成商贸运销网络。阿礼国通过追踪福州出口土货的来源地和运销路线，发现福州与沿海省份、内陆地区均有贸易往来，只因海盗频发，海洋贸易日渐式微，大量土货转经内陆贸易线路被贩运至福州。在内陆贸易中，福州与苏州、杭州的贸易最为重要，其次是通过汉口与西部地区进行的贸易。这些发现，成为他日后强调中国的内陆贸易重于海洋贸易，苏州、杭州应成为中国新开埠口岸的基础。他还主张透过中国本土的贸易网络理解通商口岸的贸易现状和潜力。

阿礼国强调，苏州、杭州是洋货内销和土货外运的必经枢纽，而浒墅关、北新关是阻碍洋货遍运天下的首要障碍，因此认为，英国应把苏州、杭州作为进入内陆贸易网络的基地。道光三十年（1850）4月，商务总监文翰也向英外交部建议开埠苏州、杭州和镇江，建议用福州和宁波来交换杭州、苏州和镇江等三个内地口岸，这个建议被批准了，但是不敢动武，只敢以外交方法来实行这种调换条件。

最终，由于清政府的反对，交换口岸的计划未能实现。"虽然这个口岸并没有放弃，但是从内地来的茶都运到那些已经稳有买主的市场，而不肯另找一个假想中的市场，有十年光景这里并没有贸易"。

道光三十年（1850），福州的外国人只有10人，其中一个英国人和

6个美国人都是传教士。美国传教士卢公明写的《中国人的社会生活》中也证实了道光三十年（1850）福州停止开市的原因，正是在茶叶贸易兴起之前，福州没有生意可做，英国政府认真考虑放弃福州，换取在中国其他港口贸易的权利。这样就达到徐继畬当初对道光皇帝建议的假开埠真闭关的目的，只要告诫福州居民不能和外商贸易，外商就会放弃福州，于是上奏说："缘福州一口，英人本视为鸡肋，特因强求而得，不得无端抛弃……早已逆料其不肯株守，正可说明其时的英国态度。"谁知"福州民气孱弱，重利轻义，心志不齐，与广东情形迥不相埒，竟为奏效"。当年，福州地区一年的鸦片进口达3500多担。设在福州的烟馆很多，日本的笹乃家烟馆设在泛船浦太平巷、常盘御料理店设在泛船浦前街，名为料理，其实是烟馆。其他烟馆分别是台江的法大旅社，后洲巷口的泰隆洋行，达明里的悦来洋行，怀德坊的兴记洋行集烟、赌、嫖、饮之大全。这大概是徐继畬想不到的，虽成功阻止了外商来进行茶叶贸易，在没有商品可贸易的情况下，外国和本土部分奸商为逐利，福州的鸦片贸易却更加猖獗。

　　清政府没有放弃禁烟的努力，只是在鸦片政策上十分混乱。因为财政状况已入不敷出，鸦片税收也成为增加清政府财政收入的一个方面。咸丰六年（1856），浙江巡抚何桂清在上海抽取鸦片税，规定每箱征税24两，每年可得百万两。还有官员提出以义捐名义抽款以充军饷。咸丰皇帝允准。因此，清政府在财政极端困难情况下，对买卖鸦片只能默许。鸦片被当作药品，征税的名称不是"鸦片"，而是"洋药"。民间还称之为"福寿膏"。若是毒品，则抵触者众，若是药品，则欢迎者多。鸦片确有治病的作用，属于半毒半药的产品。这也是鸦片泛滥的一个重要因素，因为没人会拒绝"福寿膏"，福寿高嘛。清政府定鸦片税，归入各关一律征收。于是，清政府的禁烟措施只能针对国内的消费者，对外国走私集团无力制止。

　　咸丰元年（1851），新上任的英国驻福州领事金执尔（W.R.Gingell）发函给闽浙总督裕泰，通知他送福建土特产、工业品比如沈绍安的漆器参加当年举行的伦敦万国工业博览会。裕泰回复说，福州老百姓的鉴赏艺术水平很一般，没有兴趣进行艺术创造，所以没有什么可贡献去参赛。沈绍安漆器因此错过一次向世界展示艺术品的良机。迟至光绪二十六年（1900），沈绍安嫡系第四代沈允中的长子沈正镐首次送作品参加"新世纪巴黎世界博览会"，即获金牌。自此，沈氏漆器才开始向世界展现其工艺风采。

咸丰元年（1851）和二年（1852），福州闽江口停泊的只有鸦片船。福州开埠不开市，贸易寥落的责任当然归咎于侵略分子的不法行为。因为五口通商口岸初期，英美资本都集中于上海，这种情况一直持续到咸丰三年（1853）。

茶 市 初 探

《南京条约》里的5个通商口岸是广州、厦门、福州、上海、宁波，但开埠后形成的中国三大茶市却是福州、汉口、九江。不论作为通商口岸还是著名茶市，福州都名列其中。福州港开埠的前9年出口贸易量并不大。广州、上海是中国茶叶贸易的中心。

咸丰三年（1853）是近代福州商务历史的转折点，使福州对外贸易获得爆发性的发展。这就是长达15年的太平天国战乱，激烈的战争切断了两湖茶、江西茶、武夷茶通往广州的旧通道及通往上海的新通道。福建茶叶运到上海出口也受到影响。而福州和武夷山并没有受到太平天国运动的影响，属于安全区域。上海的英国领事认为，福州"形势之优势、邻近地区之安定"，而且战争原因导致上海的雇船、劳工费用都增加了，甚至还增加了战争税。不仅如此，茶叶在运输过程中时被太平天国的士兵扣押或者损坏。于是，他们认为还是在福州出口武夷茶才比较安全。

当时在广州的美国旗昌洋行（Russell & Co.）了解情况后，认为此时福州是和各产茶区维持正常交通的唯一对外通商口岸，在英国领事们还在商量办法时抢先一步，立即派遣中国代理人携巨款进入武夷茶区收购咸丰四年（1854）春季的茶叶，经闽江顺流南下，由福州出口。当年，旗昌洋行有6只满载茶叶的船只驶离福州港。这一尝试获得成功后，英国商人发现马尾罗星塔可以停泊载重600吨吃水18英尺的轮船，能保证安全地进出口，说明福州航运困难的问题解决了。于是，英国怡和洋行和宝顺洋行（Dent & Co.）也马上加入航运出口茶叶的队伍。

不久，他们发现福州市场的茶叶都是从外地转运到福州，供福州本地人消费的，因此没有采购到茶叶海运到英国。当年福州最高的茶叶价格是每担39两银子，最低的八九两银子。但各国拥有巨资的大洋行依旧纷至沓来，在福州抢购茶叶。

咸丰四年（1854），英国驻福州领事金执尔任职时期，福州茶叶贸易正式开始了。当年美国一艘载重1000吨的快船"东方"号（Oriental）满载茶叶开往纽约，航行经过闽江的金牌口（Kimpai Pass）时沉没了。英国海军立即开展详细的河道探测，把引港系统建设起来，也在江面上设置浮标和航标灯，保证航行顺利。但福州官方不愿意福州变成茶叶大宗出口的通商口岸，采取更多办法增加茶叶出口的困难。同时，他们仿造广州设立商贸总行，要求外商购买茶叶必须通过总行申请，并且必须出具重金购买茶叶的申请凭证。金执尔坚决拒绝了闽浙总督的要求，福州的商贸总行取消了。

外商在福州获得茶叶自由贸易机会后，英国有37艘船、美国有14艘船开到福州运送茶叶。茶叶出口数量大增。按照海关统计是13万担，但为了偷漏税，实际数字更多。当年福州开设的商行增加了7个，有英国的莱士洋行（Reis & Co.）、太平洋行（Gilman & Co.）、捷逊洋行（R.Jackson）和美国的隆顺洋行（Heard & Co.）。同时，旗昌洋行与怡和洋行的外国职员分别都增加到三人。

咸丰三年（1853），福州茶叶出口数量增加到45千担。咸丰四年（1854），美国第一次由国家正式派员到福州作商务代表，旗昌洋行为首的克拉克先生（D.O.Clerk）被委任作美国代理领事。咸丰五年（1855），到福州经营茶叶的外国大商行约5个，其中三个英国商行，两个美国商行。中国茶市原由广州十三行行商控制茶叶销售价，但茶市自此转至福州后，这些外国洋行以雄厚的资本逐步控制福州茶市。

咸丰五年（1855），外侨有28人，其中17人是商人。同年，英国商人康普登是继美国之后，第一个从福州出口茶叶的商人。他利用帆船从福州出口255担茶叶到英国，是福州出口茶叶的发端。他还带来一大批的布匹，但在福州居留一年后发现和他做贸易的华商都在花言巧语地欺骗他。英国副领事则认为，康普登是缺乏资本和经营茶叶的经验，所以在此经营不顺利。无论如何，康普登和纪连一样再也不想回到福州贸易，对福州的印象很差，有一种强烈的挫败感。

咸丰六年（1856），福州的茶叶出口量已接近上海的茶叶出口量了。咸丰十年（1860），由于外商取得长江内河航行的权利，江西与安徽的茶叶多运到汉口，汉口茶交易也很快蓬勃起来。俄国商人在汉口建厂制造砖茶。

马士（H.B.Morse）宣称，"长江开放后，江西的茶和安徽南部的绿茶仍然从福州出口。1853年至1854年终，福州出口英国的茶叶有5955000磅，美国的是1355000磅。1854年至1855年则剧增为：往英国的是20490000磅，往美国的有5500000磅。到1857年时，福州的输出茶高达31882800磅，占全国总输出量的34.5%（其中6000000磅输向美国，英国的进口量为美国的3.5倍）。1860年上半期，由美籍船只所运输的茶有12160600磅，价值2749470元，英籍船只所装载之总量约倍之"。

据美国领事麦菲（Murphy）报告，"1854—1855年度从福州出口运往美国的茶叶有5400800磅，运往其他地区的有19512800磅；同时期，由广州出口运往美国的茶叶只有2561900磅，运往他处为16123800磅"。

新茶路开辟之初，福州的茶叶出口量就超过广州。福州海运茶路的开通是中国近代贸易史上的大事。当时的外商佛顿（R.Fortune）说："福州之兴起是太平天国所导致的好结果。"但得到好处的却是英国和美国。每年初春，外商为了获得最低的茶叶价格，先竞相抬高茶价吸引茶商前来售茶，等各地茶叶大量上市时，又狠杀茶价，迫使这些茶商不得不低价售出，中国茶商因此赔本。虽然茶价一直走低，但福州茶路的开拓是全球茶叶贸易开辟的一个新纪元。此后5年，福州茶叶出口总量超过了上海，红茶出口总量居全国首位。

1855—1860年，福州与上海茶叶出口情况表

数量\ 地区\ 年份	福 州	上 海	总 计（磅）
1855	15700000	80200000	95900000
1856	41000000	59300000	100300000
1857	32000000	41000000	73000000
1858	28000000	51000000	7900000
1859	46500000	39000000	85500000
1860	40000000	53500000	93500000

　　当时福建生产的茶类有红茶、绿茶、白茶、乌龙茶、砖茶、花茶。福建输出的红茶有工夫红茶、武夷红茶、他类红茶。茶叶还分为外销和内销两种。外销茶俗称"洋庄"，内销俗称"苏庄"。外销以红茶为主，白茶、绿茶多销往英国、俄罗斯、荷兰、德国等国。

　　根据《华茶对外贸易之回顾与前瞻》记载，福建著名的武夷红茶主要分为四种：工夫茶（Congou）、小种茶（Sou-chong）、白毫茶（Pekoe）和珠兰茶（Scented Caper）。工夫茶在英国最负盛名。小种茶主要销往欧洲和美国。白毫茶制作时不经过发酵过程。珠兰茶以普通红茶混合珠兰或茉莉制作而成。珠兰花茶和茉莉花茶都是在茶叶上熏花，待花香全部被茶叶吸收后，再从茶叶里捡分花。

　　福建工夫红茶主要在三都澳。三都澳开港后，福宁府霞浦县的茶叶就集中到三都澳，再由小轮船顺着闽江而下，集中在福州港（泛船浦到马尾港）出口。

　　福州开埠前，武夷红茶运到江西河口镇，河口镇也成为红茶贸易中心，商人聚集于此买茶，直接从河口运茶向东北行，经水路至江西省玉山到浙江常山，顺钱塘江到杭州湾到上海。当时越来越多的广东人和外商到崇安县（今武夷山）的小镇、乡村和寺院购买少量的毛茶进行调和包装成箱，然后运到上海或广州出口到英国的伦敦和利物浦这两个全球最大的茶市场。咸丰三年（1853）福州开埠后，江西河口的红茶贸易就

衰落了。

当时厦门的工夫红茶出口比例很小。这是由于茶叶产地不同，根据就近出口原则而出现不同的出口点。

19世纪50年代末，茶季开市前夕，福建和广东商人携带巨额商业资本深入武夷产茶区，再渗透到福建全省广大产茶区域，强烈刺激了福建茶业经济的发展。崇安县当地茶业者也迅速成为暴发户，比如，邹茂章以茶叶起家达200多万两，还有武彝普益茶庄总行设在福州南台小桥路。崇安茶区商贾云集，各种私人茶园陆续被开垦。蒋蘅在《禁开茶山议》一文中介绍建瓯县的茶厂的数量也相当可观。

武夷山茶业如此繁荣，福州港更是汇集大量洋行。《最近百年中国对外贸易史》记载，"海禁既开，茶业日盛，洋商采买，聚集福州"，尤其"福州之南台地方，为省会精华之区，洋行茶行，密如栉比"。著名的洋行有怡和（福州称作义和）、华记、乾记、协和、天祥、太兴等，国内茶商则有下府、广东、山西三帮。每年茶叶季临近，国内外茶商纷纷涌进福建茶区采办新茶，外销红茶均集中福州分类包装，再发运欧美，形成福州茶市。

各地茶叶云集福州，经闽海关输往欧美各国，茶叶贸易成为福州出口贸易的支柱。当时闽江两岸的码头鳞次栉比，有12个货物专用码头。据英国驻福州领事报告，"1856年进口货值为97916磅，1858年上升到346500磅，但到1859年又下降到213541磅。1859年福州的全部进口值为2244000元，出口则是10847600元"。19世纪60年代，鸦片仍是进口的大宗货物，如咸丰十一年（1861）下半年外国船只运来的进口货总值为4719358.42元，其中鸦片为3212.5箱价值为2309740元几乎占了进口总值的一半，同期的出口总值为5195898.87元，其中只有405143.87元为杂货，其余都是茶叶。茶叶数量为24459205磅，价值为4790755元，占整个出口总值的92%左右。同治六年（1867）福州对外贸易进口总值为3489063元，出口则是12903811元。

咸丰十年（1860），琼记公司（Au-gustine, Heard & Co.）派员工携带250000元（墨西哥银圆）深入武夷山区交易，以半箱5元至6元的价格购买500000半箱茶叶。此时通往上海的路途被阻扰，因为太平天国在长江流域扩张势力，英法联军两度北侵，茶叶只能顺闽江而下，在福州出口。19世纪60年代至80年代福州茶业盛销，外商购买的大量武夷红茶都开始从仓山区泛船浦出口。从此福州茶路畅通，福州茶叶出口贸易稳步上升。19世纪80年代，外销红茶带动了福州茶市的兴盛。福州茶商从英国进口机器，制成砖茶（又名淮山茶）出口外销。当时福州港输出的货物中，茶叶占了约80%。但茶叶总值的一半用来支付购买鸦片的款项，洋商大获其利。

同治二年（1863），中国茶叶总输出量170757300磅中，福州输出52316784磅（占30.6%）。英美船只在运输茶叶上的竞争，使福州成为活跃的茶贸港。而各洋行的竞买，使得农民都转向做茶来获利，茶山便不断被开辟出来，而渐渐缩小水稻的种植面积，导致咸丰八年（1858）开始福州不得不从外地进口大米。

19世纪60年代，福州的茶叶出口占全国各通商口岸的第一位。全国对外通商21个口岸中，福州居第六位。晚清海关副总税务司班思德在《最近百年中国对外贸易史》中总结："当这些运茶船只自福州出发环游世界时，福州也就开始成为茶叶贸易的著名中心地。"

同治十三年（1874）至光绪三十四年（1908）曾在大清皇家海关总税务司服务的美国人马士在《中华帝国对外关系史》中说福州："它很快成为驰名世界的茶叶集中地。"

同治九年（1870）后，福州、上海、汉口的茶叶贸易更加依赖外国资本，而国内其他通商港口如九江、宁波、厦门、广州和淡水等虽有茶叶却无法发展起来，因为到这些地方会增加路费使茶叶价格增加，所以这些港口的茶叶都只能运到福州、上海和汉口来转运输出，很难有外商直接到当地采购。

清中叶，福州禁止外商和基督教传教士入城。他们只能在城外中洲岛、白龙江（闽江）南岸租房聚居。白龙江南北两岸区域属于清朝闽县南台区，简称"南台"。白龙江南岸有一座天宁山。仓前山下有一个舍人庙码头，就是明中叶镇守福建的太监邓原建造的泛船浦（曾名番船浦），供琉球贡船停泊的港口。福州对外开埠通商的码头即泛船浦。泛船浦一带密集地修建洋行的茶仓、茶厂，还有海关大楼等西洋风格建筑。由于外国人把茶仓、木仓等物资仓库设在天宁山的山脚下，天宁山因此别称"仓前山"，成为近代外国人聚集生活的熟悉区域。当年外商通信时皆称此地作"仓前山"。

天宁山上有一座天宁寺，明朝时寺内曾用作盐仓，天宁山因此又别称"盐仓山"（今仓山区简称）。天宁寺的"天宁晓钟"和藤山的"梅岭冬晴"列入明清南台八景。天宁山的山顶有明朝为抗倭而设的烽火台，清末林则徐在烽火台设炮台。1965年，福州市政府在烽火台处建烟台山公园。2013年，仓山区的烟台山历史文化风貌区正式被纳入《福州城市总体规划》。此后，仓山区的沿江近代建筑风貌区域统称作"烟台山"。不同历史时期，因不同建筑风貌而变更地名，为免读者混淆、误会而特此说明，本文以下所言之"烟台山"即近代外国人熟悉的"仓前山"。

闽 海 关

19世纪60年代，茶叶贸易的兴盛确实刺激了福州商业各领域的发展，同时也带动了其他商品的交易。进口商品中除鸦片外，还有洋布、杂货、药品、金属等，但福州直接进口的洋货不多，大部分由香港和中国其他口岸转运入口。从福州出口的产品有纸张、棕绳、箱子、凉席、木材等。对于这些商品的征税成为清政府的财源，也成为海关官员的一块肥肉。

明朝的福建市舶司撤销后，直至清康熙十七年（1678），出现代替福建市舶司职能的第一个福州海关。通商业务由藩属总局委员全权办理。海关机构由御前侍卫、镇守福州等处将军负责。闽海关设在在南台中洲万寿桥东，该地隶属闽县管辖。每年正额银六万六千六百两，归镇闽将军管理。南台万寿桥西还有闽安海关，每年正额银四千四十六两六钱六分六厘。康熙二十三年（1684），闽海关和闽安海关皆归海防同知管理。

直至清咸丰年间，福州、厦门、台湾的税收皆由镇闽将军衙门兼管。

台湾的税收也由福州闽海关收取。海关的设立推动了中国市场向海外延伸。沿海经济因此开始迅速发展。福州的城市发展在明朝的良好外贸基础上，进一步得到提升，郊区和农村都开始城市化。

福州港开埠后，通商管理业务最初委派前藩司徐继畬专门办理，由于对外业务简单，改为福州将军衙门管理。咸丰三年（1853），开禁茶叶海市，福州港洋务渐增，通商业务改由藩署总局委员全权办理。海关机构由福州将军兼管时期，海关官吏昏庸腐败，贪污受贿成风。

咸丰八年（1858），英国和俄罗斯又挑衅生事，清政府在广州海口两岸枪炮罗列，布置兵勇八九千人，准备与英国和俄罗斯开战。但同时，上海、宁波、福州、厦门等处依旧通商。咸丰皇帝要求传谕各海口岸外商，如果这些外商不按照约定贸易，就封货闭关一段时期，不与交易。但不久即与俄罗斯、英国分别签订了合约。

《俄夷和约》共12条，第三条规定此后除两国由旱路于从前所定边界通商外，今议准俄国走海路，上海、宁波、福州、厦门、广州、台湾、海南等七处海口通商，若其他国家还需在沿海增添口岸，准俄国一律办理。

《咪夷约和》共30条，第十四款准许英国商人带家眷到广州、潮州、厦门、福州、台湾、宁波、上海等地方居住，同意签约的国家在各港口市镇贸易，任由这些国家船只装载货物往来贸易。以上两个条款使得福州更加对外开放了。

咸丰年间，广州、福州、厦门、宁波、上海及内江三口、潮州、琼州、台湾、淡水各口通商事务，由钦差大臣江苏巡抚薛焕办理。咸丰九年（1859），美国使臣请求按照和议条约，在台湾开市完税，以淡水之沪尾口为美国通商马头。

咸丰九年（1859）9月签署《天津条约》，规定"任凭总理大臣邀请英国人帮办税务"。鸦片战争前，清政府只想通过严防死守来阻止外国人以贸易的名义来侵略，被迫通商后，不了解外国情况和外国人，懒得处理外交事务，就想以夷治夷。这虽是受到英国的胁迫，却也是清政府官员一贯懒政，钩心斗角只谋私利的原因。另外还有利益勾结的缘故。福州设立洋关是英国驻福州领事咆吟认为，闽海关内关偷漏税严重，请求同意在福州港设立洋关。咸丰六年（1856）7月23日，福州将军有凤、闽浙总督王懿德因此上奏朝廷请求设立洋关。

《马勇说晚清》中关于"以夷制夷"说得更加明确："在鸦片战争前后的中国，中国人虽然见过不少外国人，不论在宫廷，还是在沿海、沿江，甚至在偏远乡村，外国人，且是真正的西洋人并不少见，西洋人与中国人也并不总是处在冲突状态。但是，怎样管理这些在中国的西洋人，中国政府似乎并没有想好，他们不是不愿意让渡自己的司法权，而是不知道怎样运用这项权力。他们能想到的简单办法就是看古代中国的'以夷制夷'，让洋人自己管理自己，总比让中国人去管理更省心。"

于是，英国驻福州第一任领事李太郭的儿子李泰国（H.N.Lay）被清政府任命为第一任海关总税务司。他来福州推行洋关制度，筹备组建闽海关——洋关，派税务司专收洋税，从此开始有洋关及常关之分。华德（Wer Ters）担任闽海关第一任税务司。福州老官员纳税折扣，夜间私运货物的特权从此被取缔，他们并不欢迎华德的到来。

咸丰十一年（1861），闽海关洋关正式建立，大楼地址设在今天依旧保留的海关巷，由外国人分任税务司、副税务司，受总税务司统辖。从此，福州口岸出现了两个并立的海关机构。闽海关的行政管理机构及进出口监管业务权一分为二：一个是旧关又称"海关常关"，仍由清政府官员主管，管理华籍民船贸易；一个是"新关"，又称洋关，实行外国海关制度，海关税务司及高级职员均由外籍人担任，专职监管外轮货物的稽查征税。从此，外商的外船业务由洋关管理。

咸丰十二年（1862），福州依《天津条约》在泛船浦设立闽海关税务司公署，又在长乐营前设办事处，监督船舶的进出口和货物的装卸；在连江琯头和长乐潭头两地的闽江分流出口处设立支关，执行缉私及征税任务；并在行政和业务上兼管闽东三都澳的福海关。嗣后因庚子赔款的关系，闽海关50里以内的钞关（常关）也由闽海关管理。

根据《通商章程善后条约》第十款关于海关问题的规定，海关的主要职能是为清政府征收外国轮船（民船除外）及其载运货物的关税，即通常所说的洋税。洋税包括进口税、出口税和进出内地的货物的半税、船钞、单照费等，还有关税征收权、税款保管权、保管关余权、缉私武装和会讯外商权、港口指派引水和助航设施权、船舶检疫权、准领事权等。此外，税务司还有创办大清邮政、组织参加国际博览会、出版关税统计等海关之外的权力。

闽海关除了在辖区内履行监管进出口货运、船只，征收关税、船只吨钞，查缉走私漏税等海关自身职能外，1911年还兼管福建邮政。在福州创设船政局及引港机构之前，闽海关负责管理大量船只、敷设附近助航设备、签发内河轮船航行执照和指派引水等业务。1901年至1931年，闽海关兼管海关周围50里内的所有常关关卡。1921年闽江浚河委员会成立，闽海关税务司成为当然委员，并由闽海关代征往来本埠的船只和货运的浚河捐，已远远超越海关自身的业务范围。可见闽海关的重要作用。

闽海关最初设立并非为了征收茶叶税，即使福州开埠后，英国每月用火轮船三四只，也是从香港进口洋药即鸦片到福州，其他国家也用内地风蓬船载运鸦片到福州。火轮船有征税，而风蓬船都是本土各乡村渡船、渔船或私盐船只，经常想方设法偷漏税，导致鸦片买卖泛滥。福州官方便规定上岸之后，外国商人或华商经纪贩卖与窑口或烟馆，应由买主缴税，每箱15两。当时福州进出口税饷并船钞约80万两，运货入出内地子口税20万两。其中鸦片税约20万两（以4500箱算），共120万两。

除了鸦片贸易，据英国驻福州领事的商业报告统计，咸丰六年（1856）英国进口船只83艘，总吨位20270吨。十年后，船只已达326艘，吨位达131123吨。英国对福州的贸易主要是进口鸦片、包装茶叶箱子用的铅、棉纺织品、糖、豆、谷、檀香、烟、藤、人参、金属等商品，还有从美国旧金山进口软木板、小麦，从澳大利亚进口煤和铅。当时，外国也从福州出口货物，主要商品是竹、药品、甘蔗、龙眼、橄榄、橘子、纸、木棍、木柴、茶、火腿和其他各类商品。

闽海关征收洋税初期，规定用纹银，到咸丰年间，洋商却多用洋银交税，且银色不足。清政府会同英、法两国领事议定："鹰番、捧两项洋银纳税每百两加贴水六两。"咸丰六年（1856）后，各国外商根据清政府规定，都是携带洋银来闽贸易交税，但福州纹银稀少，各国外商所带的洋银成色越来越差，且"虽每百两原有贴水银六两，而易换纹银仍属不敷"。福州官方通知英国驻福州领事，福州纹银少，规定洋商缴纳关税，凡用洋银的每百两补水银十两，用纹银纳税者无需补差，听从洋商之便。通知虽然发出了，外商依旧是用不足的洋银来偷漏税。

另外，有了闽海关后，洋船大量驶入，来往自由。洋人的小船可以偷漏关税。海关对本地商船则严加监管，关税沉重。中国商人为了偷漏关税，降低运输成本，不再雇用本地小船，改用洋人小船驳运上岸，造成本地商船大量歇业，导致本地运输业受到重挫而一蹶不振。大批水手、船工失业，或被迫转而受雇于洋人，有的则衣食无靠，流为闽江两岸的盗匪。

在闭关锁国的状态下，清政府海关无论在行政组织、人事管理、征税制度、查缉办法、财务管理等方面都极其落后。海关官吏也不顾国家利益，一心只想中饱私囊。名义上自主的海关其实早已与外商勾结在一起，贪婪地企图吞食海关的税收。

福州港开埠初期的闽海关税务由镇闽将军兼任，但人选更换较快。同治二年（1863）三月初八日，福州将军文清兼管闽税务，发现英、法、美三国在台湾海口开市通商，便要求开始征税。当年八月二十五日，福州将军改为满洲正红旗人、晚清藏书家耆龄。同治五年（1866）八月二十八日，福州将军又改成满洲正蓝旗人赫舍里·英桂，兼管闽海关税务。

英桂和闽浙总督左宗棠、福建巡抚徐宗干向同治皇帝汇报，说福州海关洋关税务司美里登报告，台湾税务由地方官办理，一年收银只有四五万两，太少了。淡水、鸡笼（今基隆）、台湾府、打狗港四处每年进口鸦片至少有五六千箱，征税能收到15到18万两。如换成外国人作税务司办理，台湾新关每年足可收银30万两，对清政府更有利。英桂和左宗棠、徐宗干都同意美里登的意见，说："臣等伏查台湾一郡，自南至北延袤千有余里，港口纷歧；现止沪尾一处设关开征，稽察巡查本难周密。"希望同治皇帝同意由台湾通商委员派各口员负责，征收税银细数，由美里登随时报明通商委员，每月将收存银两交闽海关库。皇帝御批同意，让福州将军，按照税务司章程，派台湾副税务司速往台湾遵照办理。由此，福建各口海关税务司都由外国人担任。福州港进出口货物量大，闽海关成为一块巨大的肥肉，闽海关的税务司每年更换。直到1949年中华人民共和国成立前，没有一个总税务司任职两年以上。

同治元年（1862）正月二十九日，福州将军兼管闽海关税务文清写的《为闽海关自协浙饷不敷仍由藩库通筹事奏折》："福州将军兼管闽海关税务奴才文清跪奏，为闽海关协浙月饷征收税银不敷解应，请随时解交藩库，由司通筹拨济较为妥速缘由，恭折由驿具奏，仰祈圣鉴事。"作为奴才的福州将军文清兼管闽海关税务都无法从征收的税银中拨给军营使用，原因是什么呢？他说："奴才伏查，自本年七月开关以后，各口征解税银为数无多，前经督臣赴浙，奏拨要饷20万两，本属不敷，复于征存洋药税银及留解京饷项下凑集垫应，业经先后咨明户部在案。"原来是因为福州常关所征收的税银不足，只能向浙江借款使用。福州为何税银少呢？他在当年的几份奏折中说明，收到的税银用来支付贴买鸦片（洋药），另外，闽海关常税全赖内地南北商船往来贩货，但是当年江浙海盗猖獗，内地客商大半歇业，外国洋船在福州借机包揽了土货由海代运，皆纳洋税，所以近年以来，洋税每年递增，常税愈形短绌。尤其因宁波商船歇业，福州、厦门、泉州三口只有零星小贩，常税征收无多。福鼎盗匪滋事，宁德等口税课无征。接着台湾匪扰，正值糖季旺盛之时，福州、厦门、泉州三口糖季停产，税课更难。文清恳请朝廷顾全闽浙大局，尽快拨款给闽海关解决军饷急切问题。

茶是福建的唯一大宗输出商品，闽海关和各地局卡所征收的税款应当不少。比如同治六年（1867）陕甘总督左宗棠西征时、马尾设船政局制造轮船时，都是由闽海关茶税项下拨款。可当时的闽浙总督李鹤年却上奏说："自同治十二年正月起，由闽省茶税项下按月提拨银二万两在案。此后经费，当可无虞支绌。"虽然闽海关总是喊穷，但同治帝依旧命闽海关支付各种费用。由此可知，茶税是清政府富国强兵的中兴政策的手段之一。

正因为闽海关税收多，造成的贪污腐败也很严重，大茶商都会勾结局卡输送利益以偷漏税。同治八年（1869），福州将军英桂汇报说，福州与其他省相比，中外交涉事件更多杂，比如，英国人在台湾大南澳地方交结生番建堡伐木，并私贩军火、勤抽勇粮种种违禁妄为，当时照会英国副领事额勒格里（W.Gregory），要求禁止违法行为。但是，该领事不但不查禁，还有意袒护。英美俄日等国领事官驻扎福州，文牍往来几无虚日，遇到重要大事，文件书信也无法做到通情达意，必须随时派员与领事官往返面议，或按约辩论或据理相折，这都需要一个明练勤能，能得到各国领事官信服的官员，否则片言不合，事情只会越来越复杂，难以解决。尤其现在福州海关口的洋务日繁，乏员委派。英桂建议前任福州府知府丁嘉玮来处理对外事务，说本省几个官员都认为丁嘉玮历任省会各缺，才识练达、办事勤能、精明强干、熟悉洋情，适合办理通商事务，尤其是各国领事官对丁嘉玮都比较信服。英桂又推荐提拔补用参将王荣和，说他通晓洋语，对各国洋情极为熟悉，让他和丁嘉玮办理通商事务，对大局较有裨益。可见，福州港开埠初期，福州涉外政务之艰难，尤其是缺少了解外国情况，能够妥善处理事务的官员。

同治九年（1870），能干的英桂晋升为闽浙总督兼署福建巡抚，向上汇报说福建省沿海口岸，长期没有专设防兵，同治三年（1864）以来，才有大队楚军分扎遣用，但近来财政困难，撤裁将勇士兵。而闽江上下游者是福建省紧要关卡，每处的缉捕人员才两三百名或数十名，不成队伍。天津教案发生后，福州、厦门、台湾通商三口各国教士、洋商担心被地方民众围攻，恐怕会暗中联为一气，群起而攻，奸民也会乘机生事。尤其揣度当时法国情势，百端要挟，担心将来两国决裂交战。为了维护地方稳定，百姓与外国人各自相安，英桂与时任福州将军文煜商议，全省水陆官兵，分队认真操演，添募楚勇。马尾船政局与罗星塔海口切近，福州沿海一带平日借训练操演以防万一。英桂又和总理船政大臣沈葆桢就近选练精兵巡护保卫，同时，密令司道筹备军火、饷需，各营整理器械以防万一，有备无患。福建水师提臣李成谋安排各营弁兵分为水碋两队，并选调碋口等处之兵派员管带，随时校阅整顿。

从征收关税、涉外事务、操练士兵等情况可知，负责闽海关的福州将军工作繁重。虽然涉外事务复杂，对外战争随时可能爆发，但茶叶贸易依旧如火如荼地开展。

光绪十七年（1891）印度和锡兰茶叶的竞争，导致英国茶叶市场价格下跌，俄国茶叶商又转移到汉口，光绪十八年（1892）后茶叶税率调低，光绪三十二年（1906）福州成立禁烟委员会，影响了闽海关的税收。1912年民国政府通知、1914年开始禁止印度鸦片进口，大量鸦片赶在禁止前涌入福州，1913年闽海关居然是税收最好的年度。第一次世界大战爆发后，免征茶叶税，1918年福州贸易税收跌到最低点，但战争结束后，福州百姓对洋货从抵制转为欢迎，许多外国商品如棉布、五金、煤油、豆类、糖类、鱼介海味、纸烟、面粉等进口量日益增大。1921年后海关的税收不断攀升，到1933年高达4521000关两，创开关以来最高税收记录。第二次世界大战爆发后，福州又经历两次沦陷，直至1949年，贸易都十分惨淡，税收寥寥无几。

闽海关一直是福州人向往的一个铁饭碗，其人事制度的一大特点是华、洋员等级悬殊，界限分明。海关中的高级官员，如正副税务司、帮办、监察长、港务长之类，统由外国人担任。在当时全国海关的洋员中，以英国人为最多，日本人次之，其他如意、奥、德、荷、比、挪、丹、俄、瑞典、西班牙、葡萄牙等国人员均有。第二次世界大战后，先后解雇德、奥、意、日人员。中国人在旧海关中只能担任低级职务，多数是扞子手（后称稽查员）、巡役、水手、听差之类，当上税务员、监察员以上职务的极少。20世纪20年代标榜关税自主以后，管理闽海关的帝国主义者被迫升用一部分华员做高级关员。

疏浚河道

闽海关在福州口岸尚未有港务部门以前，一直包揽港口的一切事务，由海关历任监察长兼任福州口岸港务长。他们包揽的港务工作，如闽江河道的勘测，灯塔、浮标的设置等。据海关光绪八年—十七年（1882—1891）十年报告载，这个期间，闽海关在闽江入口处至内河增加和改动的助航设施有4个。

第一次世界大战爆发的1914年12月，福建省成立福建水利分局，目的在于疏浚城里河道。1915年秋季，营前停泊处和金牌中部一带深水船舶航行的地方，由海关理船处派人重新勘测，翌年向各进出口船只分发航图。1919年，闽海关税务司费格森为了改善长乐营前停泊处至南台的航道，把原来水深不及1米至3米的河床挖深至5米多，使吃水深的轮船可以通航，想疏浚福州水路、港口、航道、闽江河道，于当年1月草拟了浚河章程，呈报中央政府和外交使团审批。章程规定成立委员会负责管理浚河工作，日常事务由执行委员会办理，并且规定委员会对往来本口岸船舶开征浚河捐的权限，对浚河捐的管理、浚河工程计划的制订与执行，以及雇用必要的办事人员等。初步规划由上海黄浦江水利局总工程师、瑞典人海德生（H.Von Heidenstam）制订，闽江水利局总工程师J.R.尉斯（J.R.West）具体执行。

1919年12月，费格森与海关总署总税务司安格联（Fraacis Aglen，K.B.E）商谈一笔63万元借款。这笔借款以浚河捐收入偿还，从1922年4月1日起，20年以内还清。当然，浚河捐收入是足够浚河费用开支的。为了便于开展工作，他们把闽江下游分成三段疏浚：第一段从南台到林浦，第二段从林浦到壁头，第三段从壁头到营前停泊处附近的船坞。整个施工过程由于洪水、暴雨和台风等原因，间断了多次。尤其是1919年8月26日的台风破坏性极大，伴随而来的特大海啸在闽江下游造成很多人死亡，财产损失很大。除此以外还有材料问题，工程需要大量石料和毛竹，但存在运输的困难，因此拖延到三年后才完成。民国政府贪污腐败，导致河道疏浚工作有名无实。

洋 关 房 产

泛船浦是闽江流经福州市的深水地带，白龙江南岸地平且开阔，上下游的船只多汇集于此，将停泊在马尾港的大型货轮上的货物用驳船运输到此十分便利。同治元年（1862），华德在泛船浦建了一座两层西式的闽海关办公楼，直至1949年，这里都是闽海关洋关的关址。大楼前的空地称作"海关埕"。闽海关东侧的巷子被命名为"海关巷"。

同治二年（1863），办公楼的东北端建了一座长方形平房的验货厂，占地4.15亩。验货厂的北面靠江的是验货场地，南边是验货办公室及与之相连的样品室和饭厅。江边伸入江中处建造一座海关码头。

同治六年（1867），进出口贸易发展迅猛。由于较大的货轮不能驶入台江，只能停泊在马尾港的货轮日愈增多，轮船管理及货物监管事务骤增，泛船浦的海关办理业务已无法适应需要，因此于同治七年（1868）6月、同治九年（1870）6月、光绪十二年（1886）11月、光绪十五年（1889）1月，闽海关在长乐县的白兰潭（营前港出口）买了空地9.884亩。同治八年（1869），新建一座西式三层楼房，作为营前海关办公大楼，另建一座二层楼的监察长宿舍、一栋西式平房作为港务长宿舍。

光绪三年（1877），闽海关在仓前山乐群路6号，为新任的税务司按年租每亩85元的租金租空地3.603亩（原始租金数目，其中英国领事馆部分为70元，天安铺部分为15元），建造税务司公馆、高级洋人员工住宅及其洋员俱乐部。1926年重建该税务司公馆，还购置了一些房屋暂用。

当时福州府税务司人员及工资是，税务司一员，一年薪俸银6000两。帮办写字一名，每年银2400两；三名，每名每年银1800两：共7800两。仟子手二名，每名每年银1200两；四名，每名每年银960两；十名，每名每年银840两：共银14640两。通事一名，每年银1200两；一名，每年银1080两；一名，每年银840两；一名，每年银720两：共3840两。书办8名，每名每年银480两：共3840两。差役15名，每名每年银72两：共1080两。水手20名，每名每年银72两：共1440两。纸笔杂用，每月银400两：一年共4800两。共43440两，即每月3620两。

光绪四年（1878）、五年（1879）、十一年（1885）、十七年（1891），直至1922年，闽海关在闽海关大楼周围陆续圈地11.320亩，不断购建楼房和货仓。其中一次是光绪二十三年（1897）从7个人手中购买土地，在对湖路建造一座装饰豪华、设备齐全的税务司宿舍。至此，海关在泛船浦的关产已星罗棋布，设在泛船浦及其东北角和中心区的三处建筑已构成一个三角阵势，占据仓山区地理位置重要的几个地方。自从闽海关设址于此，洋行也从国外购买建筑材料，大兴土木，占地百余亩，耗资30多万两银圆。紧接着，本地进出口商人、买办、富豪、海关职员的私产不断增加，使泛船浦一带成了洋人和买办的势力范围。

闽海关的洋税务司们为扩展势力范围，花费几十年的时间广置房屋，占领的范围越来越大。进入20世纪，他们又把注意力转向南台其他地势较好的地方。光绪三十三年（1907）4月在麦园路购得一块3.269亩的空地和一座西式两层楼房，共耗关平银4666.67两，作为副税务司宿舍。1911年3月在同一地方又购得6.903亩空地用以建筑西式平房，耗关平银6666.67两。1919年在营前乡龙下（罗星塔），税务司购得空地1.454亩，建成一所西式平房，作为稽查员宿舍，共耗关平银22000两；1930年，他们在同一地方又购得空地1.877亩，建成一座西式平房，作为监察员宿舍，共耗关平银2333.33两。1934年前后，他们在泛船浦江边又购得两块土地，修建起一座西式两层楼房，作为闽海关新的办公楼，税务司办公室和秘书、会计、监察等课均设在这里。1947年前后，又购买办公楼西侧的一块大约2000平方米的空地，开辟为闽海关运动场。

由于原办公大楼面积不大，不能容纳日益增多的内外勤人员，1947年，闽海关税务司饶丝在验货厂的北边，又向某商行买了一座大楼。1949年2月，原办公大楼失火，一夜之间化为焦土，全体人员只得移到原商行大楼办公。以后在原大楼的废址上建了一座平房，供总务课对外办公使用。

闽海关从咸丰十一年（1861）建关至抗战胜利，80多年间，税务司和监察长等要职均由外国人担任，其中主要是英国人。1912年至1921年，外国人势力开始衰退，90%的贸易已被中国商人掌握。第一次世界大战后，来福州港的船舶已经开始减少。抗战以后，税务司有刘崇瑸、卢月波、林占鳌、林叔永等闽籍华员先后担任税务司、副税务司或代理副税务司等职。抗战胜利后，帝国主义者仍咬住海关这块肥肉不放，企图长期操纵华员。美籍总税务司李度在1948年1月给另一洋税务司的信里有一段自供："我在就任伊始，就已经考虑到怎样尽我们的可能起用现有的外籍人员作为中国职员的教师、指导者、朋友和榜样……"

闽海关洋员们享有许多特权。华洋之间等级界线分明的人事制度更助长了洋员的骄横跋扈。洋税务司总是一个人占据着乐群路上的税务司官邸，还有车夫、花匠、管事、看更……仆役如云，专门侍候他。福州的避暑胜地鼓岭和川石岛还有他的专门别墅，供其消夏打猎之用。

1944年10月至1946年6月任闽海关副税务司的刘崇瑸回忆："在帝国主义对海关的长期统治下，海关的行政大权操于外人之手，华员仅居雇佣地位。在大革命洪流的影响下，闽海关华员起而斗争，于1925年联合闽海常关员工酝酿组织闽海关华员职工会。"他们提出"取消不平等条约""取消庚子赔款""收回关税自主""华洋员工一律平等待遇"等口号，经过一场场斗争，冲破了洋人税务司的种种阻挠，成立职工会。此后，全国各地海关也相继成立工会。国民党政府建都南京后，声称海关为行政机构，非一般企业可比，不应有工会或类似工会的组织存在，华员职工会被迫改组为海关华员联合会，不久联合会亦被撤销。

1949年福州解放，军管会接管了闽海关。随着中华人民共和国成立初期精简机构工作的开展，关产也发生若干变化。以各种手段攫取在中国各种特权的闽海关结束了近百年的历史，获得了新生，成为中国人民自己的海关，在我国社会主义经济建设中发挥着日益重要的作用。

闽　邮　政

咸丰十一年（1861）的夏天，26岁的赫德开始署理大清国海关总税务司，提议创办中国邮政。但中国自古就有官办邮驿，传递文书的驿站在全国早已形成网络。此外，民信局在国内城市中也十分发达，并取得商民信任，实现全国联网。乾隆皇帝曾立下"防夷五则"，其中一条就是不准中国人替外国人送信。但五口通商后，中外邮递的需求增加，5个通商口岸纷纷出现英国、德国、法国等国家的邮局。

赫德的设想是要结束存在于邮务方面的混乱和竞争局面，确立清政府在这方面的主权，并开辟一项新的财源。恭亲王爱新觉罗·奕䜣经不起赫德的游说，终于同意总理衙门负责的汇集、分送各国使馆邮件工作交给了海关。

光绪二年（1876），考虑各国纷纷在上海暨各口设立邮局，尤其外国邮政与电局相辅，以火车轮船递送，恐怕侵占华民生计，总税务司英人赫德建议清廷创办邮政，由赫德管理中国邮政总署。过两年，赫德在北京、天津、烟台、牛庄设送信官局，江西九江、江苏镇江也始设邮政分局，中国开始试办邮政。

光绪十六年（1890）三月，清廷同意赫德的建议，通商各口推广办理邮局，如办出规模，再行请旨定设。这是中国税关试办邮递的开端。光绪十九年（1893），北洋大臣李鸿章、南洋大臣刘坤一向朝廷报告说，外国在中国各地增设信局，要求尽快加速在全国各地设立中国邮政分局，且要置备轮船出洋，递信流通商货，以此挽回清政府的权利。

《清史稿》记载，光绪二十一年（1895）十二月，南洋大臣张之洞疏请举办邮政，他上奏说，欧洲各国重视邮政如同铁路，特设邮政大臣综理。百姓寄信费用少，邮局获利甚巨。以英国举例，每年所收邮费中银三四千万两。各国如此通行，莫不视为巨帑。邮政利商利民利国。而且英、法、美、德、日已先后在上海设立他们国家的邮局代办邮政，其余通商口岸也在各国领事署内兼设邮局。这是侵犯中国权利，违背万国通例。既然如此，不如中国自己创办邮政。光绪二十二年（1896）3月20日，光绪皇帝御准后，总理衙门开始着手成立大清邮政官局，以便统一全国的邮政机构，收回邮权。各地的"商埠邮局"和"商埠邮票"相继被取消。而通商口岸的邮政局仍归税务司管理，由海关监督商办。大清邮政只听从于海关总税务司，在各口岸设邮政局，由口岸海关税务司兼管，各口海关总办、副邮务司、邮务长、区会计、区文案、邮政文案、会计、档案工作人员等工资，都由海关支付。

福州的大清邮政官局于光绪二十三年（1897）3月28日成立，设在南台岛闽海关办公楼内，由闽海关监管，但是不处理内地邮政业务。除闽海关税务司兼管邮政工作外，邮政局的其他主要职务由闽海关派外籍人员担任，华籍人员大多是邮差和杂役。这是福州由海关兼管邮政的开始。

光绪二十五年（1899），邮政局在福州城里设立支局，自此以后，邮政分支机构逐步遍及全省各地，邮政业务也迅速发展。光绪二十三年（1897）到光绪二十七年（1901）四年间，邮政业务增加了87%。光绪二十六年（1900），福建省内各地设立邮政分局，逐步扩展内地业务。

邮政业务开展初期，国内寄信，只要是本省内，无论一里之内、千里之外，皆一律英洋五分，若隔一省，则加五分，寄往国外再加五分。后来邮务生意好，改为本省只收三分，外省收五分。如有信须寄外国，购一角的信花粘贴信上。其余物件则须称其轻重，其中书籍只收三分之一的邮费。

当时邮政主要靠轮船递送信笺包裹。邮政若不给轮船邮费，轮船主就不带书信，于是造成各国的书信馆仍旧开设，海关管理的邮政局也在办理，百姓可任由选择哪种方式邮递。往返于罗星塔和烟台山之间的汽船运输总会出现发船的时间问题，光绪三十年（1904），闽海关在这两地之间装设了电话，便于两地沟通发船时间。

那时福州许多文化程度高的毕业生都精通英文，毕业后纷纷报考海关、邮政、邮务。有的秀才出身却只能在邮局当一个拣信生。邮政工作要求特别认真严谨，信誉第一，拣信生的工作非常辛苦。当时交通落后，邮件主要从海上到马尾，即使罗星塔和烟台山之间有电话，但来船何时靠岸依然无法掌握，如果半夜三更通知单到了，拣信生也得立即赶去上班。洋人因此认为福州人工作能力强，能承担复杂且辛劳的工作，是优良的廉价劳动力，而且华人与洋人职员相比，差了几个级别，洋人和华人之间的身份地位仿佛是主仆关系。当时福建省内山区土匪出没，在邮局工作的福州人害怕离开福州，所以在邮局内少不了靠钻营巴结上级来稳固自己的地位，以免被挤去福建山区。

光绪二十七年（1901），南台的邮政局代办所共有19家，它们是文报局、协泰昌、郑泰昌、正大、全泰福、乾昌仁、天顺、永和裕记、森昌盛、协兴昌、福兴润、福兴康、正和、胡万昌、合发顺、裕兴昌、和泰、全昌仁和福昌泰。

文报局是半官办性质，由中国招商局的代理人办理。协泰昌和郑泰昌主要收集发往福建内地的信件。往内地的投信人不是信行的固定工人，除了信行预付的邮资和投递费外，没有固定的工资和其他报酬。那时收信和发信的时间都不固定。把信件发往不重要地点要等待机会，或等到信件收多时才去送。其他信行是普通的轮船信局，很少开办内地业务，甚至不做，只是简单地收集送往邮政局的信件和投送邮政局送来的信件。这些邮局的收入是从寄去外地的信件中收取部分邮资，和从投递本地的信件中收取部分投递费。他们收发上海、天津、宁波、北京、汉口、厦门、汕头和广东的小包裹。

邮政局的增设和常关的工作归入海关，海关的工作量增加了很多。此外，内地水路商埠的开放和通商也给海关增加了不少工作。通过邮政局投递的福州报纸和印刷品，从光绪三十一年（1905）的9万件增加到宣统二年（1910）的128.2万件。

光绪三十三年（1907），福州邮政司独立行使职权，但还未与闽海关分家。这期间，福州与南洋之间的往来邮件经常在中途被英国船只截留运往香港检查。1911年，福州邮政司改称福州府邮务总局，租用俄罗斯砖茶公司的阜昌洋行仓库为局址，从此自力更生、自负盈亏，当年邮递线路仅7349里。

1914年，福州府邮务总局改称福建邮务管理局，加入万国邮会，与多个国家成为邮件互换局。也就在这一年，福州发生特大洪水，达到海关水位尺16英尺，大桥全部被淹没，人们只能乘坐舢板出门。1921年，中国邮政局已成为中国政府的一个最庞大的机构。此后，福建邮递线路发展到20026里，邮件也从2684116件增至10612224件；信汇从207000元增至1736751元；信汇兑款从197000元增至1317214元；大邮政机构从341个增至427个，小机构从66个增至673个。1921年10月，邮政局开办储蓄银行，使群众养成节约风气，存款年利为5%，每月1日、11日、21日存入银行，按十制计算，每年的6月末和12月末计息一次。个人存款最多不超过2000元，包括本息在内；社团存款最多不超过3000元，包括本息在内。一件有趣的事就是储蓄银行办理小额储蓄，把5分和10分的储蓄邮票卖给储户，贴在特制的储蓄卡片上，贴满1元，邮政局把卡片收回，作为现金1元存款，群众踊跃参与。到1920年12月底，仅福州地区即存入4366.41元，共有储户81户，到1921年12月31日，存款户增至473户，存款金额达45005.63元。

1928年10月1日起，福州邮务局才由华人担任邮务官、邮务员。1931年，福建邮务管理局改称福建邮政管理局。

世界第一套体育邮票

光绪二十年（1894）8月，福州的外侨团体成立一个名为"公务委员会"的组织，由英国领事担任主席。他们决定开设福州书信馆，并在9月以公共工程委员会的名义公开征集邮票设计。福州闽海新关二等帮办、西班牙人绵嘉义（J.Mencaini）熟谙福州的风土人情，以民间盛行的龙舟体育活动为灵感进行设计。邮票图案"闽江划舟图"，设计元素包括英文"FOOCHOW"（福州）字样、闽江划龙舟和背景上密集的福州码头上的商船。他设计的邮票图案从众多应征作品中脱颖而出。

光绪二十一年（1895）8月1日，福州书信馆发行一套名为《闽江划舟图》的邮票，共10种，图案相同、刷色与面值不同，面值从5文到40仙不等，总面值1元。该邮票一经发行就受到广泛欢迎。它被西方有识之士选中并设计成体现东方近代文明的邮票图案，创下一项直到100年后才被揭晓的世界之最。由于这套邮票专门描绘福州的龙舟竞渡水上运动，发行时间比希腊的体育邮票早了一年，因此被誉为世界第一套体育邮票。光绪二十二年（1896）7月1日，华德路公司按照原图再版印刷发行这两种面值的邮票，但半仙改为黄色，1仙改为棕色。这套邮票共有12种版本，印刷发行量约10万枚，现在存世量已经非常稀少。光绪二十三年（1897），《闽江划舟图》商埠邮票在3月底停止使用。

中国龙舟文化是人类宝贵的文化遗产。这套邮票反映当时福州盛行的龙舟体育活动，展现出福州地方民俗文化的独特魅力，表明中华传统文化的博大精深，是中西文化碰撞的绚丽火花，同时也记录了中国近代的落后和屈辱历史，承载着沉重的历史沧桑。2020年，这套邮票在国内博物馆首次展出。

运茶船大赛

今日看闽船政的创办对于中国的意义是不言而喻的。它的创办与福州开埠通商、茶叶贸易、同治五年（1866）的运茶船赛有着重要关系。因此，先了解一下同治五年（1866）发生在福州马尾的这场壮观的英美船只运茶比赛的赛况。

咸丰三年（1853）后，中国到英国的万里海上茶路已出现运茶船之间争夺锦标的竞速比赛，英文称为The Tea Race。这是为了保证茶叶质量，防止茶叶霉变，茶叶货主重金奖赏最快到达的船只，以此激励船员们拼命加油追赶。咸丰九年（1859）上半年，有19艘船运茶到英国（15281050磅），其中12艘是英国船，4艘是美国船。"飞云"号快速船是首次自福州运茶至伦敦，历时123天。从咸丰九年（1859）"飞云"号到同治五年（1866）"羚羊"号，英国伦敦茶市提前24天尝到福州茶港发出的武夷头春新茶。每年武夷新茶在伦敦应市，其售价每磅贵3~6便士。

当时，从武夷山运到福州的红茶都存放在仓山区泛船浦的沿江茶仓里。每到运茶季，洋行就雇用搬运工从茶仓里搬运茶箱到泛船浦码头的舢板船上，运到马尾罗星塔江面，再搬运上等候多日的欧洲运茶船。从福州外运武夷红茶出口到英国伦敦和利物浦，大大缩短了航程。新茶比以往提前两个月上市，大受欧美各国茶叶爱好者的欢迎，身价百倍。时间就是金钱，各国茶商开始通过改进运茶船的技术，提高船只速度来增加利润。在帆船航行的时代，一种快速的"中国茶叶快速船"应运而生。"世界上最好的造船师正在从事建造船只，使新茶能够提前若干天运到"。

19世纪50年代到60年代，开展运茶竞赛，成为欧美各国最关心的事情，于是发生中英美三国历史上最独特的一场船赛。同治五年（1866）

运茶季的茶船大赛规模大、赛事激烈、奖金高昂，被称作"The Great Tea Race"。英国《伦敦新闻画报》专版报道中国至伦敦的这场茶叶航运比赛，并配发一张图片，图上是英美两国前后追赶的两艘快速船（Clipper）又称作运茶快速船（Tea Clipper），国内也称之为运茶飞剪船。这场赛事因此受到世界各国的关注。

报道记载，1866年参加比赛的快速船共11艘，计有："羚羊"号852吨，载茶1220900磅；"火十字"号692吨，载茶854236磅；"绥利加"号708吨，载茶954236磅；"太平"号767吨，载茶1108709磅；"太清"号815吨，载茶1093130磅；"齐巴"号497吨；"黑太子"号750吨；"中国人"号668吨；"飞刺"号735吨；"阿达"号687吨；"鹰"号794吨。这些运茶船5月就在福州马尾港罗星塔碇泊所等新茶的到来。

船政专家陈悦撰写的《从福州到伦敦——1866年运茶船大赛》详细描绘了这次运茶竞赛的情况。运茶竞赛的起点是福州茶港罗星塔下，终点为英国伦敦船坞。在武夷头春新茶上市的时候，茶叶均用驳船从福州沿闽江运至马尾罗星塔前，再吊上张挂着无数雪白之帆的运茶快速船上。箱茶装载夜以继日装货，当首批新茶装载完毕，竞赛宣告开始。同治五年（1866）5月28日，装载着最上等新茶的快速船自福州闽江下游罗星塔发航，"最佳的帆航家、最精之航海者及最快的船舶，皆以运茶船队为其代表"。它们向英国伦敦急驶，至英国伦敦船坞终结，航程绕地球四分之三周。比赛获胜者是"羚羊"号快速船，历时99天，荣获1866年大竞赛的冠军，创造了19世纪帆船史上的最快速度。

《伦敦新闻画报》报道该赛事后，闽浙总督左宗棠却十分焦虑，想到马尾有英国的领事馆分馆，出于海防的考虑，在福州上奏申请创建船政。曾国藩也认为创建船政已是当务之急。7月14日，清廷批准奏请，同意在闽、沪设厂仿造轮船，称为"中国自强之道"。1866年福州至伦敦运茶船大赛的意义由此可见，若非这次船赛，或许中国开启海军摇篮的年份还要往后推。这一年的赛事也成为福州乃至中国历史上的商业事件演变为政治事件。

由于茶船的速度决定了茶叶的价格和卖家的盈利率，所以"茶船每年从福州争先到达，都会成为这一年的大事之一"。船赛推动了各国造船业的发展。英国和美国为了抢运茶叶纷纷建造运茶"快速船"。新建成的"快速船"必定要投入运茶大竞赛。运茶大竞赛的热闹和激烈的竞争性使得当时伦敦交易所或俱乐部把它当作和赛马一样的热门话题。伦敦卖茶的咖啡馆、杂货店的生意也因此卷入这场赛事中。每当茶船从福州出发后，这些商店就开始关注，直至茶船到达时，第二天就要在橱窗里展示第一艘到达伦敦的船名及其运达的武夷茶，否则就说明这家老板无法获得最新鲜最优质的茶叶，生意必然随之大受影响。

同治八年（1869）"伦绥脱爵士"号自福州至伦敦以89天抵达的速度，在运茶竞赛中获胜。19世纪五六十年代是运茶快速船的黄金时代，也是福州茶港誉满全球的鼎盛时期。一位参加过运茶竞赛的船长说："当时闽江上如此美丽壮观的船队集合，在全世界其他任何港口，实在不能看到。"这是见证福州在世界茶叶贸易史上的高光时刻。

茶船的竞争虽然激烈热闹，引起全世界的关注，也增加了茶叶的出口量，却无法保证茶叶品质维持同样水平。为了抢先主导英国茶叶市场的价格，船只必须最先抵达伦敦，但运费不一导致冒险性增大，运费也随之提高。英国商人觉得这有利于中国茶商，对于英国茶商十分不利，于是转变做法，先协调好茶的价格（同治六年百斤34两银）后再决定首次出航船只的运费，避免恶性竞争造成英商的共同损失。

福州港茶叶外运的兴起，《伦敦新闻画报》开始积极向英国市民推荐到福州旅游，因为1866年的运茶快速船的大赛使得他们对福州充满兴趣，而且报道说福州港是中国主要的港口之一，福州值得旅游，它有着令人愉快的一面，福州城墙外的山丘上有不少庙宇和官邸，周围还有丰茂的树林和花园。黑色岩石山（马限山）上是英国领事馆的分馆，海拔300英尺。这里最引人注目的庙宇是妈祖庙，这是航海阶层的中国人经常光顾的地方。但清政府为了阻止任何外国炮艇、货船进入福州港，在马尾建造了一个水坝和浅滩。

同治八年（1869），苏伊士运河开通后，轮船就代替了运茶快速船。因为英国保险公司对轮船收取的保险费比快速船低，而且轮船可以一年运载两次。当时资本雄厚的怡和洋行、仁记洋行、太平洋行等都开始经营轮船业务，并在通商口岸设海运、仓库和码头以确保在中国市场的优越地位。同治九年（1870）后，快速船基本被淘汰了。

闽　船　政

清同治三年（1864）3月，晚清四大名臣之一的左宗棠率领自己编练的楚军（团练）攻陷东南重镇杭州，结束了太平天国在浙江的统治。左宗棠在与太平天国的战争中几度吃了太平天国水师的大亏，深感水师的重要性，加之左宗棠本人也是一个开明的官僚，明晓西方列强船坚炮利的重要性。左宗棠驻防的闽浙辖区正好是东南海防重地，尤其福州开埠后，英国商人在马尾罗星塔下办"道比船厂"，之后，闽江航运被美国旗昌洋行所属的轮船公司所垄断，外国商船日渐增多，促使左宗棠准备筹建海军，巩固海防。

同年，清廷派许竹星出使德、法诸国经办船炮。许竹星虽不懂外语，却已深知海军的重要性，回国后向朝廷陈述海军船炮应办事宜的重要与迫切。当时仅是制军的张之洞也建议："今日御敌大端，惟以海军为第一要务。沿海七八千里，防不胜防，守不胜守。彼避坚而攻瑕，避实而攻虚，我劳彼逸，我钝彼灵，彼横行海面而我不能断其接济，彼空国出师而我不能攻其巢穴。虽竭天下之力，费无穷之饷，终无完固之策，而国已困而不可振，故今日无论如何艰难，终宜复设海军。"

前文提及清政府同意左宗棠创建马尾船政。同治五年（1866）8月19日，法国人日意格（P.M.Giquep）到达福州，协助制定船政建设规划以及参与勘址工作；9月3日，日意格签署有关组建外国技术团队协助中国建设船政的合同。左宗棠立即在福州马尾中岐乡一带创建马尾船政局，由沈葆桢担任首任总理船政大臣。福建船政局是中国第一批洋务军工企业。福建船政局的前身是清末设立的总理船政，简称船政。这是清政府经营的制造兵船、炮舰的新式造船企业，也用以制造和修理水师武器装备，是中国近代史上第一个制造轮船的专业工厂，也是当时远东第一大船厂。

同治六年（1867）马尾造船厂建成后，搬迁至马尾，改名为船政学堂。船政学堂是近代中国第一所海军学校，也是中国近代航海教育和海军教育的发源地，培养了一批近代精英如萨镇冰、严复、陈绍宽、罗丰禄、邓世昌、魏瀚、詹天佑、刘步蟾、林永升、林泰曾、叶祖圭、程璧光等。

船政建设初期，雇用法国人日意格、德克碑为正副监督，组织外国技术团队，协助中方设厂、造船、兴办船政学堂——求是堂艺局。广选聪颖子弟学习造船和驾驶。还要再选心灵体壮、通达中文、稍通洋文者，20左右年龄，由亲族保结，提供旅费，派赴各国最大船厂分门学习制造轮船的全部技术知识。再遴选老成精练员绅各一人，携带翻译前往，监督留洋的船政学子学习，核查勤惰。如有不堪造就者，立遣回国。如在外生事者，按例惩治国内保送的亲族。如学业精进优秀，按季酌奖，每月将所办情形交给官厂总办覆核，十年后学成回国，分任出样绘图、督造试验等事，届时优给薪水，予以官职，就不再聘用洋匠传授。开矿之事，宜商办，官方护持。船政学生出洋学习之事，由官厂举办，统归总理衙门综核。

同治六年（1867），英国人在罗星塔船舶停碇处，使用蒸汽机把坞中的水抽干。这预示福州最早的外商企业建立。同年，福建船政局的第一座船台于12月30日建成。同治七年（1868）1月18日，第一艘蒸汽轮船安上龙骨，定名"万年清"，第二年下水试航。由于是引进西方先进的科学技术，该船的技术水平与当时西方先进国家相比，差距不大。同治八年（1869），闽江下游的马尾、川石间出现国产兵轮、海军差船。同治九年（1870），闽浙总督英桂创办的"福州机器局"因规模小，时停时办。福州同时期还开办有两个造币厂，分别附设在马尾的福建船政局内和洪山桥制造局内。虽然船政不被清政府部分官员看好，但同治十一年（1872）1月，有11艘轮船下水。而船厂一日之工分作两日完成，督工水平低，总被工人欺蒙，导致修造之船反较进口的船更贵。于是，顽固派大臣内阁学士宋晋以"靡费太重"为由，奏请暂行停办福建船政局和江南制造总局。

经曾国藩、李鸿章、左宗棠、沈葆桢的一致努力和反击，福建船政局得以保留。他们又想仿英商在意大利创设制造的大铁舰船坞章程，华人与洋人合股承办会有裨益。唯恐顽固派大臣不同意中外合作。伍中外合作有个好处，洋商有股，才能招徕生意。而各股商人中，应推荐精通中外情况的人为董事，才懂得如何稽查利弊，使总理不致为工匠所愚弄欺骗，各股商不致为总理所诳骗。最后，还需国家仿照日本章程奖励工商，那么很快造船事业蒸蒸日上，获利可操胜券。

同治十三年（1874），福建船政局又制成4艘1358~1363吨的运轮。截至当年8月，完成了第一期造船计划，成为当时中国最重要的近代舰船工业基地、近代海军教育基地、近代舰队编练基地。船政主要由生产部门、教育部门（船政学堂）、军事部门（船政水师）三部分组成，是近代中国特设的第一个海防近代化事务机构，创造了诸多的历史第一，被誉为近代海军的摇篮。

光绪十年（1884）1月，为南洋建造的第二号、第三号快船安上龙骨。当年8月，法国东亚舰队突袭福州马江。泊于马江的中国海军和福建船政局遭受极大损失。马江海战暴露了清政府海防建设的一些弱点。中国要加强防护内海和长江，就需要鱼雷炮船和大铁舰。如果分向英、法各大厂订造这两种船和舰，海军的船就可齐备应用。而南洋、北洋、闽洋、粤洋皆需强大的海军船舰设防。但是外国轮船基本都是用铁壳，铁贡坚，制造容易。中国若造军用的船舰，无论木、铁、钢、铜等材料都必须从国外进口，虽然价格不一定高昂，但运费、行使都需要费用，尤其依靠奸商进口，成本越来越高，何况质量良窳难辨、材料来自何厂，只能听从洋匠，有时买了许多材料却未尽适用，或用了仅是美观。此外，出样绘图、督造试验，无一不依赖洋匠。洋匠水平未必皆精、做工未必勤，却动辄耗费数百金。造船费用甚至比买船的费用高过数倍。

当时中国官用的船、商家的大小轮舶、进口造船的铁料都是用中国银钱从国外进口，造成白银大量外流。为了节省进口铁料的费用，要开铁矿供应船政。全国到处都有煤、铁矿等，只要各矿大开，则物料充韧，无须再仰仗外国。不同的铁造法有差异。当时法国有一钢厂设别色麻炉两座。他们的制铁方法简便。为了增强海防，船政派学员前往法国学习造铁，回国后新建鱼雷厂，添置大型机器建造钢质海防舰。

光绪十三年（1887）四月，日本寻衅琉球，窥视台湾，泊兵船于厦门。朝廷命沈葆桢渡台巡视，兼办各国通商事务。沈葆桢与闽浙总督李鹤年等认为，日本的举动，欧美人都知道。如果他们考虑国际公论，最好能敛兵而退，否则在厦门一带海域辗转时日，福建得集备设防，可随时探悉日本的鬼蜮端倪。接着，沈葆桢从武器军备、陆战、铁甲船等方面说明日本已是劲敌，欧美国家也有所忌惮。因此，我国必须购买两号铁甲船，海疆守口还需要水雷。中国虽能自制，而力量单薄，不足以破巨舰。水雷也不能不购。这些虽然费用高昂，但有备无患，趁兵衅未开之时，也能令日本不敢轻举妄动。除此以外，台北查办匪徒，已调两营东渡台湾，福州的陆勇寥寥，而且分防马尾、厦门及上游三营，均不可动。水师除轮船外，也难以转移。当时，"福星""长胜""海东云"三船在台湾，"扬武"在台，回福州添子药后又即日赴台。"靖远"在厦门，"振威"赴沪，"伏波"在浙江，"飞云"在山东，"万年清""济安""永保"均调到天津未归，"安澜"在广东。

沈葆桢希望把这些船都调回福州，装足子药、煤炭，即乘船东行。现在台洋之险，已是海疆的重要问题。他又奏请咨调广东前署台湾道黎兆棠来福建共事。黎兆棠胆识兼伟、洞悉洋情，威惠在台、民怀吏畏，是沈葆桢的得力助手。为了预防战争发生，沈葆桢又说明要保障消息灵通。从前没有轮船，和台湾之间的消息，数月不通，现在若要消息常通，必须有电报。计算了一下福州陆路至厦门、由厦门水路至台湾，水路的费用更多、陆路费用较省，总共费用也不及造一艘轮船的费用高，而有了电报，消息瞬息可通，不至于误事。朝廷同意照办。

沈葆桢赴台后，日本兵登岸设营，社番（台湾高山族的社会基层组织）伺隙待动。沈葆桢安抚社番，当地百姓非常尊重沈葆桢，不受日本怂恿闹事，且听从沈葆桢的指挥随修城垣、筑炮垒、练营勇、备器械，不先开衅端。日本兵见此情形，不敢擅自挑衅，如约撤兵。

　　光绪十五年（1889），李瀚章任两广总督，要求船政暂停造船。当时正在为"福靖"快船安装龙骨。这是甲午海战发生前造成的最后一艘轮船。光绪二十年（1894）8月1日发生中日甲午海战，北洋水师全军覆没，至今是国人心中一块难以消除的伤疤。战败且不论福建船政维持困难缘故，主要因武备废弛，积习相沿牢不可破。而且文官与武职区别很大。国家有战事才从全国各地征选武夫，许诺加官进爵。入营之初，征选来的都是无业游民，平日仗着臂力过人欺诈乡民，入营后护身有符，如虎生翼。无论将士与弁勇，易染官场习气，皆各有图谋，不为大局着想，上下不同心协力。且战事稍缓，这些训练有素的武夫便陆续遣散。除此以外，日本长期挑衅，国内名城险要相继沦亡，而且军备落后、不足，像外国和国内富商借债购买先进武器。但日本陆军学习德国之法，水师效英国之制，因此胜多败少。中国也按照西方国家的方法建设海军，请洋人教习操练，三年一大阅。陆军方面，湘淮两军素称勇敢善战，国内沿海各地炮台请洋匠督理修筑，凡西方国家新出的新式枪炮弹子火药，中国也不惜重资购买。奈何徒慕虚名，枪炮半皆窳朽，一半炸弹不响，水雷鱼雷也一样。中国南北洋兵轮共有30多艘，日本船只也只有33艘，吨位也小，中国对比有盈无拙，朝廷和军队若能上下一心，与日军相持于洪涛巨浪之中，不知鹿死谁手。可惜，一误于大东沟，再误于旅顺，三误于威海，甲午之战更是令北洋水师全军覆没，而南洋船少于北洋，缺乏有经验的优秀管驾者，不敢打硬仗。

　　战后，朝廷重整海防，加强船政建设，认为"中国原有局、厂，经营颇多，所费不赀，办理并无大效，亟应从速变计，招商承办"。于是，由福建船政局招商承办，按照西方国家的做法招商，制造官舰外，也代中国商民造船，认为华商知道船局可订造轮船，就不再从国外进口商船。这样，行海商船都在中国官厂制办，白银不会外流，还能盈利，对国家有益。外国船厂之利权也皆渐回归中国了。光绪二十二年（1896）5月11日，兼管船政的闽浙总督边宝泉奏请华商无力承揽，洋商又不合适，建议停止船政招商。招商不成，朝廷下令整顿。边宝泉整顿后建议改造新式巨舰。

光绪帝同意凑集巨款添造铁甲船。当时青洲石坞已经竣工，福建船政局完全有能力建造。谁知戊戌变法失败，船政的庞大造船计划遂成泡影。此后，清政府不再筹备海防。光绪三十三年（1907），船政遣散洋人员工，陷于停办。第二年虽想整顿，但财政艰窘，无力再造船舰，只是修理各处舰艇。

洋务派兴办船政40年，虽然内部腐朽守旧，造船不如买船的观念支配了清朝海军当局，但福建船政局所造的舰船，在19世纪70年代，构成中国海军主力舰艇。福建船政局是中国唯一专门造船的巨型工厂，为中国海防做出了重要贡献，其作用和影响不容忽视，而且培养了大量人才。船政毕业生在铁路、电报、矿山、工厂承担重任，为中国经济建设做出了贡献。

光绪二十七年（1901）担任福州海关税务司的Walter Lay写了一份《闽海关十年报》，文中谈及马尾的兵工厂是一个十分花钱的玩意儿，清政府的高官都不喜欢它，总想在适当的时候撤掉船政。于是，由于缺乏经费维持，一些人被解雇了，大批工人不得不另找工作。最初，兵工厂是由特派大臣管理，以后移交给福州将军。福州将军除了管理海关外，还要兼管这个厂。光绪二十五年（1899）增祺将军调往牡丹（Mouk-den）后，由总督暂代工作。善联将军接任后，总督就卸掉了这个包袱。善联发现，兵工厂不但不能勉强维持，还会耗尽他的全部财力，就不想负责了，取得清政府的同意后，把船政的兵工厂又交给了总督。光绪二十七年（1901）1月26日善联死后，清政府派来湖北巡抚景星接任他的工作。景星于4月24日从总督手中接过由他暂代的将军职务。总督恨不得马上卸掉管理兵工厂的包袱，就在奏折中极力赞扬景星将军的才能和活力。清政府同意把兵工厂交给新任将军管理，景星也大伤脑筋，十分不乐意。烧钱的船政就这样成了这些福州将军的烫手山芋，谁都想扔掉，不会认真经营管理。

1911年10月10日辛亥革命爆发，福建军政府接管船政，改称福建军政府船政局，由福建都督孙道仁委派海军旧将林颖启担任局长。林颖启因船政局经费无着而未赴任，遂改任命船政局工程师沈希南暂代局长，此后，杨执中、翁浩等先后担任福建军政府船政局局长。

1912年，民国北京政府成立，船政局收归海军部管辖，正式名称改为福州船政局。因海军部委任的魏瀚、郑清濂等未能到任，初期由萧奇斌代理局长，1915年由陈兆锵担任局长。当时，原船政教育机构——船政学堂改为海军部管辖，福州船政局成为彻底的生产机构，主要承担海军舰船的修造等工作，下设总务、制造、教育、警备四大部门，另下辖有职业技术学校——福州海军艺术学校（原为清代的艺圃）。1917年，在福州船政局下又新设飞机制造工程处（后更名海军制造飞机处，隶属海军部，由福州船政局代管），是中国最早的军事航空工业机构。

闽江航运的黄金时代

福州港位于闽江口，入海扬波即可通往世界各港口。福州人自古操舟为生，早在晋朝已是中国造船中心。三国时，孙吴因福建盛产造船的木材，在建安郡的侯官县设置"典船都尉"。侯官县属今福州市，专门监督建造海船。都尉营就在今天的福州市开元寺所在的东直巷。当年的东直巷外是江海相连的港湾，是福建造船中心基地之一。

唐宋时期，福州成为全国造船业中心之一。《太平寰宇记》记载，泉州和福州的土产之一是"海舶"。当时全国海船以福建为上。福州的船场设在河口一带，可造重量达180吨的大型海船，中型海船重量达120吨。当时的福船设备先进，配备指南针导航，还设计出水密隔舱等。元朝，福建的政治中心迁移到泉州，但福州依旧是大型海船的造船场。

明朝，福州承担郑和下西洋宝船、琉球贡船的建造任务，将福州造船业推向了巅峰。明朝的五大官办造船厂，两个设在福州，即南台船厂、长乐太平港船厂，还有民间造船厂也应运而生，促使福州成为国内首屈一指的造船中心。

郑和舰队先进的航海技术水平，开发数条横渡印度洋航线，缩短航行时间，比"大航海时代"提早了半个世纪。这归功于福州强大的造船能力和长期积累的丰富航海经验，也为日后马尾船政的创办奠定了良好的基础。

清康熙二十二年（1683），清廷统一台湾，下令开海贸易。翌年，创设闽、粤海关，任命郎中吴世把担任闽海关首任监督。当年十月，福建百姓开始造船出海贸易。

清雍正年间，官方允许私人出海商船安装枪炮，以防海盗。在此基础上，福建的海船制造业又得到发展，大的艚船可载万余石，小的也载数千石。尤其中琉贸易所造的册封舟——福船，设备比明代时的海船精良，船上增加许多利炮，对付日益复杂的海内外军事力量。

那时厦门、泉州蚶江、福州五虎门的商人开始前往台湾贸易，甚至到达东亚、东南亚。福建远洋航运商人因此成为巨商。福建海上航运业在清初已发展起来。这为日后福州开放为五口通商口岸奠定了良好的对外贸易基础。但同时，清政府也禁止造船技术革新，害怕民间海商发展海外贸易，这导致福州的海上运输业停滞不前。

第一次鸦片战争后，福州作为五口通商口岸之一，成为英国商人寻求新的茶叶贸易港的最佳选择。因为武夷红茶从闽江船运到福州最快只需4天，极大地降低了茶叶的运输成本。道光三十年（1850），英国的火轮公司（The Peninsular & Oriental Steam Navigation Company）的船只"玛丽伍德"号在上海与香港之间航行，福州与厦门是停泊港。此后这条航线变成定期航线。美国旗昌洋行、宝顺洋行、怡和洋行、勒米斯奇米特洋行（Remi Sechmidt & Co.）、约翰勃勒洋行（John Buid & Co.）都开通香港、上海、加尔各答之间的航线，厦门、福州成为这条航线不定期穿行、停泊的港口城市。

咸丰三年（1853）前，虽有不少外国商船停泊在闽江口，基本都是进行鸦片贸易，暂时没有茶叶、丝绸与鸦片的交换贸易。咸丰四年（1854），英国驻福州领事金执尔任职时期，福州茶叶贸易开始了。外商在福州获得茶叶自由贸易机会后，英国有37艘船、美国有14艘船开到福州运送茶叶。

咸丰十一年（1861），美国旗昌轮船公司成立，次年，美国旗昌洋行添加"福建"号轮船，营运上海到香港的航线，皆停靠在福州。同治二年（1863），英国会德丰和上海拖驳公司成立，同治六年（1867），英国太古轮船公司成立，光绪元年（1875），怡和洋行成立怡和轮船公司。这些在中国成立的外国轮船公司纷纷在中国沿海城市建造码头、仓库、船坞和保险事业。

当美国旗昌洋行下属的轮船公司首先进入福州闽江航道后，仓山区的中洲岛、大岭顶、泛船浦、舍人庙码头集中出现6家航运公司。

《闽省征收运销茶税》记载："自开海禁以来，闽茶之利，较从前不啻倍蓰。盖自上游运省，由海贩往各处，一水可通，节省运费税银不少，是以商利愈厚。"当时好茶价格每市担约为30到40银圆，因此福州茶市越来越兴旺，出口量猛增，迨至19世纪70年代，福州茶市每年出口80多万市担茶叶，价值2000多万银圆。光绪六年（1880），福州输出茶叶10612万磅，折合97万市担，赚取大量外汇。

美国传教士卢公明（J.Doolittle）在《中国人的社会生活》中写道："福州是跟广州一样的第一等大城市……"那时外国轮船停泊在离福州16千米外的闽江下游。他们十分欣赏从闽江口到罗星塔锚地这一段水路的浪漫情调。欧洲游客则将这里的景色与瑞士的独特风光相提并论，美国人则常常会以纽约州的哈德逊流域的美景来比喻福州，因为仓前桥建筑结构与纽约的大桥相似，但只有大桥的四分之一长。驳船和牵引船可以从仓前桥下驶过。大桥两侧都有很多小木船可以随时雇用，过江一趟只要几文钱。还有来自宁波、厦门一带的舢板停泊在大桥和中洲岛旁边。那时这里还没有固定往返两岸的渡轮。福州中洲岛繁忙的船运景象说明五口通商初期，福州的商船以木帆船为主，有数百艘在装卸货物。但不久，外国轮船就拉开了闽江河道茶叶运输的序幕，内河运输的本地木帆船只能停泊到泛船浦对岸的上下杭码头，日后便日渐出现12个码头。但福州本地商人的船只仅有50只。

同治二年（1863），英国德忌利士公司（Douglas Lapraik & Co.）的三艘轮船定期往返于香港、福州之间。也就在当年底，卢公明得到一个数据，从福州输入中国的货物总值达1050万美元，其中500万是鸦片，剩下的是福州和其他通商口岸的商品交易，出口干果和蜜饯，从台湾和暹罗进口大米，从闽西北运来木材和纸张，再分销到沿海其他港口。

闽江轮运业

福建内河轮运集中在闽江。福州与闽江上游各地间的交通，视山区道路如险途，多由水道往返。而货物运输，船运成本最低，有利轮运业的发展。《闽省征收运销茶税》记载："盖自上游运省，由海贩往各处，一水可通，节省运费税银不少，是以商利愈厚。"

光绪元年（1875），中外私人营运的小轮船开始进入闽江河道，主要是福州至水口、洪山桥、马江、琯头、沪屿、三都等地线路，轮船运输业应运而生。中日甲午战争后，中国内河被迫开禁轮运。福州的轮运航线不断增加。台江与仓山之间的白龙江出现"台龙""台南""江甲""万安""万茂"5艘商办小轮船，主要往返福州城区至马尾、长乐等干流航线上。

光绪三年（1877），福州贸易总商会宣告成立，由怡和洋行的负责人担任总商会主席。同年，中国轮船招商局收购旗昌轮船公司后，福州的轮运被中国招商局、太古轮船公司、怡和轮船公司三家垄断，一直持续到光绪二十年（1894）。

光绪六年（1880），福州的茶叶出口、鸦片和棉花产品的进口，为外国商业提供了很大的市场，这些商品三分之二属于英国。这期间，已经有定期的轮船航行在福州与厦门、汕头和香港之间。光绪九年（1883），英国德忌利士公司创办轮船公司（Douglas Steamship Co.），在香港、汕头、厦门、福州、台湾淡水、台湾台南等城市之间安排定期船只。

光绪十年（1884），中法马江海战爆发，福建水师几乎全军覆没。但这并不影响"福州是中国的主要茶叶市场之一"，距兵工厂所在地和装运茶叶的港口约11千米，"在所有的开放港口之中，这里也许是最具特色的"。福州茶叶贸易繁荣兴盛与近代海防建设同步进行，在中国所有对外通商口岸中显得十分特别。这时，一些华商的小轮船在福州、温州之间往返。但此后不久，福州的内港轮运中断了，直到光绪二十四年

（1898）内港开禁才延续。

中日甲午海战爆发后，日德法俄的轮船公司涌入中国，英国怡和、太古的轮船公司难以再维持长江的垄断地位。日本轮运随后很快成为英国轮运的竞争对手，成为中国的第二大轮运势力。沿海内港航线上，华商轮运迅速发展起来。闽江轮船运输的格局也发生变化。光绪二十二年（1896），美国花旗邮船公司的美华远洋航线延伸至香港，需在福州、厦门停靠，此后，多家美国轮船公司的航线到达上海、香港，因此都经停福州。还有，荷兰渣华洋行（Java-China-Japan Lijn）的轮船也把福州作为经停港口。福州洋面上的外国船舶越来越多。

光绪二十四年（1898），内港开禁，闽海内港轮运业开始迅猛发展。福州民船业会员，主要是闽江下游（包括福州市区和附近村镇的小部分上游民船）经营内河运输及部分出海业务的民船（木帆船），如洋驳、煤驳、料船、渡船等。民船除有出海运输及其他专业运输活动外，主要业务是承接马尾至福州间的货物盘运，以驳船为主要运输工具。因闽江下游台江一段，困于游沙，当年无法清浚，千吨以上轮船均停泊马尾的马江，需驳船转运至台江起卸。福州在抗日战争前，经公会登记的内河驳船共计洋驳125艘、煤驳81艘、渡驳76艘，合共282艘，计15541吨，在职船员2635人，其他种类民船尚未计入。白龙江河面真是列帆如林，壮观至极。

光绪二十六年（1900）11月起，日本大阪商船会社开辟福州至香港及福州至三都澳航线。福州至三都澳（属宁德县辖）间，开始行驶汽船。光绪二十七年（1901），招商局在福州设立分局，并开辟福州至上海线路，经常行驶之轮船有"新济""图南""新铭""新丰""遇顺"。

光绪三十年（1904），官方宣布内港小轮船装货开禁，促进了内港轮运业的发展。三十一年（1905），福安商人王太和购买"江门""利济"轮船，开通福州到三都澳的航线，通过商战成功排挤日商在福州的轮运业务。三十三年（1907），王太和成立太安轮船公司，拥有轮船7艘。同年，天泰洋行英国女商人买了三艘小轮船在福州参与轮运竞争。

1911年，福州商人成立济美轮船公司，专门航行于福州和宁波之间，但轮船只有一艘。1918年，闽商巨子王梅惠四兄弟创办福州常安轮船公司，购置一艘总吨量为1890吨的货轮，命名为"华安轮"，航行于福州、上海、胶东半岛、天津、辽东等地。

当时，福州茶叶的买卖由洋行的买办代理。怡和洋行、德忌利士公司、太古洋行的买办都要求福州茶行必须将茶叶交给他们公司的轮船运输。福州的茶行因此多与洋行的轮船公司合作运输茶叶。

民国后，福州对省外交通，海上靠木帆船（即山东船），载重数百吨，多以粗货海纸等压舱，顺风张帆出海。开航时沿江放鞭炮、敲金锣一直至闽江口，很是壮观。在福州停泊地点，多集中于泛船浦口和瀛洲江面。五口通商之后，渐被外国轮船所代替，但依旧是海上运输的辅助工具。原因是大轮船吃水深，不能靠台江码头，须经驳船盘运马江，再装轮船，花费多，货易受损。而木帆船就在台江装卸，比较便利。特别是在抗日战争时期，海运要绕过封锁线，以利用小帆船为宜，艍艋船又活跃于海面。当时下杭街捷兴代艍艋客户购销业务很盛。这一带最盛时期有60多家。兼经营其他的溪行不计在内。经营笋、纸溪行的老板，分为福州帮、江西帮、沙县帮、洋口帮、连城帮、建瓯帮、浦城帮等。

来往福州的省内外民船类型很多，这些船只运输其他产品的贸易量也很大，并且十分繁忙。本土经营的交通汽艇有15艘在闽江上下游航行，业务兴旺。除此以外的民船要经过闽海关（常关）发放特别批准单证，并且造船费用巨大。福州与天津、山东和牛庄之间往来的民船叫"北驳"，约有40艘。北驳运来水果、大豆、豆饼、虾油、瓜子、红枣、黑枣、粉丝、毛皮和毡等，运走福建产的原木、厚木板、纸张、笋、茶叶和神香等。建造一艘民船约需1万元至3万元。福州与兴化之间的民船叫"海盐船"，它们从福州运走柴火、纸张、笋、水桶、木盆和茶叶等，从兴化运来食盐。大约有30艘船从事这种运输，每艘载运的货物价值从5000元到1万元不等。开往台湾的船叫"台湾船"，约有70艘，它们运进食糖、樟木、牛皮、煤、鹿皮和西药，运走原木、厚木板、纸张、笋和柴火。每艘载货价值约2万元。福州与温州、宁波之间往来的民船叫"乌艚"，它们运进咸鱼，运走原木、柴火、纸张等，货物价值从5000元到1万元不等。

另外一种船，因为船体的底部是白色的，叫"白底船"，它们往来福州、宁波、温州之间，运进食盐、鲸鱼油，运走厚木板、纸张和柴火。还有一种船叫"北商船"，它们往来于福州、上海、烟台之间，约60艘。这种船有一部分跑泰州与宁波，它们运进大米、小麦、大豆、棉花、棉布，每艘载货价值1万元到2万元。

民船往返福州没有保险机构来防止被海盗抢掠。清政府最初派炮艇保护民船，因此征收"护商船"税。但炮艇的维护费高昂便取消了，民船只能依靠自己的力量自卫，每次出海需要三四艘船联合航行来增强护航力量。

1924年，航商江礼品长期在福州至南平、建瓯的上游航线行驶。他从香港买来两部柴油机，于当年中秋节后驾驶"安宁"轮船由福州出发前往南平，从此正式开始在福州和南平之间营运。1926年，美商同昌洋行的"飞鹰"轮也加入这条航线。上游通轮后，闽江上游轮运业兴起，但遭到上游溪河工船员总工会的破坏和阻扰。帆船业阻止茶叶轮运，广福茶帮向省政府申诉后，才得以自由选择运船，而纸商则蒙受巨大经济损失。虽然开发轮船线路困难重重，福州上游的闽江轮运业依旧迅速发展起来。同时，平水轮运业也有所进步。上游轮船以柴油机为动力，无需高烟囱，可通过洪山桥、到万寿桥附近的三保停泊。因此，福州船用蒸汽机很快被淘汰。

福州民船在未组成同业公会之前，由于地区及木船类型和业务范围的不同就各有公帮，如驳船部分，在未加入民船公会前，有"协同和洋驳公帮""报关业驳船组""驳船公帮"等。1935年，各驳船公帮合并组织成立"闽侯县驳船业同业公会"，选出黄位中任公会理事长。由于驳船业多依靠报关行业承揽业务，两业关系密切。后来因业务竞争剧烈，时生纠纷，1937年间，由国民党闽侯县党部（时福州未设市）派出调解组，指导设立"报关业、驳船业联合办事处"，并从民船公会中调出理事林耕南主持其事。办事处主要任务是处理有关报关、驳船两业联系工作及公差调遣和维护两业利益等。后因业务发展，且对当时政、军、宪、警的封船派差，难以应付，决定办事处设正、副总干事各一人负责，并聘请金耀西（曾任福州海军警备司令）、陈绍基（曾任水警队科长）为正副总干事（后期副总干事改聘王樵亭担任）。同年，又将驳船公会撤销，并入民船公会。驳船、报关联合办事处，至1948年结束。

1934年成立"闽侯县民船业同业公会"，1942年进行第三届改选，改称"福州市民船业同业公会"，选出林更新任公会理事长。会员按各自船只种类及业务范围分为瞄舰（外海帆船）、洋煤驳、渡船、煤杂驳、料船、农产肥料运输船、石船、砖瓦土船、盐驳、杂货小驳、出口锯木板类小驳、柴船、小雀船等类，有的按类分设支部，以便推行会务。由于会员船只有一部分流动性大，行止不定，且时有失业停驶者，因此无精确会员数字，据不完全统计，1948年，公会所属各类船只流动的不计入外，约有1000多艘。

1948年，福州民船公会进行换届改选，选出第四届公会理事长林更新；常理陈伯涛、林观清；理事王阳怡、唐良善、黄仁山、翁森兴、翁嘉新、林肇敏；候补理事薛颜仁、刘鸿翔、林光华；常监江子铨；监事黄宏经、林德兴；候补监事卓道泉。该公会仅有内河驳船会员的所有船只。抗日战争期间，因填塞闽江口封锁线以及福州两度沦陷遭敌人骑劫焚毁，福州民船282艘船只损失209艘，残缺损坏73艘。会员户几已全部破产。据公会统计，失业者当时达3635人。抗日战争结束，海轮复航，急需驳船运输，在民船公会主持下，组织成立"福州市内河驳船联营处"，自行集资修整残余损坏渡驳71艘，赶造洋驳4艘、煤驳18艘，权充转运船驳，但远不足适应当时纷繁的货运与军、公差遣。民船公会请当年福建省社会处转函闽浙救济署福州办事处拨贷救济，共需建造费80925000元。贷款分四期偿还，除将载资专户存储，悉数充还本之用外，并将船只作为抵押。该联营处为调配船只、支配货载，按月公布开支等做出一定成绩，得到参加联营各户的支持，经营至中华人民共和国成立前夕乃止。

从闽江轮运业的发展可以看出，茶叶贸易给福州商业带来的生机勃勃的景象，即使在抗战时期，百姓也努力地维持生存，哪怕投资巨大的船只损坏严重，依然在顽强地谋求生计。这体现出福州人坚忍不拔的意志和吃苦耐劳的秉性。因为科技发展，时代步伐越来越快，被淘汰的速度也在加快，只有永不懈怠，才能在下一次海潮到来时做好出海扬帆的准备。

第六章　鼎盛茶港

　　近代中国茶叶主要集中于中部茶市（上海、汉口、九江）和南部茶市（福州、厦门、广州）出售。彼时三大茶港是福州、汉口、上海，三大茶市是福州、汉口、九江。福州是直接对外出口的贸易港，汉口是内河港，上海是转运港。

　　福州于咸丰四年（1854）后正式开港通商，成为活跃的茶港。汉口开港贸易迟至咸丰十年（1860），因对英国和俄罗斯贸易而发展兴盛。上海作为转口港，于道光二十四年（1844）开始出口茶叶，一直保持较高的茶叶出口量直至1920年。咸丰十一年（1861）开始，福州出口茶叶量超过上海的，但福州和汉口的茶叶贸易衰弱后，外商皆集中在上海，开发和经营多品种商品，使上海商贸发展日渐兴隆，成为中国最著名的港口。九江通商开市迟至咸丰十年（1860）外商取得长江航行权后，主要是婺源、祁门、德兴、浮梁的绿茶，武宁、杭口的红茶集中于九江，再转运至上海或汉口出口。同治九年（1870）后，由于福建内地通过税太重，俄罗斯商人转向汉口收购好茶，导致福建红茶开始部分集中到九江茶叶市场。但九江位于内陆，运输并不方便，难以发展为重要的茶港。厦门于咸丰八年（1858）开始出口茶叶，初以乌龙茶、工夫茶、花香白毫、珠兰茶为主，但茶中混合茶屑和碎叶，不受英国市场欢迎，而台湾乌龙茶也在厦门出口，品质好，受美国市场欢迎。厦门便以出口台湾乌龙茶为主，但即使在光绪十四年（1888）出口量最高时，也仅是福州茶叶出口量的四分之一，无法与福州形成强有力的竞争。宁波于咸丰九年（1859）开始出口茶叶，其出口量比厦门的略高，也难以与福州匹敌。台湾乌龙茶之制作方法传自福州。同治五年（1866），英国商人在台湾开始建置精制茶场，其精制的乌龙茶由淡水之洋行烘焙装箱，保证精致品质，驰骋于国外消费市场，其中美国占90%。但台湾淡水属于中国国内流通的港埠，仰赖厦门出口，以大陆内地贸易为主。广州作为最初最知名的通商口岸，鸦片战争后因福州、汉口与上海的兴起而衰退，19世纪70年代的茶叶出口量仅福州的七分之一。

福州茶港的鼎盛时期主要是出口红茶到英国。英国商人主要购买红茶中的工夫、小种，其次是白毫、绿茶。运茶快船（Tea Clippers）起到重要的作用。福州成为茶贸易中心港后，英国洋行在中国制订了联合账目制度（Joint Account System），实行联合运茶出口，对抗美国的琼记洋行和旗昌洋行，逼迫美国的洋行同样采取加强洋行协同的办法。同治五年（1866）至六年（1867），英美的运茶快船在福州竞争激烈。

根据《I.U.P., B.P.P., China, Vol.9, p.77, 1869, Foochow》统计的（1841—1920）中国输出茶与福州输出茶表的数据，1853年福州茶出口仅占5.7%，但1861年福州居中国茶叶总输出量的46.2%，1865年占42.9%，1871年占38%。19世纪70年代，福州均居中国茶叶出口的首位，也是中国收入最多的贸易城市的第一位。

同治八年（1869），苏伊士运河开通，轮船逐渐取代快速船，福州至英国的航程缩短，促使福州口岸武夷红茶的出口量不断上升。同治五年（1866）到光绪十二年（1886），每年出口常达70万担，运销英、俄、德、荷等国。福州已成为世界茶叶贸易五大港口之一。那时春末，数艘运茶外轮集侯马尾港，盛极一时，世界贸易的目光也都聚焦于福州。福州茶叶出口居全国茶叶出口的首位，即使同治九年（1870）后汉口、上海的茶叶交易量增加的情况下，依旧不如福州，尤其光绪六年（1880）达到巅峰，占全国总出口量的38.2%，但这一年也是茶叶外贸盛极转衰的开端。

泛船浦的繁华岁月

福州开埠后，军需局改为招商总局，归藩司衙门管理。后调浙江宁绍台丽道来闽专办设外局。那时福州仅英国通商，对外公事简单，就改归福州府衙门办理。咸丰三年（1853）奏开茶叶海禁后，各国来闽贸易渐多。十年间，英、法两国续修条约后，清政府只好批准台湾通商，和福州口洋务一样，全部由藩署总局办理。当时负责通商事务的藩台即布政使徐继畬，任职时间是道光二十三年（1843）至二十七年（1847）。

开埠后的最初10年，由于清政府舍近求远，对福州港明开暗抑，对外茶贸易由上海、广州、九江出港。咸丰十一年（1861），泛船浦设立闽海关（洋关），福州成为中国三大茶市之一，茶叶年出口占全国茶叶出口总额的35%。

各国商人采购福建茶每年支出10000万至20000万银圆，当时清廷每年的全部税收也不过40000万银圆左右。由于茶叶出口贸易量逐年上升，来福州开洋行（茶叶进出口公司）的国家越来越多。英国怡和洋行到福州后更名为义和洋行，在泛船浦建设码头——义和埕，具体位置即海关巷的闽海关大楼前，后又在闽海关旁兴建怡和洋行大楼，而闽海关后面是闽邮政大楼和闽报馆。接着，各国洋行相继驻扎在泛船浦到观音井一带逐渐形成商业圈。沿江最重要的商业片区建筑从西往东是仓前桥、日本大阪商船、舍人庙道、泛船浦前街、海关埕、义和埕。由于大量洋行陆续在泛船浦建造洋行大楼和茶仓，促使福州疍民的船只集中到泛船浦和仓前桥（江南桥）下的河边排队等待运输。当时烟台山下的沿江片区自然形成贸易商业圈，烟台山上修建成各国领事馆和外商住宅区。山上和山下的建筑功能和区域有了比较明显的区分。

每逢茶季，洋商采买聚集南台的泛船浦海关埕、泛船浦前街，许多外国商船频繁来往泛船浦。外国商船到了罗星塔水域后容易搁浅，只得借助小船往返罗星塔和泛船浦之间。江南桥头络绎不绝的舢板、乌篷船载着茶叶到外商大船上，码头岸边搬运工人繁忙地装货卸货，分类包装。而观井路、观海路、泛船浦前街人潮涌动，本地商贾小贩趁机摆摊做生意，呈现一派繁忙的商业景象。民国时期，福建省农林股份有限公司茶叶部就开设在泛船浦前街5号，可见，泛船浦是当时福州乃至福建的重要茶叶贸易总部。

美国教育家、传教士卢公明写的《中国人的社会生活》详细叙述了茶叶的制作过程，反映出晚清福建制茶手工业的兴隆，也印证了西方人士对茶叶的着迷程度。他的文章详细介绍乌龙茶的制作方法，为中国茶叶打开西方市场，让西方人士认识、了解中国打开了一扇窗口。他在书中记载，同治二年（1863）5月31日的茶叶季节之出口状况，从福州出口英国有4350万磅，出口澳大利亚有830万磅，出口美国有700万磅，总额为5880万磅，福州的茶叶对外贸易激增，名誉天下，迅速成为中国最大的红茶贸易口岸。

同治三年（1864），西班牙杜立特尔记载，少量统计显示，福州的茶叶贸易迅速增长。由此可见福州在商业上的重要地位，成为中国最重要的领事港口之一。福州收藏家林凤麟收藏的一张老照片显示，同治六年（1867），几个福建茶女穿着华丽的旗服参加巴黎世博会，在外国摄影师的镜头中留下美丽的身影。

同治十一年（1872），俄国人在福州泛船浦开办阜昌茶厂，福州与汉口成为中国历史上最早机械制茶的地区。当时，销往俄罗斯的以砖茶为主，光绪十五年至二十八年（1889—1902），平均每年销售5000担至1万担；销往英国的主要是红茶，最旺时期是光绪六年（1880）前后两年，每年销售均在100万担以上；销往美国的以绿茶为主，光绪五年至十五年（1879—1889），每年销售均在10万担以上。据统计，咸丰十年（1860）到光绪十二年（1886）间，福州港茶叶输出量始终占全国茶叶输出总量的三分之一以上，这是福州茶市最繁盛的时期。各国商人纷纷来福州投资，从事茶叶等进出口贸易。

英国人编写的《港沪及其他中国通商口岸的景象》记载，同治十年至十二年（1871—1873），中国平均每年出口值为11000万元，其中茶叶出口值为5797万元，占52.7%，福州口岸输出的茶叶总量又占全国茶叶的35%至44%。光绪五年（1879）是福州砖茶外输最盛时期，出口砖茶估值1370万英镑。光绪四年（1878）由福州输出海外各地之茶叶达80多万担（4万吨），约占当时全国年出口量的1/3，价值640万英镑；光绪六年（1880），福州茶叶总出口量为80.2万担（约4万吨），达到巅峰，这是咸丰九年（1859）的两倍多。至此，福州成为中国乃至世界最大的茶叶港口，一个世界性的茶叶贸易港逐渐形成。

茶市的繁荣，茶叶贸易的稳步发展，使得福建整个地区年年获利，社会经济出现繁荣景象。光绪九年（1883）后，福州一跃成为中国最重要的茶叶出口港、中国三大茶埠之一，成为驰名中外的"世界茶港"、牵动欧美经济中枢的世界茶都。《镜头前的旧中国——约翰·汤姆森游记》记载："福州是中国的主要茶叶市场之一，距兵工厂所在地和装运茶叶的港口约七英里。在所有的开放港口之中，这里也许是最具特色的。"

日本参谋部编辑的《东亚各港日岸志》，调查了光绪十七年（1891）福州的贸易额，外国输入品6388725元，国内输入品243093元，福州出口品9691216元，指出福州"为南洋之第一要冲"，并认为福州是"中国东南之财源"。从此，福州港以输出风行全球的武夷茶而吸引世界各地的茶商，被称为世界五大茶港之一。

福州贸易的出超现象总共持续了20多年，到19世纪80年代，由于国内外多种因素的影响，福州"茶港"才日渐沉寂。

各通商港埠茶叶输出量表（1843—1920）

（单位：千担）

年份	上海	广州	福州	厦门	宁波
1843		133			
1844	9	520			
1845	29	573			
1846	93	537			
1847	119	482			
1848	153	452			
1849	203	261			
1850	407	301			
1851	351	317			
1852	373	267			
1853	271	223	45		

年份	上海	广州	福州	厦门	宁波
1854	575	362	154		
1855	322	125	118		
1856	343	228	307		
1857	341	147	239		
1858	294	183	210	30	
1859	401	189	350	33	1
1860	362	263	318	54	16
1861	362	296	463	39	52
1862	362	239	418	40	
1863	462	180	392	47	36
1864	501	105	480	54	59
1865	516	108	519	44	72
1866	532	84	470	59	103
1867	552	104	550	61	116
1868	615	96	604	72	125
1869	737	88	581	86	147
1870	673	68	488	71	148
1871	641	90	638	74	164
1872	679	110	643	89	182
1873	616	88	566	67	157
1874	607	102	675	84	158
1875	565	85	720	70	129
1876	485	99	618	64	126
1877	544	127	676	91	148
1878	364	122	680	70	108
1879	405	116	646	164	131
1880	536	113	802	136	153

（续表）

年份	上海	广州	福州	厦门	宁波
1881	623	115	734	164	163
1882	486	123	680	144	143
1883	470	111	666	150	127
1884	460	105	678	151	157
1885	537	131	734	174	168
1886	573	103	772	159	149
1887	608	120	710	162	134
1888	518	94	630	182	157
1889	509	78	499	160	158
1890	401	64	439	135	158
1891	448	26	436	176	159
1892	418	65	444	175	163
1893	401	24	489	167	184
1894	454	12	488	29	162
1895	546	10	468	16	190
1896	352	11	421	32	178
1897	473	13	325	12	75
1898	430	10	314	9	54
1899	403	8	351	9	79
1900	633	11	291	6	69
1901	519	7	226	6	60
1902	485	23	206	4	94
1903	694	26	202	7	115
1904	538	25	170	7	98
1905	418	21	135	7	88
1906	647	22	170	6	84
1907	653	19	164	5	107

年份	上海	广州	福州	厦门	宁波
1908	660	15	137	6	107
1909	603	21	149	6	100
1910	720	18	130	7	113
1911	677	21	155	6	116
1912	870	14	106	7	115
1913	907	14	142	7	93
1914	851	19	121	7	103
1915	988	25	122	8	115
1916	888	22	171	8	104
1917	567	15	95	6	78
1918	273	15	82	5	75
1919	487	14	93	5	89
1920	214	16	80	7	74

上表资料（1860年之前）来自《H.B.Morse，The Internat ional Relations of Chinese Empire， Clippers and Consuls》《Eldon Griffin，Cliptbers and Consults》；1860—1920年为《 I.U.P.，B.P.P.，China》的历年《海关报告》。

这份表格的数字清晰地体现出这5个通商港口的茶叶输出量。福州在1853年才有茶叶出口，1861年开始超过其他港口，1880年是茶叶出口量的最高峰，同时也是茶叶出口的分水岭，自此呈下降趋势。无论如何，这些数据见证了近代福州茶叶出口的辉煌时期。

《I.U.P.，B.P.P.，China，Vol.9，p.77，1869，Foochow》统计见下表：

1853—1900年中国输出茶叶与福州输出茶叶表

年份	单价（每磅）	中国总输出量（磅）	福州输出量（磅）	福州茶之百分比（%）
1853	10d-2s	105081000	5950000	5.7
1854	10.25d-1s10d	119034000	20490000	17.2

（续表）

1855	8.5d-2s4d	112660000	15739700	14.0
1856	8.5d-2s4d	130677000	40972600	31.4
1857		92435100	31882800	34.5
1858		103664400	27953600	27.0
1859	1s6d	110905600	46594348	42
1860	1s6.5d	101707900	42348610	41.6
1861	1s4.9d	133300000	61666446	46.2
1862	1s7.2d	173290000	55718466	32.1
1863	1s6.6d	170757300	52316784	30.6
1864	1s6.0d	156627500	63968270	40.8
1865	1s7.8d	161293000	69177501	42.9
1866	1s7.2d	158911955	62627539	39.4
1867	1s7.2d	177405503	73346058	41.3
1868	1s7.0d	196645490	80481741	40.9
1869	1s6.0d	203702269	77447166	38.0
1870	1s4.8d	184087033	65036003	35.3
1871	1s3.8d	223896412	85007809	38.0
1872	1s4.2d	236562578	85749224	36.2
1873	1s4.2d	215647808	75382483	35.0
1874	1s4.3d	231326021	90023355	38.9
1875	1s4.0d	242390987	96004259	39.6
1876	1s3.6d	234992837	82323280	35.0
1877	1s3.6d	254563010	90050548	35.4
1878	1s2.5d	253130835	90610675	35.8
1879	1s2.3d	264928818	86176583	32.5
1880	1s0.7d	279545829	106921663	38.2
1881	11.9d	284886228	97788080	34.3
1882	11.5d	264910289	90588813	33.7

1883	11.4d	264910289	88722613	33.5
1884	10.7d	268761859	90338076	33.6
1885	11.0d	283762508	97788746	34.5
1886	10.6d	295565423	102969185	34.8
1887	9.2d	286999832	94657129	33.0
1888	6.5d	288934682	83983132	29.1
1889	6.9d	250252221	66574818	26.6
1890	8.3d	222001686	58547359	26.4
1891	9.2d	233301926	58183203	25.0
1892	6.7d	216309644	59146078	27.3
1893	6.5d	242737162	65211018	26.9
1894	5.4d	248246186	65021955	26.2
1895	6.0d	248695140	62327660	25.1
1896	6.4d	228321703	56162133	24.6
1897	6.0d	204236664	43330560	21.2
1898	6.0d	205095380	41832896	20.4
1899	6.3d	217384975	46749909	21.5
1900	5.7d	184530469	38807229	21.0

　　泛船浦的福建红茶运销巅峰时期，洋行一度垄断了福州的茶叶出口贸易，并搜集福州的政治、经济情报，控制了福州的商品市场。根据闽海关统计，光绪末年外国进口的货物数量大，品种越来越多，比如，洋米约35万石，价值850万两左右；各类印花棉布、棉纱年约4万担，价值100万两以上；煤油年约450万加仑，价值50万两以上；洋糖年约价值50万两以上。此外，进口的货物主要有面粉、钢、铁、铜、铅、锡、象牙、珐琅器皿、中药材洋参、犀角、燕窝、海参、钻石珠宝、化学物、电器材、洋笔、洋针、洋纸、洋藤、洋伞、洋烟、洋酒、皮货、肥皂、洋火（火柴）、水产品、绫、缎、呢、羽、哔吱、毡、毯、衣服鞋帽，等等，琳琅满目、应有尽有。从进口货品中，可以明显看出占比最多的是米和

布。因为民以食为天，解决温饱是民众生活的首要问题，却都被外国商人控制了。

外国全年进口货的总值约1600万两，而福州出口的土特产年总值约700万两，逆差将近1000万两。外国商人除了以福州为主要市场，进行洋货倾销之外，另一个目的就是廉价收购土特产。当时的洋行、使馆、公馆等大部分设在仓山区，但洋行的买办和"马弁"（经纪人）却活跃在上下杭一带。因为五口通商后，曾作为八闽首府进出门户的洪山桥码头——芋原驿，因河道淤塞，船只只得转向停泊在苍霞洲，芋原驿渡口逐渐被苍霞洲码头所取代，台江区成为近代福建土特产集散的总枢纽。

光绪三年（1877），福州贸易总商会宣告成立，泛船浦迅速成为繁华地区。光绪二十三年（1897），德商禅臣洋行在仓山区程埔头铺设住宅电话线路，专供外商使用。光绪三十年（1904），闽浙总督衙门置办三部磁石式交换机，为官方服务。三十一年（1905），福州筹办商办福建全省铁路股份有限公司，帝师陈宝琛担任总理，计划以福州为中心建设两条干线铁路。直至宣统元年（1909），因资金缘故，只完成福州到马尾、龙溪到厦门的两条铁路支线。光绪三十三年（1907），洋务局和财政局创办福州电话股份有限公司。

经济的迅速发展吸引欧美各国陆续在仓山开设洋行、银行、邮局、报社、公司、医院等，由此产生许多西式建筑。洋人老板、华人买办、官僚、富商大贾、海关邮局员工纷纷在仓山建造别墅，一时风气大开，形成香港、上海、广东海派式的中西文化深度交汇的新型岛域社会。《道咸宦海见闻录》中说："南台距省十五里，华夷杂沓，商贾辐辏，最为闽省繁富之地。"福州城市开始转型进入近代。

据英国圣公会的主教施美夫（George Smith）描述，当时仓前路桥头一带，江上繁忙，船只穿梭如织，万寿桥两边摆满了摊贩，生意繁忙。桥上被商贩占据，有点像旧时代的伦敦桥，窄窄的通道经常挤满各种各样忙着赶路的人。

英国圣公会的施友琴（Eugene Stock）也写道："我们站在（江南桥）上，并穿过这种方式的中国街道，放眼望去，视野开阔，各种各样景象尽收眼底。一派多么繁忙和混杂的景象！熙熙攘攘的人流快速涌动，很少冲突，也少有争吵……在这，我们发现显而易见的混乱无序，却尚未有骚乱——一群拥拥攘攘的贪婪的商人，使出浑身解数，向那些围绕在他们周围的人们推广其生意。"

随着船务、铁路、银行、糖业等行业的发展，新商品的利润吸引着英国怡和洋行和美国旗昌洋行的投资业务转向，鸦片贸易随之逐年下降。19世纪90年代始，进口的商品以棉花、木制品、白银、煤油、火柴、肥皂、钢铁、布匹等为主。这说明，棉花、瓷器、茶叶、鸦片都只是某个贸易阶段的地雷，这个商品最初在哪里出现，哪里就会因为利益竞争而演变为战争。中国的瓷器、茶叶都是他们追逐的对象，当这些商品供过于求，无法再产生暴利时，他们会迅速退场，或者设法制造别的新鲜玩意来控制这些国家的经济，最后导致社会阶层分裂。这是资本的游戏，也是资本的恶劣之处。

太古集团收藏的光绪三十三年（1907）的中洲岛老照片上可见许多舢板云集江南桥（中洲岛与仓前路间桥梁，今仅余桥墩残件于江中）的两侧河流，呈现百舸争流的壮观景象。从宣统二年（1910）拍摄的中洲岛老照片看，当时的安澜会馆就设在闽江边，大门朝南，朝北临江的是墙壁和两扇小门。门外的河堤下停泊着许多篷船和舢板。这些传教士描绘的画面和老照片，显示出晚清时期，南台岛一带已成为福州经济贸易的枢纽。当时，无论是闽省的山海贸易还是中外的通商贸易，都在这里交集汇聚，造就了闽江下游地段船舶辐辏聚集、江上码头工人辛勤劳碌、两岸商行店铺林立，商业贸易一派繁忙兴盛的景象。

由于福州名声在外，光绪二十四年（1898）4月28日，普鲁士亲王亨利乘德国巡洋舰Gefion号到达马祖岛，在那里受到德国领事的迎接，两人同乘海关浮标看管船"福星"号驶到长乐营前停泊处，再从那里换乘汽艇去外国人的住地。他在住地一直待到第二天才离开，离开时乘坐游艇，由汽艇拖运着，在"福星"号的护送下去连江县的川石岛，之后返回从马祖开来的Gefion号巡洋舰。

光绪二十六年（1900）3月4日，丹麦王子H.R.H.Waldemar乘丹麦巡洋舰 Valkyrien 号也抵达长乐营前停泊处，与俄国领事一起逗留在南台，5日，接见当地总督的拜访。第二天，他予以回拜，7日，离开福州抵上海。

泛船浦的洋行

洋行，专指1949年前中国经营进出口贸易的外国企业。洋行代理范围广泛，收取佣金1%~5%不等。洋行贸易方式多种多样，通常采用贩卖、以货易货、现货推销、订货、拍卖等手段进行。

茶市的兴盛引起外商对福州口岸的高度重视，产生连锁效应，纷纷来仓山区设立洋行。咸丰三年（1853）后，福州南台（今仓山区）的塔亭路、观井路、观海路、泛船浦一带的外国洋行、公馆如雨后春笋般大量出现。最早（1854年前后）到福州设立洋行的是美国旗昌洋行（Russell & Co.），接着是琼记洋行（Augustine Heard & Co.）。此后，怡和、宝顺、太平、林赛、雷氏、洋泰等纷纷到福州设立洋行分行。此后，茶叶出口量逐年上升，当年出口茶叶13万担。咸丰九年（1859）上半年，来福州出口茶叶的快速船有19艘，12艘去英国，4艘去美国，其余到澳大利亚。咸丰十年（1860），仓山已有各国洋行20多家，其中沿闽江的泛船浦一带就有5家，经营的主要货物是茶叶。

当时在福州设立的洋行，按照国家来划分如下。

英国：怡和洋行、宝顺洋行、林赛洋行、雷氏洋行、洋泰洋行、天祥洋行、天裕洋行、兴裕洋行、太平洋行、太兴洋行、太古洋行（进口洋糖）、义利洋行、卜内门洋行、德兴洋行、裕昌洋行、同珍洋行（原裕记洋行）、乾记洋行、汇丰银行、有利银行、协和洋行、颐中洋行、复兴洋行、和记洋行、仁记洋行、广隆洋行、纽曼洋行、同孚洋行、华记洋行、布律吉、阜昌、白记、亚细亚洋行（元宝牌煤油、洋烛、洋面、碱面、白糖、火柴等）。其中，天祥洋行曾是最大的茶叶出口公司。

德国：禅臣洋行、爱礼司洋行、德士古洋行（亮牌煤油为主）、东亨洋行、谦信洋行。

美国：旗昌洋行、琼记洋行、美丰银行、水菜洋行、美孚煤油公司洋行、木科印刷厂、天泰印刷厂、公教印刷厂。

日本：三井洋行、铃木洋行、大和洋行、广贯堂、日隆、宜昌、公隆、福记、闽报社印刷厂等。其中，福记洋行主营鸦片。

荷兰：肯乃鼎公司福州分理处。

俄罗斯：阜昌洋行、渣打银行。

法国：合一洋行。

由于历史资料缺失，将福州的全部洋行机构收集齐全存在一定困难，本文罗列搜集到的洋行名单。其中经营茶叶贸易的洋行主要是英国的天祥洋行、德兴洋行、义利洋行、裕昌洋行、兴裕洋行、太平洋行、太古洋行、太兴洋行、乾记洋行、协和洋行，美国的旗昌洋行、琼记洋行。《福州事情》记录，有的洋行一年茶叶贸易额达150万元以上。光绪三年（1877），福州贸易总商会宣告成立时，怡和洋行的负责人担任总商会主席，成为福州洋行老大。

咸丰三年（1853）后，由于山户和茶庄之间并没有形成一项良好规范的买卖制度，有时福州港难以购进茶叶，洋行不得不中断和茶栈、茶庄的交易，派遣买办深入茶产区购茶，将茶栈送来的茶再包装，海运回国。咸丰十年（1860）后，福州的大洋行都是亲自深入产茶区设立茶厂，制作好成品后运到福州出口。他们研究茶叶的烘焙、精制、包装，形成一套严格的茶叶经营程序。茶行里的分工也日愈细致、专业，有打更人、理茶工、打藤人、裱箱人、买办、帮买办、管账先生、报税人、茶楼人、秤手、装茶人、筛茶人、焙茶人、铲茶箱人、打铅箱人、做茶箱人等五六十种之多。

英美洋行在广州、上海、福州都由买办来代理茶叶事务。旗昌洋行输出茶叶都是由中国籍买办来办理所有的相关流程和手续。琼记洋行则在福州设厂，由买办管理。这些洋行雇用广东珠三角人做买办的时间分别是：琼记，19世纪50年代至60年代；旗昌，19世纪30年代至70年代；怡和，19世纪50年代至20世纪初10年；宝顺，19世纪30年代至60年代。这些买办结帮派队到上海和福州，为外国洋行代理外贸生意。有的买办找准时机卷款而去，有的则去茶栈找劣质茶来替代。道光二十三年（1843），英国领事巴富尔抱怨说，这些买办把广州流行的许多最坏的习惯和观念也带到上海和福州。唐廷枢、徐润、郑观应这些大买办在长江通商口岸和北方各通商口岸建立买办网络，自任总买办，协调处理各通商口岸的买办纠纷事务。有些口岸甚至出现"非广东籍买办不能参加"的商业垄断组织，排挤其他地方的人进入这一行业。

福州仓山区的广东会馆（今仓山第二中心小学校内），就是清代旅居福州的广东买办、茶商筹建的带有同乡会性质的会馆。馆后有一棵百年大木棉树是福州木棉树之冠。1912年4月20日，孙中山受邀到福州，下榻在广东会馆，在聚议厅发表演说，并为会馆题写"戮力同心"四字匾额，该牌匾在"文革"中被毁。

同治四年（1865）10月，俄国首任副领事德理到任，于次年在今公园路39号（今福州外国语学校）建造领事馆。同治十一年（1872），一家从汉口来的俄国商行在泛船浦太平巷附近首创蒸汽砖茶厂——阜昌砖茶厂。当年制造了约800筐的砖茶。后来的贸春茶行在俄砖茶场的废墟上重建其茶厂。该厂为一栋两层楼房，位于原观井路29号弄5（今朝阳路66号），大门朝观音井街。其建筑风格和形式与原俄商所建的阜昌砖茶厂相似。1953年，这里改为福州茶厂（今仓山区观海路、朝阳路、港头、小岭等区域）内。

俄国商人在福州建立第二个砖茶厂后，又在南平、建瓯、南雅、三门、太平等地设厂，是年产砖茶4500担（225吨）。光绪三年（1877），俄国商人从建宁运往福州出口的砖茶为3505担。由于中俄商事不通，销路中断，位于公园路的俄罗斯驻福州领事馆被撤，代理领事业务的俄罗斯茶叶商人把房子和地都卖给三一学校（今福州外国语学校）。光绪三十一年（1905），美国基督教青年会协会传教士马拉林、裨益知在福州创办基督教青年会，向俄国茶行临时租借建筑作为会所。

咸丰十年（1860）福州出现汇兑市场后，外国银行到福州设立分行，对洋行确保交易的可靠性很有帮助。同治四年（1865）创办的汇丰银行（The Hongkong & Shanghai Banking Co.）则是由宝顺洋行、琼记洋行、德忌利士洋行和东方半岛轮船公司联合出资成立经营的。他们缺乏足够的资金时，就从银行借款向中国茶商预付购茶定金（称作内地购茶）。获得资金的保证，产茶的山户敢于大量生产，福州的茶叶贸易额开始递增。咸丰十一年（1861）下半年出口茶叶总计2445万多磅，价值479万多元。此后十年间，福州港茶叶出口翻了一倍。光绪二年（1876），洋行的40%预付金由银行融资。

　　咸丰十年至光绪十二年（1860—1886），英美两国发生激烈的茶叶出口竞争。光绪六年（1880），洋行通过银行融资5700万元购买头春茶。光绪十二年（1886），福州的茶叶出口量达到4.5万吨，其中一半运抵英国。同治十一年（1872），俄国人在福州泛船浦开办阜昌茶厂，福州和汉口成为中国历史上最早机械制茶的城市。1920年，英国的裕昌、天祥两家洋行成为福州洋行中茶叶出口额最高的洋行。

　　洋行在福州港出口的茶叶，除了武夷红茶，还有小珠绿茶、熙春绿茶和红砖茶。出口的目的地主要是英国、俄国、美国、澳大利亚等国。贫困又弱势的山户为了保证收到货款，要求购买者预付定金，只有资本雄厚的洋行和外国银行方能满足山户的要求，资历浅薄，无法在世界市场经营的中国茶商只能依赖洋行生存。

　　五口通商后，这些洋行从最初的鸦片和茶叶贸易中获得暴利后，陆续转而投资开发其他行业，也是为了确保控制中国茶叶市场，必须以更强大的资本、最新的科技来发展在中国的贸易事业，独占中国资源和市场，使中国市场成为隶属于英帝国市场的一部分。因此，他们纷纷在泛船浦密集设立茶厂、茶仓，创建保险、海运、电报、电线、轮船公司及洋行自行支配的独营公司，建设煤气、水道、道路等公共设施。这里重点介绍几家重要的洋行，如英国怡和洋行、美国旗昌洋行对福州乃至中国近代社会发展的影响。

英国怡和洋行

　　近代，福州仓山区有许多建筑与英国怡和洋行有关。怡和洋行作为世界鸦片大王，在中国沿海城市拓展新市场，到福州后更名为义和洋行，在福州泛船浦一带设立私营码头即义和埤、仓库，包括今天的爱国路2号的美国驻福州领事馆。

嘉庆二十三年（1818），英东随船的外科医生威廉·渣甸独自来广州贩卖鸦片，听和荷林渥尔滋说可以通过英国政府官员获得"无执照营业者"的执照，并担任外国领事来规避英东的贸易垄断权。渣甸不久认识詹姆士·麦迪逊后，就和荷林渥尔滋、自动机械的制造商比尔（Beale）结为合作伙伴。此后，麦迪逊担任丹麦和夏威夷的领事，逃避了英东设置的各种障碍，成功立足于英国商界。

道光三年（1823），渣甸和麦迪逊的鸦片走私船开到福建泉州，垄断泉州的鸦片贸易，很快赚得盆满钵满，成了腰缠万贯的大富翁。当他们在泉州走私鸦片时，了解到福州和琉球的朝贡贸易关系，想进入福州却束手无策，就通过泉州、广州商人把鸦片也贩卖到福州。福州作为琉球唯一的进贡口岸，是世界著名的港口，因此被渣甸创办的怡和洋行第一批列入五口通商口岸。

此后，他们到澳门创建公司，主要经营印度鸦片和中国茶叶。他们的贸易中心定位在中国。道光七年（1827），麦迪逊创办中国第一张外文报纸《广州纪闻》，引起轰动。道光十年（1830），麦迪逊亲自起草文件，联合在华英商47人联名向英国议会要求对华采取强硬措施，并建议派兵船占领沿海岛屿。

在英东尚未结束垄断贸易时，他们以非法的行径进行贸易。道光十二年（1832）7月1日，他们在广州正式创办渣甸、仔地臣有限公司（JARDINE，MATHESON & CO., LTD.），简称（EWO），中文名为"渣甸洋行"，尚未使用怡和洋行的名称。剑桥大学图书馆藏的怡和洋行档案记录了怡和洋行在华发展的重要情况，其中有份道光十二年（1832）怡和洋行在广州的租约。租约表明当年他们租赁的是东生行义和馆一间，但规定不能带女眷居住，也不能囤储违禁货物。东生行是广州十三行之一，当时为这份和约作保的有伍秉鉴的怡和行。凭借这份租约和义和馆，渣甸洋行站稳脚跟，开始在华发展。

为了获得更多的自由贸易机会，渣甸洋行和一批英国自由商人向英国政府要求获得海洋自由即贸易自由权，最终导致200多年的东印度公司于道光十四年（1834）结束了在华垄断贸易权。

道光十四年（1834），渣甸洋行的"萨拉"号满载着茶叶离开黄埔港，驶向伦敦。垄断远东贸易200多年的英国东印度公司从此彻底结束了垄断权。不久，广州的英国自由商人成立"贸易事务会馆"即广州商会。监督英国商务的律劳卑推荐麦迪逊担任商会主席。自此，英国的自由商人就像脱缰的野马，不愿和英东一样遵守中国的贸易制度，为了获得利益的最大化而使出各种卑鄙招数，遭到两广总督卢坤（1832—1835在任）的惩戒。

同年12月，广州商会借机要求政府派出军舰，要挟中国赔偿英商在广州停止贸易期间所受的损失，并要求开放中国北部各省口岸。此后，麦迪逊又回到英国各地的工商界游说，向大家散发《对华贸易现状及其前途》，扭曲事实，编造谣言，制造中英矛盾。他就广州停止贸易一事说："这对商人固然不利，政府的税收也受损失，须知对华贸易，事关600万英镑资本，9万吨航运，400万到500万英镑的税收。"麦迪逊要求英国政府施展保护英国商人的威力，或直接和中国政府接洽，取得贸易的基地，希望像葡萄牙获得澳门一样，英国人以香港为贸易基地。麦迪逊把自己的公司也当作英东，企图把中国变成印度，任由他肆意踩踏。但他在中国的贸易是贩卖鸦片，给中国人民带来多么深重的灾难。他岂敢将他的丑恶阴谋告示英国政府和英国人民。

英国曼彻斯特商会主席麦克维卡也经营茶叶进口生意，经常委托渣甸替他代销鸦片用来购买茶叶，因此成为渣甸洋行在英国工商界的代理人。道光十六年（1836），英国伦敦成立印度和中国协会。协会的正副主席也都从事鸦片生意，并委托渣甸洋行代售鸦片。

道光十九年（1839）3月，林则徐到广东查办鸦片，最痛恨的鸦片贩子就是这个披着医生外衣的鸦片走私贩子渣甸。当时广州十三行的首席行商是怡和行的伍秉鉴。伍秉鉴在国内拥有大量房地产、茶园、店铺和巨额流动资金，包括武夷山的茶山、茶园，还在美国进行铁路投资、证券交易和保险业务，把伍家的怡和行打造成世界级的著名企业。怡和行曾被称作"天子南库"，一度也是英国东印度公司的最大债权人。伍秉鉴和改组美国旗昌洋行的顾盛（J.P.Cushing）建立了良好的私人关系。旗昌洋行的另一大股东、日后美国铁路大亨约翰·福士（J.M.Forbes）曾是伍秉鉴的私人秘书。伍秉鉴因其雄厚财力及个人在国际商业上的良好声望，被时人赞誉为19世纪的世界首富。欧美船只以挂"怡和行"的旗帜为信誉保证。伍家的怡和行财力雄厚，是林则徐筹措广东防务的重要财源。谨慎精明的伍秉鉴擅于和官府交际，不仅将个人利润的一部分"孝敬"给皇帝和中央及地方各级官员，还承担朝廷要求办理的各种事项，诸如代办外商出入口货税、转抵官府与外商之间的文书等。因此，鸦片战争期间，伍秉鉴和伍绍荣父子不断为中英之间的调停与谈判协调奔走，起着重要的中介作用。

林则徐痛斥渣甸为了个人利益，把中英两国的灾难都捆绑在他的鸦片货船上，说："鸦片之到处流行，实以该夷为祸首。"要求捉拿渣甸和麦迪逊。英、美商人交出的两万箱鸦片中，渣甸洋行就占了7000箱，在虎门海滩上全部销毁。

英国政府虽然也反对鸦片贸易，但在渣甸的主导下，尤其是新的英国驻广州商务监督义律的支持下，道光十九年（1839）4月3日正式向英国外交大臣巴麦尊报告，建议英国政府应该抓住"把我们将来和这个帝国的商务安放在稳固而广阔的基础之上的最有希望的机会"，"使用足够的武力，并以西方国家对这个帝国所从未有过的最强有力的方式进行武力行动的第一回合"。5月24日，义律带领英国商人退出广州，撤到澳门，以后又集合于停泊在九龙尖沙咀附近的船上，伺机进行武装挑衅。渣甸洋行的鸦片走私船"赫鸠里"号，向清政府水师舰船开炮轰击，并击中一艘水师船。

渣甸对林则徐的禁烟运动十分恐惧，联合宝顺洋行老板、大鸦片贩子颠地（Lancelot Dent）等一起要求发动对华战争。但英国下议院议员反对鸦片贸易，对是否发起对华战争意见不一致。渣甸因击败英东对华贸易垄断权，赢得英国商人的尊重，得到英国商人的支持。他们把自己的利益和官员的利益、国家的利益捆绑在了一起。由于对中国的不甚了解，听说清朝贪官污吏多，英国商人在中国受到不公平的待遇，认为英国资产阶级商人联合起来，应用战争赢回英国人的尊严，把他们的基督精神传播到中国，让公平贸易推行到这个"野蛮"落后的国家。出于这些综合考虑，他们觉得这是一场正义的战争，决定派出远征军。渣甸和麦迪逊自大狂妄的企图和侵略行为不仅欺骗了英国无知的百姓，更是严重地伤害了善良的中国人。

道光十九年（1839）初，渣甸回到英国，并于二十年（1840）退出公司，二十一年（1841）担任阿什伯顿的议员，二十三年（1843）病逝。他的家族成员日后陆续担任怡和洋行的高管。虽然威廉·渣甸退职，但他的侄儿大卫·渣甸与麦迪逊继续开展中国贸易。

道光二十年（1840）2月，英国政府决定派出"东方远征军"指向中国，鸦片战争爆发。二十一年（1841），英国侵略军强占香港，渣甸洋行立即在香港建造鸦片仓库，又开办香港置地及代理有限公司。

《南京条约》签订后，清政府被迫接受英国要求的巨额赔款，一部分赔款被转嫁到广州十三行，怡和行承担了其中的100万两。身为世界首富的伍氏怡和行从此走向衰落。渣甸洋行随后使用伍家怡和行的行名，从此中文名更改为"怡和洋行"。

道光二十二年（1842），怡和洋行在香港修建第一座大楼并设立总办事处，第二年相继在上海和天津建造大楼，设立办事处，并不断地向中国各地扩张。迟至咸丰四年（1854）到福州后才建造洋行大楼。

道光二十三年（1843）9月伍秉鉴病逝后，儿子伍崇曜大规模投资美国旗昌洋行，又帮助官府镇压农民起义，因此再次被封官进爵，成为富豪。光绪十八年（1892），伍家位于上海外滩福州路9号的旗昌洋行总部大楼及其毗邻地块，因旗昌洋行破产而被李鸿章、盛宣怀联手巧取豪夺占有。伍家从此彻底破产，退出商场。

道光二十三年（1843）11月，上海开埠通商，上海设立怡和洋行总管理处，广州的怡和总行总部转移到香港。两个名为"怡和"的企业之百年兴衰，体现了清朝时期中英两个国家不同的制度较量，资本主义工商业是如何靠武力来发展壮大的，英商业帝国的兴起沾满了累累血腥。

道光二十五年（1845）6月，阿礼国任福州领事，召唤怡和洋行的纪连来福州发展商业。雄心勃勃的纪连到福州，帮助阿礼国在福州调查茶叶市场状况。他用几周时间深入地了解与研究，肯定此地的贸易前景顺利，就开设了一所洋行展开华茶贸易。但清政府禁止茶叶由海船出口，他在福州能够买到的茶叶仅是供应当地消费的一些。虽然如此，福州还有人答应他在下期茶季开始时供应他需要的一批茶叶，给他点燃了一点希望。道光二十六年（1846），他用两艘船运来英国布匹，但厦门的布匹商人联合抵制他，没人敢来买他的布匹。船只没有卸货就离开了。他发现福州民众对侵略者有异常仇恨情绪，他不论进口布匹还是出口茶叶都非常困难，最终连他租住的房子也被人烧毁，布匹亦被抢劫一空，从此他绝望而愤怒地离开了福州，再也不敢踏入半步。就此，前文已说过，阿礼国向中国当局索赔了46163元来赔偿纪连的经济损失。可见英国对怡和洋行的重视，怡和洋行势力之强大。

咸丰元年（1851），麦迪逊被英国政府封为准男爵，回到家乡苏格兰，成为国会议员。英国本土禁止鸦片买卖和吸食，但鸦片贩子渣甸和麦迪逊却靠罪恶的鸦片贸易而名利双收，主导结束了英东的远东垄断权，在远东建立庞大的商业帝国，为英国源源不断地输送利益，一直深受英国人的尊重，成为他们心目中的英雄。这显得十分荒诞，中国人对此十分气愤。如果英国人了解了渣甸和麦迪逊的罪恶，是否会改变这一扭曲的认识？

怡和洋行以香港和上海为据点，沿着海岸线向北，沿着长江溯江而上，开拓内地广阔的商品销售市场。上海英租界第一号土地登记证就颁发给怡和洋行。怡和洋行在上海、福州建设隶属于他们的码头，命名为"怡和码头有限公司"，同时伸入政治领域，安排洋行内的领导担任英国和其他欧洲国家驻广州的总领事、宁波第一任英国领事，后来又为了更多的贸易特权，鼓动英国巴麦尊政府发动第二次鸦片战争。

怡和洋行也是第二次鸦片战争中的最大获利者。咸丰十年（1860），他们的鸦片生意达到高峰。但他们在福州继续售卖鸦片时遭到福州百姓前所未有的顽强抵抗。他们由此开始转变在中国的业务，进口纺织品、医药、木材、食品、金属、化肥等，出口中国的茶、丝、亚麻制品和羊毛、羊皮、大豆、桐油、茴香籽、肉桂、生姜等。为了发展贸易，他们大力发展航运业、码头和堆栈业。《天津条约》签订后，他们要求开放长江各通商口岸，外国洋行全部参与长江航运线的轮船竞争活动。怡和洋行、英国太古洋行、美国的旗昌洋行成为长江航运业的三大巨头。

咸丰四年（1854），旗昌洋行从福州海运茶叶出口后，怡和洋行紧随其后到福州开展贸易。咸丰四年（1854）以后，怡和洋行在泛船浦建茶仓，在今天的爱国路2号建了怡和洋行大楼，在爱国路1号建员工宿舍楼。他们仅在仓山区观音井的房产登记就有9处。怡和洋行在福州的买办是林钦、Ahee等。

现在的爱国路2号大楼的使用情况是，同治七年到十二年（1868—1873），当时福州最大的茶叶贸易洋行——美国的约翰福斯特洋行（John Forster & Co）在使用；此后，天祥洋行购买了怡和洋行建的大楼作为自己的总部；光绪十七年（1891）至1928年是美国驻福州领事馆租用。

光绪三年（1877），位于乐群路的乐群楼完工后，英国的怡和洋行、天祥洋行、卜内门洋行、兴裕洋行、德兴洋行、乾记洋行等在仓山区的乐群楼组织俱乐部进行商业活动。

怡和洋行的档案中记载："从景色如画的老福州和美丽的台湾岛，以及从上海外滩的货栈，远洋货轮周而复始地运载着怡和洋行贵重的茶箱。这些印有大陆名茶，如祁门、色种、乌龙、珠茶和秀眉等标记的茶箱源源不断地投向了明兴弄（伦敦茶叶贸易中心）和欧洲、非洲以及美洲的茶庄。"

同治五年（1866），怡和洋行资助英国驻福州领事馆建造了福州市马尾区马限山上的英国殖民者及海员的俱乐部，于同治九年（1870）正式完工，并挂上英国领事分馆的牌子。同治五年（1866），马尾同时开始建设船政局，船政规模逐步扩大。同治十三年（1874），船政大臣沈葆桢为了国家利益，不惜重金回购马尾英国领事分馆产权及周围土地。

为了保证各自国家的商业利益，同治六年（1867），旗昌洋行、怡和洋行、宝顺洋行达成协议，此后十年间，怡和洋行、宝顺洋行的船只不再航行于长江，旗昌的船只不再航行上海以南的沿海口岸。

怡和洋行退出长江后，于同治八年（1869）开始筹划上海、福州的航运，上海到天津的定期航运业务。同治十一年（1872），怡和洋行利用中国买办的势力，创办华海轮船公司。印度中国轮船公司（Indo China Steam Naviga-tion Co. Ltd.）对旗昌洋行下属的轮船公司构成严重的威胁。五年后，旗昌轮船公司被迫退出长江，怡和洋行取而代之。

光绪五年（1879），怡和成立扬子轮船公司，重新在长江开展船运业务。此后，他们在上海、香港分别成立码头和堆栈公司，并拟订综合的铁路系统计划，霸占中国修建和经营铁路的主权。同时，他们在国内创建怡和丝头厂、怡和纱厂、怡和毛织厂，和美德法日四国商人共同投资成立上海机器轧花局。同治十一年（1872）后的20年间，怡和洋行不断地扩大营业范围，同其他洋行竞争，在中国始终享有"英国资本巨头""洋行之王"称号。他们在中国的广告是，在中国任何一个地方，只要那里能有贸易活动，那里就有怡和洋行。

怡和洋行在中国各地遍设堆栈，大量搜刮当地土特产。在中国茶叶出口业务上，是继英国东印度公司之后，长期占据优越地位的商业帝国。据1947年怡和洋行业务报告显示，由怡和洋行经手出口的茶叶数量占中国茶叶出口总额的一半。

美国旗昌洋行

美国旗昌洋行是19世纪远东最著名的美资公司，早期主要经营茶叶、生丝和鸦片。

看到福州开埠，他们赶来了。咸丰元年（1851）开始的太平天国战争迄至咸丰三年（1853），当战争转到长江沿岸后，以崇安（今武夷山市）为中心的福建山区通往江西九江的内陆商路被阻塞，武夷山星村到广州的运茶商路被切断，广州城也陷入战乱中，导致武夷红茶滞销。美国旗昌洋行果断派遣自己的广东买办 Ahone 携现款深入武夷茶区收购茶叶，经闽江船运到福州，再由福州转往广州或上海出口到世界各地。美国旗昌洋行利用轮船运输茶叶优势，迅速垄断了闽江流域的船运权。

琼记洋行是旗昌洋行的合作人，道光二十年（1840）后，奥古斯汀·赫德（Augustine Heard）和约瑟夫·柯立芝（Joseph Coolidge）离开旗昌洋行，组建琼记洋行，鸦片战争后开始进入中国做贸易。琼记也是在咸丰四年（1854）为了收购武夷山区的红茶到福州设分行。他们以威勒（G.F.Weller）作为福州分公司的代理人，雇佣广东人唐隆茂、阿启做他们的买办。随后，由于茶叶生意的暴利，唐隆茂成立自己的茶栈，与洋行做交易。这些洋行都十分依赖这些广东买办。

美国旗昌洋行开辟福州闽江航运茶叶的做法成功后，其他洋行纷纷效仿。法国、德国、俄国、荷兰、日本等国家也纷纷在仓前山一带设立领事馆并派驻领事，领事多由企业高管担任。此后，各国在福州为茶叶贸易而展开角斗。《海关十年报告》（1831—1881）中称："福州也开始成为世界茶叶贸易的著名中心地。"

美国是继英国之后第二个在福州设立领事馆的国家。咸丰四年（1854），克拉克先生（D.O.Clerk）被委任美国代理领事。同年，英国也将福州口岸的领事职位级别提升到正领事一级。鸦片战争后，广州的公行制度废除，旗昌洋行势力伸入五大通商口岸。那时，美国驻华领事几乎都成为旗昌洋行股东，而旗昌洋行的高管都是"商人领事"。

为了摆脱买办的控制，保证茶的品质，旗昌洋行和琼记洋行是最早到武夷茶区办厂的洋行，或者单独与茶栈进行交易，然后茶叶包装运回国。他们也利用预付制即预付定金给山户以此保证茶叶质量，避免自身的损失，并同时控制了茶叶从生产到销售的全部环节。由于当时福州市场尚未开发，茶经纪人因贫穷缺乏信赖，为了保证信用，旗昌洋行就用鸦片和现金来换取茶叶。

咸丰十一年（1861）开始，美国商人成功建立起东亚最大的商业船队。其中最成功的是美国旗昌洋行。旗昌洋行开辟福州闽江黄金水道后，他们的轮船在福州海域、内河间频繁出入，控制了福州的江海航权。同治元年（1862），美国旗昌洋行添加"福建"号轮船，营运上海到香港的航线，中途皆停靠福州。

福州市档案馆有一张19世纪70年代的美国旗昌洋行的照片。照片上，尚未被李鸿章的轮船招商局收购的旗昌洋行，临江的建筑十分豪华，鹤立于周边林立的洋行大楼。其洋行位置就设在今观井路西段。

当旗昌轮船公司大发横财时，清政府的洋务派十分不甘心。为了挽回航运权利，李鸿章向清政府提出成立新式轮船运输公司。同治十一年（1872），中国江海轮运力量发生变化。官督商办的中国第一家新式轮船运输公司——轮船招商局（简称招商局）成立了。紧接着，英国怡和洋行、太古洋行（The China Navigation Company，Ltd）相继创办轮船公司，参与中国航运竞争，打破了旗昌洋行在长江和北洋两条航线的垄断地位。接踵而至的海运大战导致美国旗昌洋行的轮船公司不堪重负，衰败下来。

光绪二年（1876）8月，盛宣怀、唐廷枢、徐润向李鸿章请示收购旗昌轮船公司。为筹巨款，盛宣怀、唐廷枢、徐润纷纷游说两江总督沈葆桢，劝其奏拨官款。为了国计民生，沈葆桢筹拨了苏、浙、赣、鄂等省官款共100万两，帮助李鸿章的招商局完成产业收购。旗昌轮船公司就此宣告结束。

2006年，福州在南江滨大道的建设工程中，旗昌洋行大楼被拆除了。

英国太古洋行

英国太古洋行（Bullerfield & Swire CO., LTD.）中译名是"太古股份有限公司"，简称太古洋行。

同治五年（1866），英国太古洋行成立中国海船组合（China Coasters），投入5艘轮船定期在上海与福州之间航行。同治六年（1867），英国太古轮船公司成立，太古洋行在上海设立分行，同治九年（1870）在香港设立总行。同治十一年（1872），太古洋行看到中国沿海城市的货运量大增，成立太古黑烟囱轮船公司，在英国建造一艘载重量两三千吨的轮船，专门航行中国沿海各口岸，另外建造小船航行于中国内河，操纵中国沿海、长江及珠江航运线路。此后，太古洋行又成立美亚公司、蓝烟囱公司，专门经营中南亚、美洲及欧洲三条航线，代理十多家欧美轮船公司业务,航线遍布全球。

同治七年(1868),仓山区的万春巷有一座天兴洋行(E. H. How & Co.)的大楼,坐西面东,东面带有面积很大的花园。同治十一年(1872),太古洋行在福州开设分号。光绪十七年(1891),太古洋行购买天兴洋行的这座建筑后,将其总部设于此。万春巷因此旧称"太古坪"。当时能在福州设立洋行总行的不多,太古洋行在欧美洋行中很有实力,说明对福州贸易的重视程度。这里现为仓山区教师进修学校。

光绪二十七年(1901),太古洋行在香港投资开设太古船坞重型工业,取得欧洲的轮船公司及厂商的代理权,业务发达。除了航运业务、进出口杂货生意,兼营保险业务。光绪十年(1884),投资炼糖工业。因英国开发南非洲,需要大量劳工,太古洋行也在中国招收契约华工。

19世纪80年代末,印度、锡兰(今斯里兰卡)、日本茶叶大量涌入国际市场,福州口岸的茶叶出口受到致命打击,由原来的每年输出77万多担下降到每年35.1万担,到20世纪初直落到十多万担。此后,福建茶叶便退出国际茶叶市场。

外国驻福州领事馆往事

《台湾对外关系史料》记载:"遵查福州口自通商以来,外国商民来南台地方贸易,均各设立领事官驻扎福州,管理通商事务。"福州开放为五口通商口岸后,欧美各国纷纷跑来设领事馆。领事馆的领事最初由洋行的高管担任,比如怡和洋行、旗昌洋行的高管都是领事。他们设领事馆的目的主要是为这些高管与清政府进行贸易谈判时提供便利,因此赋予他们领事官职。他们或是领事商人,或商人领事,其目的在于处理商务。

当年在福州设置的外国领事馆有17家,但实际能提供资料佐证的目前仅有15家,官方确定的领事机构只有英国、美国、法国、俄国、德国、日本。道光二十五年(1845)英国驻福州领事阿礼国到福州后,向福建布政使要求划出仓前山及泛船浦一带作为英国专有租界,遭一口拒绝。

据英国驻福州领事卫京生记述："1858年年底，最少有5位先生自称是领事，分别代表法国、西班牙、丹麦、汗堡、瑞典、挪威等国，加上原有的英国和美国的领事。他们的姓名是英文姓名，令人疑惑他们或许不是真品，不过是商人代庖而已。"

当时设在仓山的各国领事馆建筑大致保持其本国的建筑风格，多为两三层西式楼房，瓦屋顶四面倒水，外墙弧形或折叠形。有的室内设有"走廊楼"或"环绕走廊"，内装修考究，采用拱券、柱廊、线脚，以高级木料作护墙板。如建于咸丰四年（1854）麦园路的原美国领事馆，室内一向设门，二向设窗，门窗高大，采光通风条件极佳。公园路8号原俄国领事馆，建于同治四年（1865），宣统三年（1911）被英国圣公会改为"三一学校"，中华人民共和国成立后曾作为福州第九中学办公楼，今是福州外国语学校。该楼双层砖木结构，楼内中间过道，两旁对称前后各一室，室内一向设门，二向开窗，窗上部拱形，木框玻璃，并安装铁栅。

至今，烟台山仍有建筑遗存的只有美国的领事馆两座、德国领事馆一座、法国领事馆一座。法国领事馆是法国领事官邸，也是时任领事、著名剧作家保罗·克洛岱尔（Paul Claudel）的住宅。这些建筑所在位置多集中于乐群路、麦园路一带。

根据烟台山管委会提供的资料，将其罗列如下。

英国驻福州领事馆

建馆日期：咸丰五年（1855）。

地址：仓山乐群路3号（今改为4号）。

领馆级别：正领事级。

美国驻福州领事馆

建馆日期：咸丰四年（1854）。在此之前美国的一切侨务由英国驻福州领事馆代办。

地址：仓山乐群路15号（今麦园路25号）。

领馆级别：正领事级。

法国驻福州领事馆

建馆日期：咸丰十一年五月（1861年7月）。

地址：仓山乐群路4号及爱国路12号（今乐群路5号及对湖路2号）。

领馆级别：咸丰十一年（1861）7月至同治八年（1869）为副领事级，同治八年（1869）升格为正领事级。

西班牙驻福州领事馆

建馆日期：同治二年（1863）。

地址：仓前山。

领馆级别：未定。

葡萄牙驻福州领事馆

建馆日期：同治二年（1863）。

地址：泛船浦。

领馆级别：未定。

荷兰驻福州领事馆

建馆日期：同治二年（1863）。

地址：仓山麦园路1号（今仓山影剧院）。

领馆级别：副领事级。

丹麦驻福州领事馆

建馆日期：同治二年（1863）。

地址：仓前山。

领馆级别：副领事级。

瑞典、挪威驻福州领事馆

建馆日期：同治二年（1863）。由德国驻福州领事馆代理。

地址：仓前山。

领馆级别：未定。

德国驻福州领事馆

建馆日期：同治三年（1864）。

地址：仓山进步路16号（原福建师大生物系，今时代中学内）。

领馆级别：未定。

俄国驻福州领事馆

建馆日期：同治四年九月（1865年10月）。

地址：仓山公园路三一中学内（今福州外国语学校，即福州第九中学）。

领馆级别：未定。

日本驻福州领事馆

建馆日期：同治十一年九月（1872年10月）。

地址：鹤岭（爱国）路12号（今对湖路2号）。

领馆级别：同治十一年至光绪二十五年（1872—1899）为副领事级，光绪二十五年（1899）后升格为正领事级。

奥匈帝国驻福州领事馆

建馆日期：光绪六年（1880）。

地址：仓前山。

领馆级别：未定。

比利时驻福州领事馆

建馆日期：光绪二十六年（1900）。

地址：仓前山。

领馆级别：未定。

意大利驻福州领事馆

建馆日期：光绪二十八年（1902）。

地址：仓前山。

领馆级别：未定。

墨西哥驻福州领事馆

建馆日期：光绪二十九年九月（1903年10月）。

地址：仓前山。

除了领事馆，教会创办的学校、医院、教堂也密集地出现在仓山区领事馆所在的区域，成为福州集经济、政治、文化、教育、医疗、宗教等各重要领域的新兴城区，也带动了福州经济、文化教育、医疗行业的发展，成为福建最发达的地区。其时，每逢福州发生骚乱，各国领事馆都有外籍军人把控，不准中国人通行，自视为"租界"。抗日战争全面爆发后，各国领事相继撤离，仓山各国领事馆自行停止活动。

英国驻福州领事馆

英国驻福州领事馆的建造时间，有两种说法，一种是清咸丰五年（1855）；据英国领事卫京生的文章《早期的通商口岸福州》记载，是咸丰九年（1859）建成英国领事馆，地址在仓山乐群路3号。

根据《福建福州的古代建筑》网介绍，英国领事馆建造在郁郁葱葱的古老林间，环境清幽；入门可见花园与草坪，一栋坐北朝南的白色欧式双层砖木结构楼房在绿林中十分耀眼，上下两层各分四大开间，共计8间；周边均为通廊贯通，建筑面积551平方米，窗、门为长方拱形设置；中间阳台悬挂英国国旗。办公楼西向建有一座正方形双层欧式白色住房，为英国领事居住；办公楼北边坡面朝向闽江，沿坡建有英国式单层职工宿舍。上述建筑总面积约1300平方米。1967年，英国宣布出售该领事馆建筑，由福建省军区购买。1973年，福建省军区将其拆除，建成疗养院，现为"红军园"。

道光二十二年（1842）《南京条约》签订后，英国政府派往福州的领事是郭士立，即前文介绍的英东的医生、普鲁士籍的传教士。他于道光十二年（1832）和胡夏米到福州以售货为名，秘密侦查福州城市的通商条件和情况。当英国政府发现郭士立是普鲁士人后，道光二十三年（1843）4月6日秘密通知福州暂停开市。

道光二十四年（1844）6月30日，英国政府任命著名的汉学专家李太郭（G.Tradescant Lay）担任首任驻榕领事。李太郭到达福州的情形，英国驻福州领事的档案中有记载，李太郭的两个儿子李华达和李厦门（Walter and Amoy）在海关工作。李太郭来中国最初是代表大英国圣公会（The British & Foreign Bible Society），年薪1500英镑。英国政府允许他聘用两个以上的中国助理和一个中国翻译员，并派轮船"恶意"号（H.M.S Teamer "Spiteful"）专送他和他的职员到达工作地点。那时，英国政府特派轮船送领事去任职是很稀罕的事。李太郭一行人到达闽江口后，英国的轮船就随即驶离。接着，香港一家报纸记述李太郭抵达福州后的情形，说："他们让领事官在最不体面的形式下雇一艘本地小船，自己摸索上任，没有享受任何礼节和尊敬，似乎他不过是一个平常的珠宝贩。"李太郭的上司是香港总督德庇时爵士，看到新闻后非常愤怒，认为一个领事官这样的举止是严重的冒失行为，而且当时在福州的英国侨民只有李太郭一行人，要求李太郭对这件事做出说明。但李太郭未作答复，第一件事就是去寻找领事馆馆址。

闽浙总督刘韵珂、福州将军敬穆、福建巡抚刘鸿翔得知李太郭动向，与福建布政使徐继畲商量后，让地方官在鸭母洲找间民房给李太郭租住。李太郭对这一住处的评价："就是给予最卑贱的欧洲人居住也是不适宜的。"但除了先住下来外，他没有丝毫取舍的余地。因为福州地方官表示，老百姓不同意领事馆设在城内，政府对此也毫无办法。李太郭把这个情况呈报他的上级——香港总督德庇时爵士。香港总督向钦差大臣发出一道强硬通牒，内称："福州海口，前蒙大皇帝恩准该国通商，兹特将李太郭派为领事，带人前来开市，呈乞查照等情。"

道光二十四年（1844）9月，香港总督特意到福州来查看码头和李太郭的住宿详情。徐继畲出城接洽。此次交涉后，徐继畲等官员担心事态恶化，又接到李太郭的信函，担心城外恐有水火盗贼，恳求入城居住，便同意了李太郭入城租房。

李太郭想租赁白塔寺的房屋居住，但被福州地方绅士李有年呈请遇阻，此后与乌石山上的积翠寺和尚协商，租用了庙宇的一部分。道光二十五年（1845）2月，李太郭等人迁入居住，英国驻福州的第一个领事馆就设立在积翠寺内。英国国旗第一次在福州升起。他们为何选择积翠寺呢？郭柏苍的《乌石山志》记载："二十四年冬，夷人入福州，首居是楼，官不能禁，游人绝迹。"其实因为乌山是风景秀丽之处，从此看福州，近背城市，远见江海，江城如画楼，楼前双松拱立，涛声绕檐，名家题咏满于寺壁。闽浙总督刘韵珂与福建布政使徐继畲认为，福州"其城乃城中之山林，寺屋建于高阜，山上毗连城垣，居民互相隔绝，并无华夷杂处之嫌"。其他国家的商民则集中在南台中洲、观音井一带租房居住。

福州绅民李有年对此非常愤怒，认为地方当局处理不善。于是，李太郭发觉福州各阶层的民众对外国人抱有极端的恶感："这些人由于和外界隔绝因而产生无知，加上福州在鸦片战争中未遭到破坏，滋长了他们自命优越的傲慢和无礼的偏见。"他们初到福州的头几个月，福州高级官员拒绝与他们沟通，直到当年十二月末，徐继畬才在布政使的衙门接见李太郭。

刘韵珂在奏折中记述："李太郭等抵寓后，欲赴各衙门谒见。臣等因该夷甫经到省，未便即令进城，致骇观听。"刘韵珂认为，李太郭初到福州，如果马上与他见面，未免有亏体制。藩司徐继畬等于道光二十四年（1844）7月3日在城外空庙，传令李太郭觐见，"该夷等执礼甚恭，李太郭能作华言，语词极为驯顺"。

这次拜访是李太郭第一次进福州城，对福州城的印象十分得好，并得到友好的款待。这次访问后，他和福建地方要员们的友谊有所增进。他迁住乌石山后，对担任的领事职务很满意，把积翠寺的前院打造成符合英国罗曼蒂克的庭院，当作私人住宅和驻榕领事馆。半年后，香港总督通知他调往厦门，他显得极不情愿，未成行前曾向香港总督提出抗议，结果到厦门不久就病逝了。

香港总督认为，福州口岸需要一个强有力的领事去对付。道光二十五年（1845）3月，享有盛名的厦门领事阿礼国（Rutherford Alcock）调来福州填补李太郭的遗缺。阿礼国随带自己的妻子和一个翻译员巴夏礼（Harry Parkes），同样居住在积翠寺中。阿礼国的妻子是第一个到福州的外国女性。

阿礼国和巴夏礼在福州期间，非常细致地观察、研究了福州纸币和钱庄业务，在《The Chinese Repository》中写道："在福州，纸币被广泛应用于流通领域，很受人们关注。银行（钱庄）系统从事有关的业务。这是该地区商业贸易最为显著的特征之一。"阿礼国向香港总督报告，福州官方和百姓都难以应付。香港总督就送一道语气强硬的公文给福州官方，声明除非局势有了好转，否则英国政府要自己动手保护侨民，很快一艘英国炮舰开到闽江口。福州官方被迫贴出告示，要求百姓不得再制造针对英国侨民的事件。

阿礼国在福州还处理了口岸划界。他认为这是达成福州口岸的商务迅速成功的目的，由此让怡和洋行的纪连来福州开展贸易，但失败了。

阿礼国在福州待了一年，深入地调查福州地理等状况，发现福州不论水路，还是山道，通往外面的道路崎岖坎坷，令他怕得再也不想在此任职了。阿礼国于次年8月被调升上海领事。他在福州、上海领事任内撰写了8份长篇报告，把中国通商口岸研究方法和基本认知一一汇总在道光三十年（1850）的报告中，从而改变了英外交部用新口岸交换福州、宁波的判断，并使长江流域进入英国扩张的视野。

阿礼国的报告还体现他对中国口岸研究的概况，即福州工作时的成型期，与上海任职时的成熟期。他能利用自己在中国不同通商口岸的领事身份，从中国自身的贸易市场视角来审视、总结各口岸的贸易条件、实力、潜力，由此打破从单个口岸认识中国贸易的狭窄视野，并由此比较中英贸易的问题；又通过大量搜集发掘中文情报，提供领馆数据都无法显示的中国背景信息，帮助英国更全面地了解清政府统治下的中国、如何摆脱中国商品的控制，又能制造能征服中国百姓的商品，由此把文化、思想都传递到中国的各个角落。

因为福州贸易不顺利，英国商务总监想舍弃福州口岸。阿礼国给商务总监的公函中表示，《贸易报表》如果仅有西方在中国的贸易信息是"局限性的观察模式"。因此，他的情报内容更多转向中方的贸易数据，并采取了四种办法：第一种是安排他的翻译巴夏礼通过福州知府衙门、福州地方志、闽海关档案等获取官方数据；第二种是让巴夏礼搜集福州普通劳动力工资、生活必需品价格、房租以及土地收益、华商资本的流向等情报；第三种通过追踪福州出口土货的来源地和运销路线，发现福州对外贸易往来历史悠久，近的与毗邻的沿海省份、内陆地区，远的与日本、琉球、东南亚等国均存在贸易往来，但明朝以来海盗骚扰边境，海洋贸易受到影响，只有琉球依旧以朝贡贸易形式在坚持，琉球的贸易促使国内大量土货经内陆贸易线路被贩运至福州出口；第四种采用交叉互证的方法，在多类资料互证的基础上进行对比分析，拼凑出福州贸易的完整图形。

阿礼国强调因为福州走私频发、清朝海关贪腐，使得英国领事馆统计的英国合法贸易船只仿佛人间蒸发，居然一艘都没有来过福州，但实际情况并非如此。这也直接导致《贸易报表》的数据显得寡少、不真实，让英国商务部误解"福州对英国工业品无需求或需求太少"。他在《福州贸易二次报告》中首次将搜集和解读中文情报内容，转变为弥补《贸易报表》统计缺陷、客观认知口岸贸易的方法，经由福州基层的劳动力工资数据、生活必需品价格和他对福州商业街道的走访，"有力地证明（福州）存在一个庞大的内陆贸易"。他急于提交福州的贸易数据给商务总监，认为他准确地把握了福州贸易实情，证明福州拥有丰富的资源，值得开发为贸易市场。

他通过"中国海洋贸易"（Native Maritime Trade）和"中国内陆贸易"（Native Inland Trade）两个维度分析福州贸易。明清时期，中国海洋贸易网络逐步成型，尤其沿海的城市商民利用民船出海与海外国家进行贸易往来；中国内陆贸易网络以内陆长程贸易为主，形成国内商贸运销市场。在内贸中，阿礼国发现福州与苏杭的贸易最为重要，其次是通过汉口与西部地区进行的贸易。

道光二十六年（1846）8月，阿礼国调任上海领事后，发现"上海贸易与中国内陆贸易、海洋贸易和南部各口岸的国际贸易紧密相连，仅从英国在沪贸易的孤立角度看上海贸易，难以全面客观地看清贸易问题"。因此，他在《贸易报表》外，在福州口岸研究的基础上另外撰写5份报告，对外国船只在中国海洋贸易中的作用、中国贸易税收和英国在华贸易前景等问题进行系统论述。

对中国内外贸易条件和网络情况了如指掌后，阿礼国十分自信地认为，应该透过中国内贸市场来了解中国通商口岸的贸易现状和潜力。他强调，中国的内陆贸易重于海洋贸易，苏州、杭州应开发为中国的新开埠口岸。英国最初希望进行海洋贸易，因此以武力打开东南五口通商口岸，以此为跳板来建设符合英国利益的海运优势，构造能提供英国所需的海洋贸易市场。但阿礼国的报告让英国商务总监十分吃惊。

咸丰元年（1851），巴夏礼在广州任领事时，与钦差大臣、两广总督叶名琛发生矛盾；咸丰六年（1856）10月，英殖民主义者利用"亚罗号事件"制造战争借口；咸丰八年（1858）1月5日，英国军队侵入广州城内后，巴夏礼带一队水兵抓住叶名琛；4月26日，英法联军溯白河而上，侵入天津城郊，并扬言进攻北京；6月13日，清政府被迫和俄、英、法、美签订《天津条约》。天津条约签署后，广东官员为取巴夏礼的首级，招贴巨额悬赏广告。清政府自以为是世界强国，孰料，外国列强为了打开中国的自由贸易大门，从传教士、商人、官兵到高官，都在极其深入地了解、研究中国的各个领域，倾城倾国地扑袭而来。

　　若逊之后，担任驻福州领事的还有道光三十年（1850）3月的金执尔（Gingell），几个月后是阚那（Connor）。咸丰元年（1851）2月28日，阚那病逝在福州，葬在福州南门外岭头尾官山。此后，华尔克（Walker）一直担任到咸丰三年（1853）年底，继续由金执尔担任。

　　咸丰四年（1854）3月，宝顺洋行的代表嘻利先生（F.G.Hely）在英国驻福州领事馆注册购买土地。这是第一个在福州购买土地的洋行。他购买的地皮位于观音井大岭顶临江处，临近天祥洋行。1918年，宝顺洋行房产归黄贻益所有。同年，英国的杰尔萌先生（Gilman）在英领事馆注册购买福州何炳林的房子基地。同年，英国领事承租天安寺双江台空地设领事馆，闽江口的鸦片船的鸦片都储存到岸上，福州官方公开默许鸦片买卖。英国商人都集中在观音井一带租赁房屋住宿和储存货物。

　　此外，还有英国商人威尔逊在原观井路12号、13号建办公楼、仓库等，是上海天祥洋行的福州分公司，经营糖、烟、酒、茶等进出口商品。1949年后，为福州市粮食局接管，当时还保存写字楼一座，单、双层仓库各一座，店面一间。写字楼后来作为福州市粮食局粮油三公司的办公楼。

　　咸丰五年（1855），由于福州商务的重要性，英国驻福州领事职位提升到正领事级，麦华陀先生（Walter Menry Medhurst）担任正领事。他和李太郭一样都是以传教士身份来到中国。

　　咸丰帝登基后，林则徐提出，根据《南京条约》，外国商人只能在闽江下游几千米外的通商区域经营贸易。英国驻福州领事麦华陀认同林则徐的意见。咸丰五年（1855），英国领事馆购买了天安寺双江台空地（今乐群路上的红军园内），咸丰九年（1859）后领事馆房屋完全落成。英国驻福州领事和职员正式迁入领事馆。此后，又有几个新的商行设在福州。

中英双方确定，在大桥以南的中洲岛和观音井一带，作为洋商区域。

咸丰六年（1856），英国联合美国、法国向清政府提出"修约"，要求开放中国内地、公使常驻北京、鸦片贸易合法化，皆被拒。同年10月，英国借口"亚罗号事件"，挑起第二次鸦片战争。就在这一年，英国领事购买了三块地皮，开始建造三座大楼，分别是位于乐群路的乐群楼、位于石岩路的抛球场（Fives Court Club）和弹子房（Billiard Rooms）。咸丰八年（1858），中英两国签订《天津条约》，英国在中国获得更多的掠夺特权。但在战争期间，中英商人间的贸易仍在进行。

道光二十五年（1845）最初来的7个英国侨民大多在福州染病身亡，把患病的原因归结为居住条件简陋、沿江环境不卫生，没有适合外国人生活的房屋。这时期，福州的英国商行多达21个。咸丰七年（1857）底开始，英国侨民们纷纷在仓山区观音井一带购买地皮建造适合自己居住的房屋，并和美国侨民共同集资，在乐群路上建造英美两国共同使用的石厝教堂（圣约翰堂）和一座牧师住宅。

咸丰九年（1859），李太郭的儿子李泰国（H.N.Lay）已担任海关总税务司来福州，目的是委派新一任的海关税务司华德（Ward）。咸丰十年（1860），英法联军攻入北京，设立公使馆。第一任英国驻华公使是普鲁斯（Frederick William Adolphus Bruce）。英国驻福州领事认为，中英关系的新纪元就此开始。

同治元年（1862），石厝教堂完工使用。同治二年（1863）开始，更多的外国洋行陆续进驻烟台山，在福州设桌球厅、5个网球场、一间阅览室和一间保龄球馆。同治八年（1869），英国领事馆大楼在乐群路竣工，还有办公室、住宅一座及乐群楼。光绪三年（1877），福州贸易总商会在乐群楼内宣告成立，由怡和洋行的负责人担任总商会主席。同年，乐群楼内成立"福州俱乐部"（Foochow Club）。这个俱乐部有两个社团，第一个叫作"万国扶轮社"，就在乐群楼内组织活动，活动内容就是舞会和联欢；第二个是光绪八年（1882）英国在公路兴建的跑马场，在内举办赛马会，洋人多数在那里打高尔夫球。德国禅臣洋行（Siemssen & Co.）的创始人希姆森（Siemssen），是福州俱乐部的主席。但凡涉及重要资源和领导地位的，怡和洋行绝不会放过，而像俱乐部这种娱乐性活动，就大方地让位给爱玩的希姆森了。希姆森喜欢摄影，于光绪二十年（1894）又组建福州摄影俱乐部。这时期，乐群楼的福州俱乐部是一个健康的活动场所。一楼是舞厅，二楼是图书馆，法国驻榕副领事、作家克洛岱尔在《札记》中写道："欧洲人的俱乐部总要有一个图书馆。"

20世纪三四十年代，国民党政府的高官、商人在乐群楼的活动内容大多以吃喝玩乐为主，以升官发财为主要话题，利欲熏心者趋之若鹜，觥筹交错中达成种种交易，酒酣耳热后开始自吹自擂、互相巴结、吹捧。舞会里经常传出销魂夜曲，成双成对的鞋子前前后后地进退、花裙子旋转不停，呈现活灵活现的福州"夜上海"。灯红酒绿、花天酒地的夜生活，仅限于洋人和高官、富商、汉奸，普通百姓却在被欺压的悲惨境地中苦苦煎熬。

乐群楼有一段不愿意被当代人提起的经历。1941年、1944年福州两次沦陷期间，日军占据乐群楼，将抓到的妇女关在这里，供其蹂躏，暴行骇人听闻。1941年沦陷时，汉奸记者姚震宇担任《新福建日报》的总编辑，为日军歌功颂德，把乐群楼内发生的慰安妇惨遭不幸的消息，当作喜讯刊登在报纸上。这里成了汉奸、日军的俱乐部，连驻扎在附近汇丰银行福州分行的中美合作所的美方情报人员都吓跑了。

1942年，《福建民报》负责《南风诗刊》的编务陈毓淦作诗《乐群楼》：

朱栏曲槛乐群楼，满座熙攘不识愁。
究竟此楼谁得乐？便便腹贾最风流。

陈毓淦在诗歌后备注，当时福州被称作"花园城市"，而发国难财的豪商巨贾，则是世上之佼佼者。

1949年后，乐群楼被辟为民宅使用。2009年6月，乐群楼被福州市规划部门列为一级优秀近现代建筑。2013年1月，乐群楼作为"烟台山近代建筑群"的一部分，公布为福建省级文物保护单位。

美国驻福州领事馆

咸丰四年（1854），美国政府委任旗昌洋行的克拉克先生（D.O. Clerk）代理驻福州领事。五年（1855），美国考虑在福州的商务利益重大，不能再由一个商人来代表，因此委派庄迦勒（Caleb Jones）担任美国驻福州领事。他们派驻领事时未设想建领事馆，因为在福州的美国洋行仍以琼记洋行和旗昌洋行为代表，他们设行的主要原则是抽取佣金（Commission Business），直至英国在华洋行联合起来对抗美国洋行时，琼记洋行和旗昌洋行才放弃只抽取佣金的原则，在福州竞相购买茶叶，并打算建造领事馆。

根据《福建福州的古代建筑》介绍，福州如今尚存两处美国驻福州领事馆建筑。一处是今天仓山区麦园路上的一座白色建筑，现为福州卫生学校图书馆；另有一座三层楼的华人员工宿舍楼，红砖木结构。以上两座建筑面积2076.68平方米。员工宿舍楼现已拆改为学生宿舍楼。

另一处位于仓山区爱国路2号。它和英国怡和洋行有关。怡和洋行建的洋行大楼就在今天爱国路2号，也就是今天的烟台山历史博物馆大楼。怡和同时在马尾建造英国领事馆分馆。这两座大楼都是靠山面江，便于观察闽江上的航运船只。尤其是爱国路2号的大楼所处位置与烟台山烽火台邻近，又是福州南郊重要的航道。从中洲岛仰望烟台山历史博物馆，其所处的地理位置绝佳，不仅依山傍水，且位于闽江南岸临江的最高点；从此俯瞰卧于仓山区和台江区之间的白龙江，距离近、视野开阔、景象清晰。

怡和洋行为何在这里建大楼呢？一是他们的茶叶大楼、仓库就在泛船浦，堆栈业务也在这一带开展；二是靠近英国驻福州领事馆和乐群楼，方便工作、生活、娱乐；三是便于观察闽江上的运输船只。

美国国会图书馆藏的同治七年（1868）地图上，爱国路2号大楼的标记是美国约翰福斯特洋行。同治七年至十二年（1868—1873），该楼是当时福州最大的茶叶贸易洋行——美国的约翰福斯特洋行（John Forster & Co.）在使用。这表明怡和洋行使用这栋大楼的时间十分短暂，福州历史资料中皆未提及这栋大楼的有关资料。为何使用时间这么短？因为怡和洋行在福州没有获得太多的利润，开始转向其他行业的投资。精明的怡和洋行就把这栋楼予以出租，这栋大楼遂有美国驻榕领事馆、数家茶叶洋行先后在此办公。

光绪十七年（1891），英国在上海的出版商出版的《Map of Foochow》中，该建筑被标注为天祥洋行（Late Adamson），疑是天祥洋行经理的住宅（天祥洋行在观音井另有行屋，一直保存至2006年）。

光绪十七年（1891）至1928年，《美国驻中国福州领事馆领事报告（1849—1906）》（Despatches from U.S. Consuls in Foochow, China, 1849—1906）明确记载，美国驻榕领事馆曾租用怡和洋行产业，在该建筑内办公。

福州市档案馆有一张拍摄于宣统二年（1910）的中洲岛老照片。照片上最高的建筑物就是位于爱国路2号的英式建筑，巍峨耸立在烟台山上，成为当年仓山的地标。

据福建省图书馆藏的1928年福州工务局制《福州市全图》，美国驻福州领事馆仍在爱国路。1936年日本制的福州市街图显示，标注为"烟台"的位置就是今天的烟台山公园，公园门口是明真庵，庵后是盐运署，盐运署往后，烟台山公园的后方，该街图标注的是英国领事馆和米领事馆前。乐群路将英国领事馆和米领事馆前分隔在路的两边。英国领事馆后是天安寺、天安堂。乐群路往南是石厝福音斋、日本领事馆。日本领事馆的西北侧是美领兜。日本领事馆位于今天对湖路的邮政局一带，对面就是现在的马厂街，当时马厂街称作"球坊后"，附近还有"东瀛宿舍""拍球坊"。

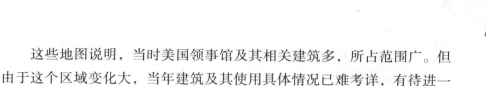

这些地图说明，当时美国领事馆及其相关建筑多，所占范围广。但由于这个区域变化大，当年建筑及其使用具体情况已难考详，有待进一步了解。

红茶出口后时代

最初，葡萄牙、西班牙、荷兰、英国运到中国的商品都产自其本国，国人以为罕见之物而购买，但新鲜感消失后购买欲大大降低。外商在华旅居日久，深入了解中国风土人情、喜好后，揣摩国人之意来制造并销售商品，国人开始时抢购一空，日渐使用习惯了，变成一种依赖，需求量越来越大。洋人生意自然兴隆，白银不断流往外国。而华商制造的商品未经过深入研究，不懂得迎合洋人的需求。只有茶叶为国产自然之利，但到了19世纪80年代末，茶市开始衰弱。至今国人仍疑问，为何中国茶市衰退如此严重？为何外商模仿中国茶叶种植、制作的速度这么快？

在中国近代史上，福州地区确有其发展对外贸易的优势，从光绪六年（1880）的茶叶出口占比达到38.2%的最高峰到1915年下降为最低的6.8%，可见19世纪后半期福州对外茶叶贸易所呈现的繁荣景象，如昙花一现。中国茶叶出口迅速衰老由多种因素造成，以下分析共13条。

首先，是茶叶的预付金制度。在本书第六章"开埠不开市"中介绍了广州十三行垄断"内地收购"茶叶的权利，后来该做法引发外商也直接到产茶区买茶，同治元年（1862）竞争购茶现象非常严重，欧洲的茶叶市场茶价却开始低落，美国琼记洋行决定放弃内地竞争，只在福州港口的茶叶市场购茶。

第二，价格问题。茶叶贸易鼎盛时期，每年售出茶叶到国外，值银2905万两。但是在茶产区，茶叶购买竞争非常激烈，茶庄、茶栈欺压山户，即使茶叶市场繁荣时，山户依然贫困。同治四年（1865）后，英国茶税自1磅1先令下降至6便士，茶价因此提高但波动巨大，导致英国市场对茶的需求多寡及茶价之高低严重影响中国各茶港茶市的交易。同治六年（1867）福州茶每担高涨3两时，伦敦市场上却出现存货滞销，只能廉价出售，导致中国茶商亏损。而中英茶商都梦想和从前一样创造辉煌，在伦敦售出高价茶获得暴利。但英国茶叶市场日渐供过于求，茶价快速下跌，得利的只有中国茶栈和茶庄。有时英国茶叶市场价格高，中国茶叶市场价格也非常高，但很快下跌是因为茶叶质量不佳而滞销，使茶叶店不得不降价，行情又开始高涨。市场的反应总是不稳定，也使得在中国经商的英国茶商十分关注英国的茶叶市场反应。中国茶商尤其福州茶商更是亦步亦趋地只能受制于英国茶商。为了挽回经济损失，英国商人想方设法压低茶庄的价格。光绪七年（1881），福州茶商为挽救市场，以亏损的低价与印度茶竞争，结果出口量虽高，收益却比六年（1880）下跌300万两。

第三，茶的口味和品质问题。中国与英国的茶叶评价标准不同，雷氏洋行（Rathbones & Co.）为了建立各贸易港的茶品质标准，于咸丰十年（1860）与洋泰洋行（Birley，Washington & Co.）合作。洋泰洋行在广东、香港、福州、厦门和汉口都有分行。雷氏洋行与洋泰洋行的所有分行经常交换茶叶样品，建立茶叶评价的样品制度和决定品质的方法。由于受到高茶价的诱惑，为了更多更快地倾销茶叶，导致茶庄制茶时烘焙功夫不足，筛分茶叶也不仔细，茶叶破碎的多，产生很多茶末，包装时茶末混入好茶中，甚至为了逐利，以三春茶混入头春茶，以旧叶混入新季茶中，丧失了新茶自身的香味，遂使出口的茶叶品质不断下降。同治九年（1870）开始，英国商人就将廉价的福州茶与印度茶混合成为一种新茶销售，以此获得高于只卖福州茶的利润。久而久之，英国商人的这种混合茶，以及逐渐培养的印度茶口感，导致中国茶不再适合英国人的口味。19世纪70年代晚期，印度、锡兰、日本茶成为国际竞争对手。光绪十一年（1885），英国人根据市民的口味需求，在印度机械化生产大量红茶。而且印度茶、锡兰茶的浓厚味道特别适合西欧人加牛奶的饮茶习惯，更受欢迎。馨香淡薄的中国茶如果添加牛奶，反而会丧失芬芳韵味。中国的禅茶文化使得中国人喝茶不仅解渴，也是修身养性的文化，不提倡在茶里加牛奶或其他食物。当时，中英两国为了满足各自市场的需求和盈利，两国的茶叶评价标准由此发生本质的区别。

第四，官府茶税之重是一大弊。本书开篇即提及8世纪末唐德宗时开始征收茶税，北宋时由政府支配茶的生产与流通，产茶的称作园户。茶商缴纳消费税以领取茶引，再向已在政府登记的园户买茶。为了防止茶商偷漏税，政府设关卡检查茶商是否已缴纳茶引。清代的茶引也表示茶的重量，一引为100斤。五口通商后，随着进出口贸易业务的增加，福州的报关业也相继兴盛发达，巅峰时期仓山区有60多家报关行。报关行的数量直接反映出税收的多寡。

咸丰三年（1853）开始，规定商人不论到哪里买贩茶叶，必须在当地支付起运茶税，每百斤付银一钱，由县验税给照，方准贩运他处。福州南台的闽海关征税根据南台各茶商佥议，定以每大箱净茶55斤，收厘捐银二钱，另收厘余银四分。小箱以27斤半为率，收厘捐银一钱，另收厘余银二分。袋茶、篓茶每百斤收厘捐银三钱三分三厘，另收厘余银六分六厘六毫。全省茶叶征税，尤其浦城、崇安、光泽、上杭等处无海关税可凭，全部按照南台茶商议定的章税，分别按照大小箱袋篓按斤计算。

"闽省则又以崇安所产为最着。是以从前商贩皆集于崇邑。其别县所产之茶，皆携赴崇安出售。由崇安南关纳税，运赴各处营销"。由于武夷茶名气大，来此购茶的商人多。其他县的茶也都挑到武夷（旧称崇安）出售，尤其红茶出口有暴利，清政府就在崇安南关统一纳税一次，在运输红茶的水口、松溪、三都等地也不断增设税局，加多厘卡，竭力抽征。茶商经过关卡，所收的茶税多寡不一，其中有起运税、运销税、厘金、军饷捐等，所征茶税每百斤银一两九钱八厘五毫。闽海关征收茶税规定的标准是每担一两五钱，或一两，或不及一两，较之上海之每担按照税则征银二两五钱者，大有区别。

福建的"内地收购"做法，洋行到产茶区买茶，负责运输的茶庄要支付所有的内地税。从武夷山到福州的通过税也比江西的产茶区到九江的税负重。由于落地税的征收对象是茶庄，因此茶价必然高。层层抽税也导致很多茶商吓跑，开始往别的县买茶，绕道出贩，就可以逃避崇安的重税。崇安的关税渐形不足时，清政府又在产茶旺盛的建安等县添设起运茶税，平均一担茶要纳税四两四钱。茶商不堪重负，就想方设法地偷工减料或者不断压低茶农的茶价。茶税和茶价由此形成反差。除了福州，其他通商港埠也都如此。比如，温州地方政府也在通路上设立多道关卡征收厘金茶税。英国驻温州领事报告说，有很多茶，茶中间商人急于出售，外国商人又急于购买，但道台设卡阻拦。结果这些茶由外国商人收购后顺路运出。这条运输线路虽然相当困难，但由于惧怕温州夺去福州的茶叶贸易，福建当局决定对从福建省通越边界到浙江省的茶征收重税，使得这条路线更为需要。茶中间商人深知运茶到这里的好处，因为万一不能在此港出售的话，还能在此装船，运输至上海或福州市场，比自茶产区经陆路运往福州的便宜。

随着港口开放增加，外商就想寻找比福州更近的港口。因为武夷茶顺闽江而下的路线比较危险且不稳定，而武夷茶产地距离温州更近，所以，温州开港后，福建地方政府为了阻止茶商到闽浙交界的福鼎白琳镇买茶、烘焙，包装后经由温州出口，就在福建境内设置许多厘金关卡。当时征收通过税每担1.4两。直至光绪三年（1877），温州只有一家怡和洋行在经营茶叶，所以，茶中间商人觉得温州茶叶市场缺乏竞争力，仍然继续运茶到路程较远且运费更贵的福州。

第五，交通革命，轮船代替了运茶快速船。同治八年（1869）苏伊士运河通航以前，英商运输华茶必须经过好望角，一般帆船要行驶120天左右。即使抢运茶叶的快速船比赛，最快也要89天。新航线的开辟，大型轮船逐渐取代运茶快船，海路因此缩短，从福州到伦敦的运输时间从120天减少为50天至60天，缩短了一半的时间，危险性也得以降低。英国洋行之间不再进行竞争，而是联合运输，使许多运茶的轮船能同时抵达伦敦，运输成本因此降低了。当武夷红茶运到伦敦不再困难时，它的价值随着价格一落千丈，不再是稀奇难得的金贵商品了。福州的茶叶贸易基本掌握在以大洋行为主体，以自存自销为主要方式的"王侯商人"（Prince Merchant）手中。

第六，电报业的发展。19世纪40年代，西方国家已经掌握架设陆上电线技术，50年代便能够铺设海底电线。同治五年（1866）英美之间成功架设横越大西洋的海底电线。70年代欧洲通往中国的海底电线也铺设成功。海底电线的铺设，彻底告别了信息传递困难的时代。拥有自己轮船运茶的外商想了解各地的茶价越来越容易，因为电报设施发达，可以在接到订单后立即在各地找到买主，直接从当地运茶到伦敦，从而影响了中国茶叶市场的价格。英国商人甚至说："商人打出一个电报便能在6个星期后，收到他所需要的任何订货。"这样可以避免伦敦商人在福州大量囤货。

英国大东电报公司早在道光二十二年（1842）就想在闽江口的川石岛架设电报站，但遭到洋务派大臣的一致反对。同治十三年（1874），丹麦大北电报公司擅自架设从福州泛船浦到马尾罗星塔的电报水线。随着内外环境的共同影响下，洋务派认识到电报在军事外交方面的价值。同治十年（1871），上海和伦敦之间的海底电线铺设成功，使洋行控制中国茶叶的出口更加容易。

光绪二年（1876），清政府从大北电报公司手中买下福州电报线路的使用权，收归官办。同年，左宗棠在船政学堂中设立电报学堂。十一年（1885），台湾省首任巡抚刘铭传花费9万两银子，从英国购买一艘"飞捷"号炮舰，作为水线船。十三年（1887）9月中旬，一条从台湾淡水至福州川石的海底电缆终于铺设成功，并于10月11日对外开始营业。这条水电线直达福州，但不接至厦门。凡厦门有事电传，则经由福州转达。而福州方面，则开辟泛船浦到马尾、长门（炮台所在地）的电报线路。光绪五年（1879），清政府又架设福州南台（今福州台江）经鼓山到马尾陆线一条，在福州南台、马尾、长门设立省营官电局。福建省最早的一批电报机构创立。光绪九年（1883）2月，官督商办的电报局开始架设沪、浙、闽、粤电报陆线福建省内段，次年，设立福州电报局（官督商办），经营电报业务，民用电报也逐渐发展起来。英国人在闽江口川石岛设立大东电报水线公司，铺设上海至福州连江的川石、川石至香港的海底电线。

虽然福州的电报业已发展起来，但国际远洋轮运业的发展、国际电讯事业的兴起，彻底改变了中西贸易的经营方式。在中国贸易的英国商人，通过电报可以迅速了解国际市场情况。而中国的商人则对世界市场一无所知，无法控制贸易局面，被动地根据外商的需求进行生产和供应，导致中国茶叶市场受制于人，只得依据他们的标准出口。至今，位于台湾海峡的海底电缆竞争依然在激烈地进行中。

第七，银行控制金融市场。由于运茶交通路线和船只、电报线发展情况的变化，促使贸易金融周转也发生变化。最初信息闭塞时，中国商人决定市场价格，而伦敦市场的茶叶价格基本控制在英国商人手中。咸丰十年（1860），福州产生汇兑市场。有了电报后，伦敦的汇票可以利用电信通讯来兑换，增强了洋行在茶贸易上的影响力。同治九年（1870）后，华商与洋行交易主要使用长期汇票。当时兼营金融业务的洋行因此都陆续退出金融活动领域，比如，美国的旗昌洋行在咸丰十年（1860）放弃汇兑业务，汇丰银行把业务转向银行。这些外国大银行开始借贷给中国茶商，并逐渐取代大洋行在押汇货款和票据贴现方面的作用，控制了中国金融市场。而福州茶叶交易就更加受到英国市场的影响。

第八，"无限制记账制度"，茶栈允许外商以记账的方式赊账到第二年。因此，外商在福州购茶通常都乐意使用期票，如此不担心购茶的资金不足问题。使用期票还有一个好处，可在汇率高时以最低价格买进，待汇率降低了再付款，若运输费又降低，便能从中获得更多的收益。这样的购茶方式已相当于投资。而外商在上海、汉口却只能以现金购茶。福州的赊账做法被英国人称作"无限制记账制度"。他们并不喜欢这种赊账方式，认为这样所购的茶难以保证都是新鲜的，品质无法保证而茶产量却不断扩大，结果反而不好。

第九，华商之依附性。茶庄在生产经营过程中不曾开发学习新的制造技术、加深了解国际茶叶市场的情况，一味附庸洋行，尤其买办成立的茶栈只想做茶庄和洋行的中间商，不会想要摆脱洋行控制，取代洋行在茶贸易上的地位，直接出口茶叶到国外市场，所以，一旦国际茶价跌落便倾家荡产。这也由于清政府规定个人不能拥有船只，禁止个人商业帝国过于强大的因素，导致中国茶商信息闭塞，无法自主，只能仰赖于外商。

第十，英俄贸易竞争。列强资本在中国主要目的是推销他们的新兴工业商品，再把赚到的钱廉价购买中国的茶叶，从中获得暴利。但他们在福州看不到这个希望，因福州人排外情绪严重，进口商品难以销售。咸丰十年（1860）汉口开港后，英国商人纷纷转向汉口开设商行。他们相信越靠近茶叶制作点越能获得暴利。从此，两湖茶叶皆由汉口输出，广东的茶叶市场受到打击。俄罗斯人喜欢的湖南砖茶，最初都是由山西茶商销往俄罗斯。此后，俄罗斯就把设在福州的砖茶厂关闭，转向汉口设厂。汉口与福州因此在茶叶贸易上发生竞争。英国也想在汉口买好茶，与俄罗斯展开竞争，结果败给高价收购好茶的俄罗斯。英国就将商品输入汉口，广受欢迎，也促使英国商人都往汉口购茶，取得贸易方面的平衡。同治六年（1867）后，由于汉口茶叶市场价格太高，英国商行在激烈竞争之下纷纷濒临破产离开汉口，退回上海有计划地经营茶商行，使上海转口港的茶叶市场有了生机，并且日趋稳定，上海滩从此闻名世界。同治八年（1869）后，为了稳定茶叶市场价格，英国商人联合起来，在订单上限制最低价，以配合伦敦市场的低价，防止本国商人之间的恶性竞争。这一做法也改变了英国商人在中国茶叶市场中的被动地位。同治九年（1870）后，中国各港口输出的茶已超过外国的消费量，光绪六年（1880）后，英国开始往中国输入印度茶，外国市场尤其是伦敦市场多了选择，导致中国茶叶在外国市场开始跌价，销售量也开始减少，尤其福州出口的茶叶只有武夷红茶到英国。单一的茶叶品种和单一的出口国，使得福州茶叶贸易受英国的影响非常深。

第十一，中印贸易之争。英国东印度公司聘请中国茶师教以艺茶之法、焙茶之方。印度气候和暖，膏腴之区广种茶子，制茶出售，虽茶味不良，不及华茶味浓，但价格低。印度商人在营销上也用尽心机，买中国茶搀入印茶，最初华茶多而印茶少，继则华茶少而印茶多。欧洲人惯饮印茶后，嗜华茶之癖渐淡。国内茶商不了解国外情形，没有为争取国外市场做任何改变。

第十二，华商之间的恶性竞争。每届新茶抵汉口看样后，开会议价时，华商各怀私心谋私利，不顾大局，私下恶性竞争。因此，即便无英国与俄罗斯的茶叶竞争、印度茶与中国茶的相争，也会因华商不团结、内斗严重而消耗殆尽。《闽茶季刊》和《福州茶志》皆记载红茶制作很简单，故江西宁州、安徽祁门抢着制作红茶，很快超过福建红茶。湖南茶也与福建茶发生竞争，彼此在价格上斗得你死我活，导致福建红茶在日益激烈的竞争中，逐渐失去它的主要市场英国。外商因此有机可乘，掌控茶市行情。

第十三，制茶问题。清中叶通商之初，中国茶商必须精细烘焙与包装茶叶，才能满足长途运输。长江内河航行与内河港埠开放后，中国茶商不必再长途跋涉运至广州出口，只需三天即可安全抵达福州泛船浦的外国商行之仓库，故诈伪搀杂低劣茶叶，制作与包装皆粗糙，只求出售时能瞒骗对方购买，引导洋行认为中国茶叶制造粗糙，心存蔑视，终致中国茶庄滞售亏折。英国商人愈加重视茶叶品质，且以伦敦市场之存货的多寡以决定新茶价格之高低，福州市场的茶叶成交量便愈下降，导致泛船浦码头存货堆积如山。中国茶商由此被迫降价，损失惨重。茶叶制作存在以下问题——

1.采摘茶与制作，若不得法或采摘过老，色味立变。山民茶农却不择高下一律发客。客户不了解其理，虽制造精良终成无益。而且有些茶商不懂化学，不知工艺之方，制茶完全凭借简单的经验，积习相沿每况愈下，色味日差，价值日贱。

2.拣筛不匀，以筐或袋装茶，发至茶叶庄栈。女工男佣以次拣筛，拣时男女喧笑，心不在焉，随拣随杂。筛茶者半醒半睡，终日仅筛出一二十斤，质量难以保证。

3.茶叶发焙翻腾时，常常生熟参半不匀，或久焙而有焦味。

4.装箱用薄木板，内有铅皮焊封不密，箱中铅皮年年减少，箱钉不牢。茶在箱中不一两月即泄气走味。日愈久味同嚼蜡，茶商便急于销售。

《近代中国茶叶之发展》记载，咸丰九年（1859）中国茶出口数量是71916833磅，每磅单价是1s6.5d，印度茶出口数量1438101磅，每磅单价2s0.6d。光绪六年（1880）中国茶出口数量158032111磅，每磅单价1s0.7d，印度茶出口数量45530728磅，每磅单价1s4.3d。由此可见，中国茶在国际市场上的出口量和价格比印度茶已明显呈现弱势。光绪二十一年（1895）武夷红茶在国际市场上的茶价比咸丰九年（1859）鼎盛时期的茶价惨跌十分之七。

可见，19世纪70年代前半叶，中国仍是世界上主要产茶国，茶叶出口量有增无减。但华商为求利而粗制滥造，加之英国消费量剧增，中国茶叶生产量难以满足，价格比印度茶高，英国商人日渐转向培育印度、锡兰之茶叶市场。中国商人以为国内市场依旧可以满足，并不急于改良品质，1880年的茶叶出口量虽剧增，但其价格反而不及1859年时的。在国际茶叶市场优胜劣汰的激烈竞争之下，19世纪80年代后，中国茶走向巅峰时也即衰落之始。

《闽海关十年报》记载，19世纪80年代后，福州红茶出口量开始锐减，光绪八年（1882）为649755担，税收总金额是1724153关两。光绪十二年（1886）亏损125万美元，光绪十五年（1889）亏损达300万美元。光绪十三年（1887）以后，茶叶出口衰退，税收减少了771000元。

光绪十六年（1890）后，英国在印度及锡兰种茶成功，中国茶叶销往英国的数量骤降。光绪十七年（1891）为335651担，税收总金额是946702关两。光绪二十二年（1896）中国寄往英国的茶叶仅219409担，其上一年则有100万担，较之鼎盛时期出口数量，更是相差已数倍。光绪二十三年（1897）后，红茶市场被印度和斯里兰卡以及印度尼西亚所夺。光绪二十八年（1902）时仅销售251046担。自光绪十九年（1893）至1915年，茶叶输出在全国出口总值中所占的比例，由17%跌到13%，甚至有时降到4%，由第一位降到第二位。19世纪80年代后期，中国茶商连年亏损，已视红茶贸易为畏途。英国商人终于看到世界的茶市场上，中国茶已经从卖方市场下降为买方市场，福建红茶贸易的鼎盛时代过去了，印度茶、日本茶开始抬头。

美国茶市场方面，其绿茶市场也因中国茶商粗制滥造、包装不良而评价很低，外销茶量减少，但借太平洋电信传达价格之助力，中国茶商开始掌握国际消费市场价格，有所挽回，但美国市场日渐以日本茶叶为主。同治九年（1870）后，台湾淡水制作的乌龙茶因为配制精心，包装精美，吸引了美国市场，由厦门出口，另外还有一部分的英国红茶也从厦门出口，使厦门港因出口台湾茶而日渐有英美商人聚集。光绪三年（1877）的美国报纸报道："台湾和厦门茶越来越受欢迎，将迅速取代此地之他种茶。"但在欧洲和澳大利亚，厦门产的工夫茶无法与福州茶竞争，于是，厦门改为制作乌龙茶销往美国。台湾的乌龙茶因发酵过程会损伤茶之芬芳，在英国也不受欢迎。于是，厦门和台湾的茶出口以美国为主，与福州不产生较大的市场竞争。

1912年，时任闽海关副税务司的F.W.Lyons认为，虽然农业是福州人的重要职业，但农产品只有有限的几种。在福建这种僻远地方，种茶位列前茅，但供不应求。此后又因为竞争激烈，茶叶价格跌落，以致种茶已成为无利可图的职业，农民只好放弃种茶。那些生产名茶的几个有名茶区不再认真种茶，茶林周围日渐出现番薯和蔬菜。"1887年对茶叶贸易状况曾做了调查，听取有资格人士的意见，大量建议都是要求改善中国茶叶质量。中国茶叶的败坏，早在1870年就已被注意到了，几年以后对茶叶中混杂的尘土太多、质劣和不注意包装的不满意见越来越多"。为了避免贸易的崩垮，外商建议要使用各种肥料，引进新茶苗，每年采茶次数降为三次。如果这些建议能够被茶农采用，对茶叶贸易肯定有好处。"但人们害怕对自己习惯的一套种植方法进行任何改良，特别在茶叶的营利不如番薯时，更是如此"。

除此以外，不得不提及一位对福州研究很深的美国美部会传教士卢公明。他于道光三十年（1850）来福州传教，撰写的《中国人的社会生活》中提及一个重要问题即中西宗教文化之不同。卢公明完全依照《圣经》里的道德标准来观察福州人的社会生活，比照中西人民之间的生活习俗之差异，认为中国人只重物质的享受，不追求人生要诚实的信条，导致福州茶叶掺假现象盛行。这对信仰基督教的欧美商人而言是难以忍受的。他们认为，中国士大夫空谈儒家理论的矛盾思想和行为，成为基督教传教士传播基督教教义的一大障碍。卢公明的这种想法应证了鸦片战争也与宗教信仰有关。宗教思想差异巨大的两种信仰，使得信仰基督教的英国商人急于打开中国国门，传播基督教文化，证明自己文化的强盛。因此，从欧美商人、传教士到领事，依据《圣经》来观察看待不同文化民俗的中国社会现象，自然产生诸多的质疑和不满。这也影响他们对中国茶叶贸易的看法，认为在一个价值观不同的国家，要求这里的茶商按照他们的标准进行生产和经营，是很困难的，不如在印度重新按照自己的标准来设厂制作茶叶。

泛船浦的红茶出口衰弱时，祸不单行的是光绪九年（1883），福州发生地震，次年（1884）爆发中法海战，此后，左宗棠成立保卫福建的委员会，并向香港、上海银行借款100万英镑筹办兵工厂。光绪十一年（1885），清政府为了布设水雷，进行防御，营前海关自当年2月12日起关闭，迁往川石办公，同年9月6日迁回原址。这一年，左宗棠病逝。紧接着，十二年（1886），福州发生特大洪水灾害。十五年（1889），福州又发生长期干旱，不但严重地损害了庄稼，而且由于水源缺乏，影响水质，百姓大量死亡。而且福州几乎每年秋季与冬季经常发生火灾，财产损失大大超过4万元。光绪二十七年（1901）夏季，流行于福建南部的疫病十分猖獗。疫病传播到福州后，福州每天死亡800人。7月26日，南台一家店铺失火，大火迅速蔓延，烧毁10家外国商行和很多民房，停在白龙江港内的几艘民船也被烧毁。这些情况都导致茶叶出口受到影响，外商打算把福建茶叶的出海口改为闽东的三都。

三都于光绪二十五年（1899）作为福建对外贸易中心开始对外开放。但这开放并非仅出于商业利益考量，而是政治上的权宜之计。三都海关税务司长C.A.Mcallum认为："三都只是一个农村，并无重要商业价值，仅是周围城镇货物的转运点，距离外商集中地的福建省省会福州约70千米。过去十年只是由于政府优遇，才取得进步。从这里运往福州市场的大宗茶叶都是从陆路经飞鸾与连江转去，或者由两三艘轮船从海上运去。"除此之外，三都并无其他发展可言。除了福州以外，这里与其他港口都没有轮船直接往来，而且缺少必要的轮船运输以与邻近人口集中点相联系。这些都说明三都开放后，对贸易变化影响极小。这里周围农村的自然资源少，居民生活贫苦，这里的外商多数从事其他商业活动。因此，三都并没有代替福州成为福建茶叶出口的口岸。

福州港由于红茶出口量的锐减，进口、转口和船钞收入也相应减少。船钞收入下降，是因为装运茶叶的船只减少。至于进口和转口税收的削减，主要是因为用作茶箱隔衬的铅锭进口减少了。光绪十三年（1887）2月1日实施的Chefoo会议增加条款后，由于各口岸税率相等，便可直接从福州口岸进口鸦片。光绪八年（1882），福州进口外国鸦片4224担，十七年（1891）为5021担。由于当地政府对土鸦片贸易的默许和容忍，以及在贸易上"土"比"洋"处于更优越的地位，土鸦片的种植和消费数量大为增加。随着茶业的衰退，人们收入锐减，为了节省开支，沉湎于抽鸦片奢侈品的人也比过去十年的少了。光绪十七年（1891）谣传，一些农民多年来种茶受挫，收入不多，开始放弃种茶，改种更能获利的罂粟。但罂粟在福建山地难以成功生长，而且政府要求种植罂粟的人必须向政府申请土地，报明种植的面积，对种植罂粟的土地征收沉重的附加税，导致鸦片问题有所收敛。到1913年底，外国鸦片停止了进口。

茶叶出口贸易虽然降低了，但依旧有外国货物进口到福州。这些商品是中国民族企业无力制造的生活必需品、质量更好的商品，比如煤油、针、面粉、火柴和肥皂等。光绪三年（1877）以后的5年中，煤油数量剧增到280000加仑，然而十年（1884）突然下降。因为中国政府担心火灾，禁止居民点煤油灯。据说当时多起火灾的原因，和使用这种新式照明有关。清政府虽然以布告的形式周期性地禁止居民使用煤油灯，要求他们恢复使用无害的菜油，但煤油的亮度强，价格低，有吸引力，人们仍继续使用煤油灯。尤其贫民阶层，在玻璃瓶里装上煤油的原始油灯被广泛使用。福州民间对于欧洲和日本制造的火柴的需求同样日益增长。光绪十七年（1891）的总进口量中，欧洲产品只占15%，其余的为日本产品。另外，羽毛与番薯开始大批装运出口海外。

由于在福州难以发展商业，外商企业陆续撤离了福州，光绪十七年（1891）只剩下4家，其中两家仅在茶季营业。而在福州的外国人反而增加了。基督教新教开始于道光二十七年（1847）传入福州。当时仓山的基督教新教的教会组织有三个：美以美教会、美部传道公会和安立间会。这些教会人员来到仓山传教，据光绪十七年（1891）统计，当时的外国居民有351人，多数是教徒。福州没有租界，外国居民散居在闽江南岸的仓前山（今烟台山）。但近代的仓前山也被称作"洋界"，闻名海内外。由于外国居民和当地居民混居，因此，当地居民并不同意按照西式来修建较大的道路和公共设施，比如路灯。因此，仓前山的住宅区中西合璧建筑多而杂乱，道路狭窄，交通不便。

宣统二年（1910），英国驻福州领事卫京生对于这个时期的福州茶业情况，总结道："从资源和商业活动这一点来看，前景比十年以前更为黯淡。例如多年来在省内占据重要位置的茶，在这一时期，开始衰落了。人们没有花很多的劳力费用于耕作茶树，而每年花很多时间去搞其他活计，以取得相当稳定的报酬。"

茶叶贸易衰弱了，用作红茶茶箱隔衬的铅锭的进口量也相应减少。福州是单一型商品出口的城市，琉球朝贡贸易带来的商品在福州市场虽有一些交易，但欧美外商进口商品到福州则没有市场，随着英国茶叶需求的转移而凋落，尤其本地百姓始终葆有强烈的仇视外来者的情绪，再加上已形成的有条不紊的生活习惯、有限的需求和崇尚俭朴的习俗，因此要改变福州市场适应英国人的商业需求显得特别困难。加上当地各行商业排挤外商，英国的棉毛纺织品企业只得于光绪八年（1882）前相继撤离了，留下的业务全部由当地人经营。外商难以在福州开辟新的贸易渠道，和19世纪40年代刚进入福州时的情景一样，认为福州是一个不值得开发的保守市场，当武夷红茶红利期过后就慢慢全部撤离福州。

总体而言，同治九年（1870）后，福州茶叶出口贸易量下降，光绪六年（1880）后，印度在茶叶生产制造上开始超过中国。武夷红茶地位被印度、锡兰的红茶所取代后，福州茶市江河日下，后虽有茶市继续经营，但从此失去昔日国际市场的辉煌。中国整体茶市也开始衰弱，由卖方市场转为买方市场。光绪十六年（1890）后，由于英国在汉口退出和俄罗斯的茶叶交易竞争，只在上海选购二春茶或三春茶已能满足英国市场需求，所以汉口变成只对俄罗斯贸易的内河港口。中国的红茶输出国地位在国际上开始降低，被印度和锡兰茶所取代。汉口内河港、上海转口港皆因俄罗斯的砖茶贸易而赶超福州港，重要性也更加突出，使今人完全忽略甚至忘记福州港作为曾经的中国茶叶第一输出港的地位和影响力。究其原因多种，大的方面看，那时英国人嗜茶成癖，为求廉价茶，日夜营谋，从收买茶叶的茶商转变为中国茶的总经销者，由此逐渐控制、操纵中国茶、印度茶、锡兰茶的世界茶叶市场。物极必返，盛极必衰。茶叶交易衰弱后，中国商人也开始转向鸦片种植。

近代工商业

自宋代以来，福州就是重要的对外贸易口岸，经济结构的特点就是手工业与商品性农业占重要地位。明代中叶开始，由于福州是琉球的唯一进贡口岸，带动了本地发达的商贸业，而大规模的外贸活动则在清代五口通商后。随着茶叶贸易的兴盛和航运业的发展，福州出现一批外商工业企业。咸丰四年（1854），英商在福州马尾罗星塔下创办道比船厂，供应船料和对夹板洋船进行简单维修。这算是福州较早的工业企业。同年，美国在福州设领事馆，英国领事则代英商向官府租借仓山区天宁寺的双江台空地和观音井下街等处租屋囤货。此后，直至同治五年（1866）二月，福防厅在福州设立福建通商总局，没有外国工业企业在福州设厂。迟至光绪六年（1880），外资介入国内火柴产业后，掀起华人办厂的序幕。

光绪二十五年（1899），英国德兴洋行在南台创办耀明火柴公司，月产火柴3万箩。前后三年，因管理不善，共亏损十余万元，旋即停业。1916年，福州商人刘以琳接手耀明公司的整套火柴进口设备，在南台水部创办"福州国光火柴厂"，翌年迁址苍霞洲，后转让给锯木业巨商林弥钜，易名"建华火柴厂"，设址在福州港头（今仓山区工农路）。日本商人在南台设立小型玻璃制造工厂，资本仅5000元。

光绪二十九年（1903），中英合作的天祥洋行创办福建火柴厂，两年后停办。之后，日本等其他洋行纷纷来福州设办木材厂。截至1911年辛亥革命时，外商锯木厂达十余所。光绪二十八年（1902），本土商人林弥钜在洪山桥浦上自办协利锯木厂，成为福州巨商。还有，福州商会会长罗勉侯在南台成立永春锯木行。闽商巨子、福州常安轮船公司的老板王梅惠在中洲户部前开设同成森记锯木厂。到19世纪20年代初，福州已有百余家锯木厂。外商在福州还兴办制冰厂、火柴厂，但经营不理想，到20世纪初均倒闭转让。外国资本在福州开设工厂时间虽早，但都因福州市场低迷、腹地交通不便，缺乏能源矿产等工业发展的先决条件，未能取得长足进步。

外企的兴办激发了福州工业的诞生。左宗棠奏请在福州试办糖厂、机器面粉厂。19世纪80年代，福州先后兴办以民族资本为主的自来水局和玻璃制造等小型工厂。同治九年（1870），闽浙总督英桂创办"福州机器局"。光绪八年（1882），福州创办枪炮厂、福州机器制冰厂。

福州民营工商业也渐趋繁盛。19世纪70年代后，福州在食品加工、采矿、电力、轮船航运及火柴等日用化学工业方面取得初步发展，但企业资金少、技术水平不高，维持时间短。还有，以本省资源为原料的出口加工工业部门，也成为福州近代工业发展的主要部门，如木材加工业、造纸厂等。当时的民族资本企业多设在闽江两岸，闽江北岸即今上下杭多为生产城市生活消费品的新型企业，如官督民办的福州糖厂、外资经营的福州冰厂和一家机器面粉厂；闽江南岸即今烟台山多为外资工厂与外贸配套的加工工业。南台水部门外新港有福州电气股份有限公司、设在福新街和老鸦洲的树胶公司、分布在鸭姆洲及港头两地的锯木公司，南台中洲岛则有牛奶公司，消费对象主要是当地的外国居民。

随着建筑和工业生产对木材的需求增加，伐木便成为一个有利可图的行业。人们把树木锯成原木或厚板，运往国内缺乏木材的地区出售，牟取高利。民国时期，福州每年纸张的输出值在300多万元，与茶叶、木材合称福州贸易的三大宗。福建森林资源丰富，自古就有为添丁、嫁娶、养老而植树的风俗，比如谚语"现在人养树，来日树养人""家又千株杉，没钱也心安"。早在乾隆年间，闽浙总督孙尔准提议江浙木商来闽设庄收购木材。至今，仓山区仓前路上还有一座浙江商人建造的会馆——安澜会馆。

清中叶，英商祥泰木行在长乐营前设厂，在福州及闽北各重要产木地区设立分支机构，经理大多是浙江省宁波人。浙江宁波商帮代祥泰木行深入山区采购木材。1922年，祥泰木行为探查闽北山区木材状况，驾驶插着英国国旗的"祥泰"号帆船，沿闽江深入南平。以水运为主要交通运输渠道的时代，闽江是福建省内交通的黄金航道，也沟通闽西北山区和福州之间的水路运输通道，成为闽西北木材沿闽江河流漂到福州的主要运输方式。

福州当时沿江河一带分布许多码头、道头、渡口。当时福州最大的水坞有两个，一是仓山区的上渡至建新，二是台江义洲的白马河。当时来自闽江上中游各地的木材停泊和起卸都集结在这两个区域。工厂也多设于此，其中，中洲岛和上渡则是木材储存地点。福州木业因此兴盛起来，成为全国三大木材营销中心。同治年间（1862—1874），当地五人商议在泛船浦成立一家木作厂，专门为茶叶出口制作木箱，后因生意兴隆，三人自立门户。本土木帮最著名的是光绪年间的林太和木行，至今义洲还有"太和埕"地名。

民国纸张大王是台江潭尾街曾长兴土纸行，是18世纪90年代盛极一时的百万资产的土纸行。当时潭尾街有毗连13座的大房屋，下杭路还有13座房屋，下靛街有十座，苍霞洲大仓库有十座，仓山洋墓亭（今程埔头一带）建三座样楼。老板曾文乾的大儿子曾宜与上下杭的5个富二代结拜，号称"六君子"。曾宜在洋中路（清代时有霞浦驿铺）建造12座楼藏娇。他根据地名，为藏娇楼取名"霞浦金屋"。这一段历史为苍霞洲增添一些纸醉金迷的豪门色彩。

中法海战后，福州棉纺织业开始起步。光绪十七年（1891），福州商人向英国订购的纺织机运抵福州。不久，福州共有织布局60多家，其中，南台保福山顶有外资经营的福州惯奇来染织实习所，仓山区下渡有醒华织造局。南台诞生棉布业的"三杰"即罗金城的罗坤记、陈俊甫的陈恒记、龚忠贞的华通纱布行。光绪二十七年（1901），福州成立缫丝公司三家，股东以华商为主，雇用意大利人为技师。不久，福建生产的土布与上海的棉布、英国进口的纺织品三足鼎立于中国纺织品市场。同时，福州仓前山出现一些专业裁缝师傅，用进口布料为驻闽的外国领事馆官员、传教士、洋行买办、海关邮政银行职员和城市上层人士加工服饰。清末，福州缝纫业渐成规模，最著名的是仓山华南洋衣店。还有位于亭下路64-68号的亭下山洋衣房，当时有"姆衣王"的美誉。这是烟台山第一家专门制作女性洋衣的店铺。

金融业，鸦片战争后，福州百姓多往海外谋生，专为华侨办理与国内乡亲通信和汇款业务的民信局应运而生。上下杭出现侨汇庄。随着英国汇丰银行、汇隆银行等7家外国银行在福州设立分支机构后，福州人创办的第一家私营银行"中国通商银行福州分行"也在台江区中亭街成立，此后，福州钱庄业巨商纷纷进入银行业，其中有洪家茶行的洪发绥等组织的福州商业银行。他们主要经营存款、抵押、透支、信用放款、外埠汇兑等业务。另外，还有福建东南银行、福州市银行、华南商业储蓄银行等。福州市银行由陈培锟、李世甲、王梅惠等福州知名政界要员组织成立。1918年，福州只剩下两家外国银行，一家是汇丰银行，另一家是台湾银行。中国、澳大利亚和印度特许银行已停业。

电气工业是福州近代工业中突出的一个部门。光绪九年（1883），英国人在闽江口川石岛设立大东电报水线公司，铺设上海至福州川石及川石至香港之海底电线。光绪三十二年（1906），洋务局会同财政局筹设福州、厦门两地电话公司。光绪三十四年（1908），林友庆创办福州耀华电灯公司，旋即因财力不济，且技术落后、困难重重而停办。宣统元年（1909），邱希仁创办文明电厂，却因用户有限于翌年停办。1911年，在辛亥年的枪炮声中，福州商人刘崇伟同林长民、陈之麟、余建庭等8人集资20万元，共同承接耀华电灯公司，成立"福州电气股份有限公司"，于第二年开始供电。1920年初，该公司为减少进口日本统治下的台湾基隆煤矿的依赖，降低发电成本，在建瓯创立梨山煤矿股份有限公司。为了从台湾运煤，1927年，刘崇伟、刘雅扶两人合资组织刘正记轮船行。福州电气股份有限公司下设配套的附属工厂有福州电气公司修理厂、福州冰厂、福州油厂、福州玻璃厂和晋兴碾米厂。

光绪二十三年（1897），德国禅臣洋行在仓前山程埔头的公司内安装一台200门磁石电话交换机，供领事、洋行及外国人使用。光绪二十八年（1902），福州官商合资创办电话公司，在茶亭安装磁石电话交换机400门。1912年，福州设立官办电话公司，后改为商办。1929年，福建省主席杨树庄决定为全市安装电话，用户每户垫付初装费100元。翌年，福州用户电话机达到1000部，其中，南台500户，城内200户，福州的自动电话自此开始。由此可见，当时的南台是福州最繁华时尚的地区。

光绪三十四年（1908），福州商人集资3万元，创立谦祥春记玻璃厂，生产瓶杯、灯罩。1918年，福州官员林炳章等人，集资在福州设立福建实业皮革酒精公司。

福州三宝之福州漆器、软木画也在民国大放光芒。光绪二十六年（1900），福州沈绍安漆器，在巴黎世博会上荣获金牌奖。

除了本土企业外，华侨回乡投资的工业也是福州近代工业比较特殊的类型，其中以菲律宾归侨陈天恩、陈希庆父子创办的福建造纸股份有限公司最具实力和规模。

抗战全面爆发后，福建的民族资本或官僚资本形成的近代工业，小部分内迁，大部分毁于日寇炮火。抗战结束后，国民党内战，福州近代工业更是遭到毁灭性的破坏。中华人民共和国成立前夕，福建的工业已显得微不足道。福州近代工业的萌芽虽出现较早，但长期以来停滞不前，尚未形成一定的工业基础就衰落下去了。

近代文化教育

福州开埠后，茶叶出口贸易辉煌短暂，但却是人才辈出的一个重要时期，比如，禁毒钦差大臣林则徐、戊戌六君子之一的林旭、教育家严复、外交家罗丰禄、辛亥革命英雄林觉民、五四运动点火人林长民、翻译家林纾、中国第一个女医学博士许金訇、哲学家朱谦之、翻译家薛绍徽、建筑学家及作家林徽因、历史学家陈懋恒、训诂学权威程俊英、作家庐隐和冰心等。这时，福州开埠之后旧的教育模式被打破，西方文化传入福州，多种办学形式并存的格局出现，各种教育思潮竞相传播，文教事业蓬勃兴起。学贯中西的福州人才活跃于中国的文化界、教育界、出版界、医学界等各个知识行业，让人看到福州文化的新景象。

烟台山是福建近现代文化教育第一山。传教士在福州创办教会学校略迟于厦门，但开埠后美国的美部会、美以美会和英国的圣公会就派人到福州开始办学。福州最后一位状元是光绪十六年（1890）的吴鲁，但此时福州青年人开始对研究西方颇感兴趣，希望学英语了解欧美国家。教育是基督教会在中国活动的一个重要内容，西方基督教会、天主教会陆续派传教士在烟台山办学，想形成一个平衡的教育制度，由低级学校向高级学校输送毕业生。低级学校如中小学在仓山区普遍开办起来，高等教育的课程在大学里教授，生源逐年增加。他们建造起相当规模的学校，比如，美部会办"格致书院"，美以美会办"鹤龄英华书院"，圣公会办"三一书院"等。同时，美以美会和美部会又各办一所女子学堂，一为"毓英女书院"，初名"太茂女塾"，一为"保福山女书院"，后改名"文山女学"。

19世纪中叶到20世纪上半叶，福州的教会学校一所又一所地建立起来。基督教教育的蓬勃发展，渐渐将福州教会学校的办学规模朝着更高的办学层次推进。至清朝末年，烟台山已有8所教会学校。据统计，福州一个教会组织每年花费45%的收入来创办学校。虽然教会学校的学费高，但渴望入学的学生数量陡增。由于教会得不到更大的地皮和房屋，教室少，限制了学生的入学比例。

光绪三十一年（1905），清政府明令废除科举制度，福州的新式学校开设了英语课、科学课，与中国传统文化课同时教学。1939年，仓前山德国驻福州领事馆及德商谦信洋行经理住宅内设福建省研究院，与中央研究院、北平研究院三足鼎立。至1948年，这里所设学校除了教会神学院，仅幼儿园到福建省研究院共计30所，为福建省教育最发达的区域。近代受到西方文化影响的名人有严复、罗丰禄、黄乃裳、林森、陈绍宽、许金訚、倪柝声等。他们有的精通一门外语，有的掌握多门外语。他们是近代闻名于世的思想家、翻译家、教育家、作家。他们的后代及其培养的儿女几乎都成为近现代专业领域的优秀人才。

清政府定期举行考试，这时期福建省没有人中状元、榜眼或探花，全省举人名额103人，秀才名额1340人。光绪二十四年（1898），福州两位绅士在乌山的范公祠（祭祀福建总督范承谟）内办了一所东文书院，教师是日本人，学生有100人。

此时，南台的英华书院和城里的英学书馆都在培训当地学生学英语，福州乡绅也办了几所学校教授英语。光绪二十七年（1901）的福州海关税务司Walter Lay介绍："当时福州城里人口有143000人，南台有143500人，如果把闽县、侯官县和福州郊区人口都加起来，福州人口超过100万人。据官方人士说，有14%的人是文盲，但是另外一些人说有50%。我发现一些年轻人似乎颇懂英语，但经不起口语考试。尤有甚者，很多人虽懂得念和写，但不懂得意义。"

清末，福州的教育工作发展迅速，1912年由都柏林大学（福建教会）成立和管理的三一学校，通称T.C.D。它由四所学校合并。这四所学校中创办于光绪三十三年（1907）的英华学校（不是英华书院）最著名，1912年并入三一学校。并入三一学校的其他三所学校都比英华学校办学早，用福州方言教学，除了每年收取少量学费外，大部分经费由Church Missionary Society支持。这四所学校包含初级学校、中学和师范学校。

美国教会在福州创办的学校很多，最著名的是英华书院。该校在1912年时的课程设置是八年制，两年为高小，四年为中学，最后两年为大学一二年级。1917年将最后两年课程移给福建协和大学。属于美部传道会办的格致中学，其办学情况与英华书院相似，不同的仅是在高小设置四年制课程。

福州青年会创办了一个同类的学校，有一座耗资15万美元、建成于1916年的漂亮建筑，具有美国同类建筑的所有设施：商业室、教室、宿舍、自办的小发电厂、游泳池、娱乐室，等等，配有高水准的中外教员。

美以美和美部传道会创办了一所联合方言学校，用方言教授中学课程，强调讲北京话。该校内部也设了一门手工劳动课程。还有，位于鼓山脚下的福建协和大学，包括山地和平原占地面积共50亩以上，前者适于建筑校舍，后者可供作娱乐场所。校舍包括一个娱乐所，里面设有科学图书馆、电影院和办公室等，以及可容纳100名学生的集体宿舍。设立这所大学的目的旨在中国学生能够接受现代教育，以便适应去美国深造的需要。

　　教会学校开创福州乃至中国女子教育之先河。烟台山是福建女学第一山。基督徒在福州创办的神学院、师范学校和医务学校的学生都要接受特别的训练，特别开展对妇女的教育训练。此后，针对福州妇女的教育学校开始在仓山区开办了，道光三十年（1850）开办福建第一所女童学塾；咸丰九年（1859），由基督教美以美会创建毓英女子初级中学；同治三年（1864），中华圣公会在乌石山创建安立间女学堂（岭后陶淑女子中学前身）；光绪七年（1881），鹤龄英华中学坐落乐群路；光绪二十年（1894），寻珍女子初级中学建在对湖路；光绪三十四年（1908），美以美女布道会创办华英女子学堂（华南女子大学预科）。1914年，该校在仓山的山顶（今上三路福建师范大学校部）建造的行政彭氏楼、学生宿舍楼谷莲楼相继建成启用，学校招考两年的大学课程。1915年，金陵女子大学在南京东南绣花巷李鸿章花园旧址开学，比福州的华南女子大学晚了一年。1916年，华南女子大学预科改校名为"华南女子大学"。这是中国第一所女子大学。

　　20世纪初年，中国的妇女教育也得到长足的发展，尤其是在小学与中学发展的基础上，规模不断扩大，形成一定的基础。美国基督教教会的妇女活动也日益增多，许多教会事业诸如教育、医学、新闻、出版等都需要有一定文化程度的女性，创立教会女子高等学校能为当时的教会开展工作培养大批知识女性，因此，美国的美以美女布道会在中国创办教会女子大学的设想一经提出，就得到国内外教会机构的一致赞同，创办教会女子大学终于实现了。中国教会女子大学的兴盛符合当时社会的需要。

　　华南女子学院早期的创建人之一华惠德回忆："现在给妇女读大学机会，被认为是当然的事，但它很容易被人们忘记，即使在美国，这种优惠是在面临男女两界强烈反对中获得的。像中国这样东方古老的国家，给妇女高等教育的想法，到很晚时候才出现，当不足为怪。事实上，在这个南方重要省份福建，向女孩子打开平常初等教育的大门，已经做了几十年极为艰苦而不惜一切牺牲的工作了。如果不是福州毓英寄宿学校为女孩子打开初等教育的局面，在半个世纪后，梦想有一个女子学院是不可能的。"

这些女校培养了福州第一代能够自立的新女性，成为中国妇女解放运动的先驱，比如，许金訇、王世静、余宝笙等医院院长、校长、教育家、科学家、翻译家。华南女校培养了不少贤良淑女、美慧仕女、优秀才女。当年的女生在五四学生运动中，参加游行队伍上街示威，在收回教育权运动中，表现出巾帼不让须眉的气概，成为走在革命队伍前列的、信念坚定的爱国主义者。因此，福州的妇女解放步伐迈得铿锵有力。福州人也深刻感受到当地妇女怎样从落后与黑暗中过渡到文明。至1921年，福州有16所学校，共有1750名以上的女子在学。福州有1000名女生在校就读，其中的五分之四就学于教会办的学校。教会还办了两所盲人学校，男女学校各一所。乃至当地的流浪儿都能平等地进入教会创办的这些学校就读。

不论教会学校办学的初衷是什么，它引进了近代学校教育模式和课程，客观上促进了福州近代教育事业的发生和发展，无形中架设起一座西学东渐的桥梁，为现代教育体制的确立提供成功的范例。

随着教会办学的蓬勃发展，清政府在城里办的学校也相继出现，一所女子师范学校、一所美术工艺学校、一所纺织学校和一批初级和高级小学。至1939年，仓山区内遍布现代学校。

教会也在福州发行报刊，灌输西方思想，比如创办印刷厂。咸丰九年（1859），美国教会的美华书局是福州最早的近代印刷企业，印刷发行教会报刊、书籍等。福州人第一份自己办的华文报《福报》就设在美华书局内，为鼓吹维新变法起了很大的作用。

清代中国百姓思想守旧，对于一切带有政治意义的事物总是抱着冷漠的态度，但报刊报纸改变了这一种状态，激发起民众浓厚的求知欲。报刊业因此发展很快。1911年福州有了四家报纸，每两天出版一期。它们是《闽报》《福建公报》《福建新闻》《建言》。另两家《福建时报》和《商业日报》则每十天出版一期。

20世纪初，邮局出版的统计表明，人们喜欢看报了解时政，对知识的兴趣比从前更加高涨。报纸社论经常论述国家大事和日益发展的中国现代化工业的消息，比如航空、电力、医药、法律、铁路等，百姓为铁路路线的延长与其产生的多方面经济效益感到自豪。除此以外，报纸也刊登部分西方科学知识。百姓对西方国家的政治动向十分感兴趣，在中外对比中，了解中国发展到什么程度，对外国人干预中国国家事务，人民不能参加国家政治活动感到愤慨。这些社论文章思考严谨、推理正确，表达了对西方列强侵略中国的愤慨。报纸也向百姓传播爱国思想，希望有朝一日看到中国成为一个受世界尊敬的繁荣强大的国家。因此，报纸经常向群众灌输张之洞的名言："学习，再学习；是唯一的希望。"

截至19世纪末，在福州发行的报纸有如下——

日报：《闽报》《健报》《求是报》《公道报》《福建日报》《华同报》《民生报》《正言报》《福建公报》（福建省府公报）。

隔日报：《福建实报》《超然报》《舆论报》《侨商时报》。

周报：《化风报》。

十日报：《白水旬报》。

月报：《福建实业月报》（福建实业厅出版）。

下列为本时期创办的报纸，它们由于缺少资金或者迫于政府命令而停办——

《福建时报》《华南日报》《公论日报》《震报》《谏坛》《信报》《中报》《醒文日报》《天铎报》《全闽学生联合会月刊》和《商业日报》。

那时，中国政府和百姓已经感到报纸的力量了，但是依然没有新闻自由，内容并非都由报纸随意发，尤其揭露黑恶势力的新闻不能发。如果记者、编辑敢于反对军人或学生举办联合会，便要受到权贵势力的恐吓和人身威胁。日本人办的《闽报》则不受当局控制，可以独立办报，新闻内容在当时被认为是比较真实的，但大家仍怀疑它的公正性，因为它有着选择性的宣传倾向。无论如何，这些报纸或宣传革新或鼓吹进步，对开阔民众视野、启迪民智和信息传播都起到不可忽视的作用。

第七章　茶帮茶市

清光绪六年（1880）后，福建红茶市场开始衰退，逐渐兴起乌龙茶。乌龙茶贸易崛起时期，也是福州茶帮崛起时代。这时，清政府已允许外国人入城，茶叶贸易从第一阶段的白龙江（闽江）的南岸泛船浦开始转移到江北的苍霞洲、上下杭，掀起了民国的福州茉莉花茶贸易新热潮。福州本土的民族工商业也在这一带迅猛发展起来。

茶栈茶庄

近代的茶叶贸易离不开中外商人之间的争斗，因此，在茶叶的制作过程中诞生了一系列与茶有关的行业，比如山户、茶庄、茶栈、茶帮、茶行、洋行。这些行业分工对茶叶的销售起到重要作用，其流通环节的复杂性也严重影响中国茶叶的品质和销售。

茶农又称山户，是茶树的种植者，采摘茶叶后将其进行揉捻、干燥，制作成毛茶。武夷山下梅村、星村、赤石街的茶农家即茶厂，红茶销售鼎盛时，有数百家以种茶为业，做红茶多者2000多斤，年产茶数十万斤。这引起民众的不满，主张废茶山。因为茶山多在偏僻山区，易藏奸聚盗。延邵两地人俗呼制茶人为"碧竖"，意谓无业游民，都是在茶季时做事，茶业不景气时又相聚生事。茶山的开辟还损坏田土，导致田土薄收。茶农一年收入只靠卖茶，由于当地交通阻塞，居民少，采摘时需数个茶工，而招茶工难。武夷红茶一年可采摘四五次。即使茶农在谷雨时节辛勤采摘，但4斤生茶也只能晒得一斤干叶，除去成本，所剩无几。茶农视做茶为副业，无茶可做时便耕田，若无田可耕，只能砍柴度日。因此，无论洋行、茶商如何盈利，茶农依然贫穷。

茶庄接受茶栈的订箱数额，在每年4月至9月的茶季，派其称手带茶秤向山户或茶贩购买生叶或毛茶，然后通过将毛茶再翻炒、分类、调和、包装，经加工精制后交给代报行，运往福州给有业务关系的茶栈。有实力的茶庄也经营茶山，或利用预先支付茶款的方法来确保茶叶数量和价格的稳定，因此又称作茶号。

广州十三公行商人多在产茶区设工厂，推行预先支付茶款的做法。伍秉鉴在武夷的茶园生产英国人喜欢的工夫茶。福州商人习惯在出茶前依照惯例预付总额的一部分，待交货时付清余款。鸦片战争前，英东公司会预付给广州行商，行商贷款给茶庄，茶庄再预付给山户。这样的预付规则保证英东可以获得市场的最低价和足够的茶叶数量。

鸦片战争前，武夷产茶区的经营者有山西、广州、福州商人。福建茶庄的茶运到广州行商转售给英东。《南京条约》签订后，广州行商制度废除，但预付方式并没有改变，因为山户都比较穷，需要茶庄支付预付款才敢按照数量进行定量生产制造，不能承担变卦带来的亏损。咸丰三年（1853）后，福州开埠，福建和广东商人代替了山西商人，所带资本动辄百数十万。光绪六年（1880）后，优质的头春茶价格为7~9两，劣质的仅值3~5两。茶价大跌，茶庄亏损多了，茶园常遭匪患，山户只能坐视茶园渐至荒芜。

茶栈最初是广州行商经营，公行制度废除后，行商继续为外商去茶庄买茶，转身为茶庄和洋行之间的中间商——买办。茶栈从茶庄采购茶叶后再干燥、装箱，出售给洋行。

这里特别介绍一下广州十三行。明代，广东兴盛牙行，嘉靖年间设官牙，万历年间出现三十六行，主持外舶贸易。清初沿历朝市舶制度，令牙行主持外贸，命名为"十三行"。清康熙五十九年（1720）十二月，政府在广州创办公行（Co-hong）。公行的行商主要是福建福州、漳州、泉州、厦门人。乾隆四十年（1775）重组公行。公行的性质是专揽茶、丝及各大宗贸易。外商到中国交易，只能将货物卖给公行，购买货物也只能由公行代办。当时产生保商制度。到鸦片战争前夕，已经形成"以官制商，以商制夷"的管理制度。买办是这个"层递"制度中职能多样化，但实际作用不小的角色。光绪十年（1884）签订的《中美望厦条约》第八款规定，雇用买办等人"应各听其便，中国地方官勿庸经理"，由此打破了清政府经营百余年的保商贸易管理制度。于是，行商消灭，买办兴起。

由于茶叶买卖必须向茶农预定求购，经营茶叶的中间商茶栈应运而生。茶栈，主要任务是介绍内地茶庄的箱茶给洋行。茶栈有两种，一种是介绍毛茶售给本国茶厂的中间商，大都设在茶叶输出口岸和茶叶产地的各类集散市场上；另一种是经营外销的，主要业务是设茶厂、收购毛茶加工成箱茶后，售予洋行出口，亦称"洋庄茶栈""箱茶栈""洋庄""洋帮"。洋行购买箱茶出口，皆须经过茶栈介绍。茶栈收取佣金，并用压价、吃秤和收茶样等手法获利。

福建的茶叶的收购流程一般是茶农—茶贩—茶庄。到了茶庄这里分岔成两种路径：一种是茶庄卖红茶给洋庄茶栈（买办）—洋行—外国批发茶商—外国茶叶店—消费者；另一种则是茶庄卖花茶和素茶（茶坯）给茶栈，再销售给国内外茶叶店，最后到消费者。其中，茶栈和买办起重要的中间商作用。

福州对外通商后，为了适应外商（洋行）与日俱增的需要，茶栈应运而生。茶栈不但居于外商与中国茶庄之中间位置，并自设茶厂，收买茶户茅茶，加以精制，当时的茶栈利润巨大，且茶栈的经营形态也出现合伙方式。

民国时期，福州茶栈是茶庄与洋行沟通的纽带。由于茶庄制茶的资金多仰赖茶栈放贷，因此，茶栈又承担放贷、金融汇兑、仓储转运等功能。而且茶栈相对于茶庄，信息渠道更多、资金更灵活、话语权更强。茶栈经常勾结茶船机关，故意制造茶件堆积成山或茶叶不继的现象，毛茶市价常被茶栈操纵，茶商因此痛恨而不断杀价，导致内地山价与福州茶价成反比。茶栈也勾结洋行，任意对内地茶庄进行剥削和压迫。茶栈对茶农、茶庄的盘剥可谓严重。民国，福建省政府搞茶叶统制经济，一度取缔茶栈，由政府直接贷款与内地茶庄组成联合茶号。但经营青茶的茶栈依然有利可图。福州茶栈与青茶庄有关系的有同利、三泰、同昌、万春、万泰、协格、协和隆、义昌和、高丰等十几家。

福 州 茶 帮

近代，福州的南台区包括今天台江区的上下杭和仓山区的中洲岛、烟台山。南台区简称南台，是世界上重要的茶叶出口地区。

明末清初，南台地区有数十个商帮，分为本地帮和客籍帮。本地帮称作"福州帮"；客籍帮包括省外和省内各府、州、县在福州经商的商人。当时，客籍帮主要有兴化帮、南平帮、长乐帮、福清帮、江西帮、温州帮，集中在福州经济中心的"金三角"——上下杭。凡在福州经商的商人均可自愿加入所属的商帮。商帮里设有帮主，调解、协商帮内外的商业利益纠纷，对于松散的商人组织和商人毫无约束力。这是福建商帮与外地商帮的不同之处。

福州帮主要经营茶叶、布业、绸缎业、进出口业、糕饼业、棉苎业、国药业等。清末民初，由于城市商品经济的发展，商品行业的细化和专业化，过去以地域和籍贯为纽带的商帮演变为按自身经营种类组成的单一商品或行业的利益共同体——行帮，如茶帮、米帮、木帮等。

福州茶帮，在各业商帮中数量最多，资金更雄厚，以本地帮实力最雄厚。

本地帮有六七十家，大部分分布于苍霞洲、福全社和荔枝树下一带，其中，以福胜春、何同泰、怡中、建春、德华、生顺、明兴、宏春、富春等为大户。每家资金数万元乃至数十万元不等。他们每年经营茶叶10万多担，价值约合当时的银圆1400万元，占全福州茶叶出口总额的70%以上。生顺茶栈当属毛茶帮之王，创立诸多商号，如一枝春、第壹峰、埠兴春、同安等。生顺行高峰批售量年约两万担。

客籍帮数量也不少，大小也有四五十家，内分直隶（今北京、天津）、山东、安徽三帮。这些客籍商帮，于每年农历三月间来闽窨茶，至八月底返籍。资本少者两三万元，多者号称十万元，全体所窨之茶约七八万担。

福州茶帮兼营制茶手工工场，甚至租山种茶以积极配合生产。福州辟为五口通商口岸后，茶叶交易繁荣，茶农发现马尾快安的双溪里（即磨溪）与鼓山岜崱峰对峙，可望海，其间水出东西两溪，最适宜种茶，便广辟茶园种植，这里被称为茶洋山。茶洋山的茶叶专供出口。茶洋山就是今日鼓岭的宜夏别墅一带。还有鼓山的柏岩茶产地，都是福州茶帮的势力范围。

福州茶帮业务范围有代客商（主要代销毛茶）、外销商（主要为红茶、砖茶、白茶、岩茶等）和制茶厂商（主要窨制花香茶并运销国内外）、市茶商（本市零售商，向制茶商批购应市，其中亦有自行窨制香花茶销售省内外者，但数量不大）。花茶帮知名的有洪怡和、福胜春、福茂春、庆林春、协顺隆等。洪怡和、福胜春由洪家开设，为苍霞洲茶帮之魁。当时，北口茶客有口头语"刀牌烟仔，洪字茶"，形容的就是兴旺的洪字茶。与洪家相伯仲的上杭街油巷下的张德生，自制锚缆船（大型木帆船）外运茶叶到山东等地，数量庞大，他还同时经营船头货棉、布、纱、钱庄等，为上下杭工商界的佼佼者。

其实，早在同治九年（1870），福州茶帮就有福兴长公帮（长乐人为主），后并入闽南茶帮，扩大为福泉兴公帮。后来，安徽、浙江素茶大量运绿茶到福州窨花香，组织成"平徽公帮"。19世纪80年代晚期，茶业公会成为控制货源、维持价格及茶栈交易发生争执时的裁决机构。例如，上海茶业会馆、汉口茶业公所、福州茶帮公所。福州茶帮公所有90多家茶栈，一方面是为了维护同业间的利益，另一方面是为了便于商人开会、存货、订立行规。福州茶业公会最主要的作用是保护同业者之间的利益。他们规定价钱的支付必须在税关检查后7日以内，茶叶的标量为立契约后两周之内，而契约后7周之内须付款，称量亦因茶叶种类而有详细的规定，其经费则依茶箱大小征收。光绪九年（1883）8月，有一公会告知各茶行，不准从外地运茶叶到福州，要求同行互相监督，一经违反即罚洋1000元。

若按照业务形式来分，福州的茶帮可分下列几种。

1.采办类

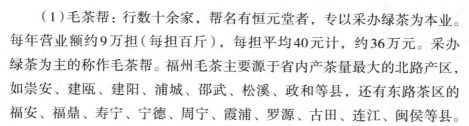

（1）毛茶帮：行数十余家，帮名有恒元堂者，专以采办绿茶为本业。每年营业额约9万担（每担百斤），每担平均40元计，约36万元。采办绿茶为主的称作毛茶帮。福州毛茶主要源于省内产茶量最大的北路产区，如崇安、建瓯、建阳、浦城、邵武、松溪、政和等县，还有东路茶区的福安、福鼎、寿宁、宁德、周宁、霞浦、罗源、古田、连江、闽侯等县。

（2）箱茶帮：行数亦有十余家，多为客籍广东人所开设，帮名有公义堂者，此帮组织严密，绝对不许外帮参加。多以红茶、岩茶，装箱而运。箱有两种：一种"四三五"箱（净重36斤，毛重40斤）；一种"四二五"箱（净重29斤，毛重33斤）。该帮营业额300多万元。福州的箱茶帮专门采办箱茶。箱茶主要是洋行定制的红茶与乌龙茶，因这两种茶须用箱子包装，故称箱茶帮，主要由广东人代理。箱茶运到福州后可直接转售，无需再加工。

（3）花香茶帮：20世纪以后，随着花香茶的产生，福州也形成以精制加工花茶为主的花香茶帮。中华人民共和国成立前，本地茶商与冀州、安徽等客帮厂商达五六十家之多。花茶年产量在15万担至20多万担之间。花茶生产的盛衰，对当时福州社会经济有相当影响。

2.运销类

（1）天津帮：约20家，帮名有福长兴、福泉兴（前者多长乐人开办，后者多福州、泉州人开办）。此类营业额约300万元，多贩运绿茶前往天津，年约五六万担。

（2）京东帮：约三四十家，又分两派，一派叫京徽帮，一派叫直东帮，都是运销长江以北的主要城市，年三四万担。直东帮是运销茶叶到天津的本土商人形成的帮派，有20多家。直东帮和京徽帮有源丰和、泉祥、同德、乾太盛、聚源等，主要分布今仓山区下藤路、泛船浦一带，主要向福州毛茶栈购买毛茶再加工，或转运安徽各地绿茶到福州窨花加工，再外销。他们每年农历三月来福建窨制花茶，八月底返回。

（3）外销茶帮：主要经营红茶、乌龙、色种茶等外销茶，如闽东之坦洋工夫、白琳工夫、政和工夫，福鼎之白牡丹、白毛猴，武夷山之星村小种、武夷乌龙、水仙等，多半集中福州出口，经营者多为客籍茶商，如广东帮、潮汕帮，其中有相当部分为服务于洋行的买办。

另外还有洋茶帮，专门与洋行交易。

经营茶叶的洋行主要有德国的禅臣洋行、东亨洋行，英国的怡和洋行、裕昌洋行、德兴洋行、协和洋行、太兴洋行、天祥洋行、乾记洋行，美国的凌德洋行、美亚洋行等。洋行主要集中在白龙江的南北两岸，即苍霞洲、中洲岛到泛船浦一带。

民国后，福州茶业由制茶、市茶、个体三个部分组成。制茶分为红茶和香茶两个茶帮；红茶主要销往港澳及南洋一带，花茶多销往华北、东北及华中等地区。个体以制作花茶为主，主要销往制茶组厂商、市茶店、省外茶商。

由于茶叶业务经营方式不同，还有以红茶为主的外销帮、毛茶帮、香茶帮及市茶商帮（零售商）等。行帮组织越来越壮大，建立堂会组织，比如，毛茶帮的领头羊是生顺茶栈，帮名恒远堂，位于今台江区下杭路西端（下靛街）。当时还出现大帮套小帮、帮中有帮的现象。各个行帮自定行规，各有势力范围，各自为政，垄断和控制着福州乃至全省的商贸市场。不同行帮所信奉的神祇也不同，每逢神诞与节日，便举行祭祀、做福、烟花等会，吟诗唱和、演戏酬神、踩街等活动。上下杭商帮均有各自的势力范围和行规，商帮的活动主要依托会馆进行。会馆不仅具有商业、娱乐、公益慈善功能，还成为维系乡土情谊的精神纽带。

维新变法后，全国各地商帮筹组商会。当时的福州富商张秋舫在上海会同福州富商罗金城、李郁斋回福州，筹组福州总商会。光绪三十一年（1905）冬，在南台下杭街成立福州商务总会，作为各帮派商号的协调机关。张秋舫任福州商务总会首任总理。宣统三年（1911），福州商务总会购买上杭街48号房屋作为商会会所。

清末民初以后，福州的茶业就大不如前了。在国民党当政时期，福州的茶业也被纳入四大家族的控制之下，抗战以前，成立有"中国茶叶公司福建办事处"，地址设在泛船浦。此外，还有"中国扬子公司福州分公司"的设立。这些都是资金雄厚的官僚资本，原来的民营茶帮，便遭受官僚资本的致命打击。

1926年北伐军入闽后，商民协会替代了行帮组织。1931年3月19日，各茶帮合并成立"福州茶商同业公会"。许多公会的规章基本相同。但捐款规定不一样，大多数公会允许妇女入内娱乐，但不准做宗教礼拜。只有两广公会在任何情况之下都不准妇女入内。每个公会都设有委员会，由其成员负责轮流烧香和看管公会的利益。每年春季和秋季各有一个节日，但仍可在其他日期另定节日。任何人不准睡在公会内，除非委员会的会员或者公会雇佣的仆役。每个公会都供奉一尊守护神，每年要为他做生日。会员家里如有吉祥事，如添一个儿子或添一个孙子，要捐给公会2000枚铜钱；如果再添一个要捐3元，或者捐一盏外国灯。

晚清至民国，福州茶帮基本格局不变。1932年，国民党当局公布《工商同业公会法》后，行帮又转为同业公会。1935年，全面抗战前，福州地面的洋行帮还有怡和、太兴、裕昌、德兴、乾记、天祥、协和、禅臣、同享等洋行。

1945年，上杭路88号成立"福州市茶商业同业公会"，作为议行论市、沟通信息、规范市场的管理机构。此时，福州有71个同业公会。该公会选举杰成祥茶行的经理林屏藩为该公会的理事长，兴隆茶行的何培闾、建春茶行的陈大思任常务理事，理事有福胜春的洪一笑、生顺的欧阳天帮、庆春茶行的陈莘野、昌记茶行的吴宝霖、一枝春茶庄的陈福康和吴南超等。同年九月，因林屏藩病逝，重新选举何培闾任理事长，常务监事为何同泰的何高政，监事有刘德记的刘友敬、五顶峰的邱俊、天柱峰的董朝宾、良友号的程信祺、太和堂春记的钱瑞恭、阜通号的商建忠。这个公会鼎盛时期有140户，一直延续到1949年，仅余80家。私营时期的全部市茶店年营业额约达银圆30万元，名牌商店每日营业额达一两百元，夫妻店则十几元不等。

福州茶行名录

近代，开设在鼓楼前、东街口、中亭街、上下杭、泛船浦的知名茶行有五顶峰茶庄、陆经斋、太和堂茶庄、良友茶庄、生顺的一枝春、春光怡、春记茶行、福胜香茶行（影后胡蝶的丈夫潘有声家族）、洪家的福胜春茶庄和福茂春茶庄、福生隆茶行、苍霞福升荣宝行、南台下渡成兴茶庄、中平路同建制茶厂、林天香茶行、建春制茶厂、生顺茶庄、福建乾祥制茶厂、张德生号茶庄、泉鸿祥茶庄、张德生号茶庄、裕成祥茶庄、芙聚合茶庄、建春制茶厂、中大茶庄、庆泰春茶庄、吴馨记、福增春、南台小桥路武夷普益茶庄、福州泛船浦前街5号福建省农林股份有限公司茶叶部。

福州茶庄最有势力的当属陆经斋茶庄，其老板方家泌。方家泌的儿子方声煊曾跟随堂兄方声涛参加辛亥革命。茶庄业界的重大活动，以陆经斋马首是瞻。他把控着福州茶叶的零售价格涨落等。行业搞庆典活动等都要等陆经斋的经理来率先烧香，足见其在福州茶业界的权威。

声誉最大的首推五顶峰，地址在西门渡鸡口，其制作的"明前绿"茉莉花茶闻名福州半个世纪，正是"酒香不怕巷子深"。当年五顶峰的"明前绿"、陆经斋的"高香片"、良友茶庄的"雀舌毫"，因料精工细、薄利多销而誉满全国，甚至海外华侨也只认可他们的品牌。

福州茶商鼎盛时（市茶商及个体户）140户，但各时期兴衰变动，至1949年前夕仅余80家。

清末以后开设的茶庄名称与地点如下。

兴春（津门路），一枝堂（总督口），天柱峰、天柱春（总督口），碧峰林（安泰桥），天和堂（旗汛口），太和堂（南街），建盛（后改名建成，安泰桥），陆经斋（鼓楼前），五顶峰（西门渡鸡口），仁记（水部），清华轩（东街口），宝盛（海防前），天林峰（三保），建峰（桥仔头），元兴、良友、华榕、吉春、芦隆记（以上均在台江路），聚成（第二码头），福同兴（中洲），设在中亭街至小桥头一带的茶庄有天香、阜兴春、第一峰、一枝春、春光怡、第一春、茗芳春（后改名闽峰）。

1953年起，香茶与毛茶原料，由国营掌握与私商按比例分配，国营62%，私商38%。产量低于1952年前的自由采购时期。1954年根据对私营工商业利用、限制、改造的政策，采取加工定货，经代销等形式。1956年，全行业公司合营时，22家私营茶店合并为10家，由中茶福州支公司领导。这10家分为大中小型。大型的3家是良友、一枝春、五顶峰，中型的4家是春光怡、太和堂、第一春、二联，小型3家是建成、仓山、陆经斋，1958年归并福州茶厂，1964年后归市副食品公司管理。

1955年底福州茶业会员一览表

商　号	主体人姓名	商　号	主体人姓名
陆经斋	方声煊	兴隆	何培闾
高丰	吴少卿	何同泰	何培闾
昌记	王心如	吴怡记	吴怡
成兴	牛楚珍	同兴	邱邦献
兴记	陈观澜	信泰	曾闻记
阜通	商建忠	庆春	陈莘野
春孚	何孝鼎	刘德记	刘友敬
广业	张龄	福胜春	洪一笑
仁记	朱荣海	太和堂春记	陈若愚
五顶峰	邱俊	惠通	陈特秀
恒春	庄炳臣	建春	罗郁坦
天柱峰	董朝宾	裕泰	吴森藩
益峰	谢曦谷	福隆祥	庄翊基
第一春	陈昌森	一枝春	欧阳光
阜兴春	陈兆萍	生顺	欧阳天帮
闽峰	傅草庭	同安	欧阳天环
和兴	王宝陞	第一峰	欧阳瑞
建成	林烺惠	良友	程信祺
天柱春	薛鼎生	协同泰	程梅惠
天和	黄尧惠	家乡	叶光籍
天林峰钦记	陈子雄	元丰祥	曾石生
九曲岩	邱子扬	一枝堂	林泰希
益泰	刘天官	裕兴	郑蔚祥
明兴	陈明秋	福泰祥	郑登灿

安利	高元赞	联谊	王俊岩
正兴德	阎浩明	震裕泰	许珊惠
立宇	洪子坚	春光怡	陈德民
傅卿记	傅厦恭	同泰协	林鑫
同春齐记	齐斌	闽都	黄复生
祥春	王承瑜	隆盛	缪隆盛
金峰	林春荣	宝利	陈福堃
杰成祥	林铨藩	成孚	杨伯孙
福泰	王福官	公泰和	郭大焯
闽东实验茶厂福州分厂	李盈秋	庆华	陈莘野
宁春	杨春蕃	华丰	张家钰
第一峰	吴玉铭	广益恒	李凤轩
泰兴	解峻德	同建	郭调材
合记	黄秀昌	协兴新记	张杞枨
吼振吾	穆善岑	恒大	刘友三
春发盛	钱辉亮	振丰	胡益三
武陵春	吴荫生	华侨建南茶厂	陈舒
陞昌	齐忠咏	中兴	瞿裕如
华盛	方洁怀	大源	顾蔚庭
王大昌	寇华庭	元记	何一松
益昌	傅怀之	泉祥	郝瑞符
顺泰	商贻康	隆丰	陈百昂
植灵	李化鑫	源昌	徐孙璧
宏裕	岳兴五	鼎丰	林荟
华隆	薛寿芝	义兴	王祺惠
扬子公司	柯仲政	怡和公司	杰克
福同兴	刘友铭	生兴源	陈长铨
同丰	王幼如	协和	李子傅

华捷	杨剑鸣	华侨兴业公司	吴师基
新泰	李贤基	立信	何迁藩
瑞芬	刘警宇	农林公司茶叶部	林熙修
武顶峰	徐则荣	德昌	陈细麿
裕昌	刘元桂	振新	刘春旭
祥记	黄元铨	聚福	傅怀之
泰华	庄杰藩	厚光	林焕文
恒安正	林志芳	五达	王树德
炳记	陈云章	中原	黄甦
建丰	陈树建	正大	邓道扬
闽东产销联营处	陈因	大赉公司茶叶部	高宪棣
振华	史家麟	聚德	叶深根
裕春	陈良栋	广新	陈莘野
福祥	牛翼青	南强	柯诚
隆记	陈振铨	吉春	陈为锐
福裕	阮宝炎	新华	陈家饶
高旭记	高奇丹	信康	谢曦谷
朱宏大	朱功益	蒙山	李XX

福 州 茶 市

　　由于清政府禁止外国人入城居住，只能居住在城外。因此，福州茶市鼎盛时期分为两个阶段。第一阶段，自清中叶五口通商开埠时，洋行在泛船浦一带设茶仓、茶厂，负责外贸进出口的海关也在泛船浦，闽海关税务司也在附近，由此带动了一大批洋行在这里开厂建仓，主要运输武夷山红茶。据海关资料统计，19世纪60年代至20世纪初，福州港（泛船浦到马尾）输出货物的总值中，茶叶类商品占80%。当时，一批服务于洋行的广东潮汕人形成买办性行业，专门在此收购武夷红茶。同治六年（1867），他们在当地建造面积约2200平方米的广东会馆，即今仓山区六一南路52号仓山第二中心小学校内。1912年孙中山辞去临时大总统职务回广东，4月20日途经福州，应广东旅闽同乡会邀请，下榻于广东会馆，并在欢迎大会上发表演说，会后还为广东会馆写下"勠力同心"的题词，后来，题词被制成金字红底牌匾悬挂于正厅。

当武夷红茶价格高昂、遭受英国工人抵制后，19世纪80年代中期，红茶外贸开始走向衰弱。由于轮船运输速度的提高，绿茶在运输过程中发生霉变的现象得到缓解，重新受到英国人的欢迎。当时集中在泛船浦的茶行除了洋行外，也有本土和省外的茶行，如福州商会会长罗勉侯在泛船浦开设的建春制茶厂、仓前山埔顶的何同泰制茶厂、浙江人开设的春记茶行位于仓山区共和路、天津成兴茶庄总厂位于仓山区下渡。

同治十三年（1874），设在泛船浦的民族资本企业悦兴隆砖茶公司，是福建第一家机械制茶公司，创设福建砖茶厂三所，拉开了与外商茶叶竞争的序幕。公司成立的第二年，他们的砖茶出口达1370万磅，支撑起福州砖茶出口的黄金时代。但他们竞争不过俄商，翌年就有两家停闭，光绪二年（1876）彻底停业，把公司转让给俄罗斯的阜昌洋行。光绪十七年（1891），俄罗斯茶商转向汉口、九江采购砖茶。光绪二十二年（1896），福州华洋商人集资购买土地、机器，在福州设立砖茶公司。宣统二年（1910），福州商人收购停业已久的俄商砖茶厂，改称致和有限公司砖茶厂，年产茶2.2万担，用篓装，每篓80饼，约150斤。

茶市鼎盛的第二阶段自光绪六年（1880），清政府允许洋人入城后开始。福州成为通商口岸后，苍霞洲一带本土商人早已购船加入运输，比如，洪家茶的创始人洪天赏的船运公司、咸康行设立闽兴船务行、邓炎辉的怡大商行等。但运输生意并不乐观，洪天赏开始向茶叶转行。福州茶叶的出口品种丰富，有红茶、绿茶、工夫红茶、小珠绿茶、熙春绿茶、花香茶等。

清末，福州洋行与本土茶商斗智斗勇，竞争激烈。同治九年（1870）后，红茶茶价渐落。经营红茶的茶庄屡年赔本，甚或无钱雇人工，以致茶山十分荒了八分。19世纪末20世纪初，随着花香茶的诞生，福州形成以精制花茶为主的花茶帮，以茉莉窨制为主，亦有以珠兰、水圭、柚花、木兰、白玉兰等花窨制。花茶运销于京、津、烟台、青岛等地。

茶叶贸易鼎盛时期，本土茶帮每年经营茶叶10万多担。苍霞洲的茶叶贸易形成南台茶市。光绪二年（1876），南台苍霞洲福升荣宝行收古田大益茶庄茶叶发单，上写挑夫送茶叶一担，下脚线以台伏票代替银圆支付，必须4日到，如逾期一天扣钱100文。

福州茶业主要原料来自茶农生产的毛茶。福建省茶叶产地多在山区，横贯全省，习惯上以福州为中心，分为东、西、南、北四路。福州茶商主要向北路产区（包括福鼎、霞浦、寿宁、福安、宁德、周墩、柘洋、屏南等县）采购，其次是东路（包括古田、罗源、闽侯等县），至于西路（包括崇安、邵武、政和、建阳、松溪、建瓯、水吉、沙县、浦城等县）和南路（包括南安、安溪、大田、永春、宁洋、晋江、长泰、漳平、绍安、平和、龙岩等县）送来福州的茶叶多属制成品。此外，外省来的毛茶有安徽的毛峰、烘青、大方、炒青、三角片，六安的瓜片，浙江的浙绿等。花香茶所需香花主要来自福州市仓山区及闽侯、长乐两县。

当年，茶叶都集中福州精制后出口，数量很大。花茶和各类茶叶生产的兴盛，对福州社会经济影响巨大。清末，福州的茉莉花茶也开始在海外市场上占有一席之地。除此以外，福建的诸多茶叶品系也因此得到培育和发展。福建又成为产茶大省。福州港的茶叶出口量最多的是福州花茶，花茶业兴盛一时。茉莉花茶作为福建出口的大宗商品，出口额占当时福州茶叶总出口额的40％以上。

此时，闽江两岸店铺林立，南台地区成为茶叶交易的主要场所。1928年，福州花茶跃居出口的大宗，取代红茶出口的地位。

当时外商购茶的流程，假设茶叶产地在闽东，则路挑、船运到闽东的三都或赛岐的囤船上，再转轮船运到福州，卸货在福州的茶船上，最后由小舟运到茶栈。运抵福州时，刚好碰上休息日或节假日，海关人员没有上班，茶船因无法及时到港办理茶件起卸，茶叶可能霉变。茶叶的销售环节繁多且复杂，外商掌握着世界茶叶市场资讯，而中国茶商则拘囿于一域，信息闭塞，洋行就利用资本与国际市场的信息空间差这一优势，诱使本土茶商做出错误的判断，从而渔利。

左宗棠督政闽浙时，看到每年春茶上市时茶箱堆积码头，逼着中国茶商含泪吐血降价的情景，不禁心痛地感叹："洋商茶栈林立，轮船信息最速，何处便宜，即向何处……"这说明对外交通畅通的重要性。而当时美国旗昌洋行的轮船基本垄断了闽江流域的航线。茶叶的收购、运输命脉都掌握在洋行手中。同治十一年（1872）12月23日，李鸿章向清廷上奏《试办招商轮船折》，重申："庶使我内江外海之利不至为洋人尽占，其关系于国计民生者，实非浅鲜。"这是一场以"自强""求富"为目的，承运漕粮与洋商分利的洋务运动。

随着英国东印度公司在印度成功种茶制茶后，洋行对中国茶开始变得十分挑剔，尤其是当年过时的茶，即使色香味未必皆变，总不如新出之妙，茶客便急于脱手。洋行借此杀价。这时的全国茶市行情开始走向衰落。

外商的制茶愈来愈精，而中国出口商品仰赖丝茶。丝绸根据西方要求制作颇有市场，而茶则因为欧洲人的口味开始改变而渐渐衰弱。有的商人甚至认为，应当购买外商茶样，置办机器仿照制法，或许因此让外商满意而畅销。

福建制茶的工具一直都在改进。早在唐宋时期，制作蜡面贡茶和北苑龙凤贡茶等团饼茶时发明蒸煮、碾、压的工具。宋代，创造炒制绿茶的设备。明代，有用水激轮带动碾磨的工具。清末，外商带来蒸汽动力机器和金属制茶机械。福建近代第一家机器制茶公司是悦兴隆砖茶公司。前文提及该公司于光绪二年（1876）转让给阜昌洋行。光绪十六年（1890），福州茶商集资向外洋购买制茶机器，租给建宁府属茶农使用。

《皇朝经世文四编》记载茶务："中国茶务之衰其可望转机矣，纪云泰西所造制茶机器福州茶商已购而用之。兹闻各商欲联为振兴茶务公司，渐渐购机制造，已有将茶运往英国获利而归者，观此情形，他日闽省之茶不难与印度西仑美矣。"这里提及的福州茶商或许是福州新法制茶公司。

茶样检验后，参会者评价："其色香胜于工夫茶名茶，而与印度锡兰之茶相仿佛，其味亦厚而佳，惟烘制之法尚未尽善，倘再讲求之，可臻美。"上海总商务会的备肯倍尔君回信告知该公司："此次寄来茶样力足经泡，远胜向来市上所售。诸君试办之初已有成效，若此良可欣慰，倘能潜心考究，精益求精，将来定可与印度锡兰所产并驾齐驱也。"

上海总商务会希望全国茶商模仿福州茶商，都用机器制茶，减少茶叶潮湿带来的经济损失。当时国内东岭某洋行设公司试办机器制茶，因经费巨大，股份尚未招足，西北两路的华商只能依旧人工制茶。

福州机械制茶从此开始，福州设立机器制茶厂。光绪二十一年（1895），福州新法制茶公司集股18万元，在福州北岭成立，从英国购进烘焙茶、卷叶等茶机制茶，聘用外国工匠制茶，产品质量较好。

福州洪家茶也是中国最早实行机械化制茶、中国第一家计划推出袋泡茶的茶行，是中国茶叶的机械化先锋。洪家茶有4个商业发展阶段。洪家茶创始人是洪天赏，从业之始经营航运业，后又制茶，设土特产商号"洪怡和"。洪家茶第二代传人洪发绥，年少时在"福生隆"茶行拜师学艺，帮助洪天赏筹建制茶工坊。光绪十一年（1885），"洪怡和"商号改为"洪怡和"茶庄。光绪二十三年（1897）春，洪天赏在福州后洲坞里祖厝（占地约九亩）开设"洪春生"茶庄，亲自负责全省各类茶叶贸易，而洪发绥则负责茶叶的生产制作。光绪二十六年（1900），洪天赏在中选路建造分厂。此时，洪家茶已有相当规模。1930年，中选路分厂卖给百城印刷厂。中华人民共和国成立后，该印刷厂公私合营，成立福州第三印刷厂。

1926年，洪发绥在苍霞洲码头收购清"银钱制造局"旧屋一座及屋后靠江边的空地，用来建厂房和住宅。新建成的洪家茶别墅及厂房——福胜春制茶厂占地逾3亩，四层水泥结构，墙体厚48厘米，确保室内冬暖夏凉，起到提高劳动效率、保证茶叶质量的作用。1930年，该厂房投入使用。洪发绥还亲自参与设计当时在福州独一无二的洪家茶楼，将天花板设计成两层，屋顶的材质选用玻璃，内设移动木窗，可调节茶楼内的光线，以此辨别样品茶的品质。1930年左右，洪家又在鸭姆洲添置约30亩的土地，请美国设计师规划做洪家现代化的茉莉花厂产业园。

洪发绥还设立花茶研究室，与当时的福建协和大学化学家王调馨教授共同研发一款茉莉香精，可用于食品加工，配和美国精油，即可制作茉莉花茶，由此诞生"夜来香花茶"。一张洪字茶的广告上的彩图，图的最上端写着"福胜春茶庄"，其下是一穿红衣绿裤的道人骑着一匹遍布红色鳞片的独角兽，下方是"洪"字商标和大字号的"伏花雪蕊"，底部是一段洪发绥的告示："本庄开设福州南台新安里，又建新式最大制茶厂在南台苍霞洲。每届春初，分赴产茶名区选采清明芽尖，窨制珠兰、苜莉各种名茶。发明始创花龙井、清香、雪香、留舌、珠莲心、伏花雪蕊。洪字茶诸品尤为脍炙人口。中外欢迎久在顾客洞鉴之中，无容赘述。晚近人心不古，假冒敝庄洪字茶层出不穷，虽经破获多起，无如根株不能净绝。今特加贴五彩石印外标以别真伪。贵客光顾请希认明，庶免受愚为要。本主人洪发绥谨识。"

洪家研发的红、绿、青、黄各类茶叶及相关衍生产品，借由洪家茶在全国及东南亚各国设立的40多处茶庄和代理商，销往全球。当时茶客有句口头语"刀牌烟仔，洪字茶"，形象地说明洪家茶的知名度。

抗日战争胜利前夕，福州茶商制茶几乎全是手工操作，生产工序多达三四十道。市茶商店自制的成品都是各级花茶及少量绿茶，店中还售卖红茶、白茶、青茶（即乌龙茶，俗称岩茶）等，一律购自厂商，再直接卖给消费者。各店每年销售茶叶总量中，花茶、绿茶占80%以上，其他各类茶叶仅占20%以下，其中茉莉花茶的销售量最大。当时，香茶帮还有六七十家。清末至1949年，茶庄业仍是个单独的行业，1951年后才合并全市的制茶厂商，共同成立茶业同业公会。

南台茶行与会馆

清咸丰三年（1853）以来，山西茶商没落，下府（晋江、南安、厦门）和广、潮（汕头）帮代兴，于初春汇集于福州，再自福州溯闽江而上，所带资本辄百数万。福州帮派最多时达200多个，全市商店1.5万多家。各地帮派为了便于工作联系及开展经济活动，设在台江区的会馆也越来越多。很多会馆是为商人提供停宿、交际、茶饮的重要场所。

当时，外省在福州设有会馆或同业公会，有湖南、陕西、山西、广东、广西、江西、浙江、湖北、四川、安徽、河南、奉天和吉林。其中，江西有两个会馆，浙江有4个会馆，陕西和山西合建一个会馆。这些会馆是由各省驻扎于福州经商的商人和客人发起创办的，主要目的是为该省的同乡人提供一个聚会场所，商讨有关共同利益的问题，安排节日和帮助困难的同乡人，等等。每个会馆均有自己的章程，只有内部的人知晓。个别会馆只有官员才有资格成为会员，其他会馆的会员既有官员也有商人。

福建人在外省也建有会馆，比如吉林、浙江、江西、山东、广东、广西、湖南和湖北。每一个会馆都设有一个专职秘书，从会员中推选聘用，责任是照看会馆的财产、管理经费和费用开支等，最终由会馆委员会审核其账目。如有会议，特别是会馆的建馆纪念日，由秘书发函通知。会员不论是官员还是商人，联结的要素是互相提携。会员过世后，棺材可暂停在会馆内，待运回乡。

设在福州泛船浦的广东会馆的章程的细则很特别，和茶叶有关。

1.买办为外国商行买茶叶，80斤装的每箱抽税4个铜钱，40斤装的抽2个铜钱，32斤装的每盒抽2.4个铜钱，16斤装的每盒抽1.2个铜钱。假使每盒10斤装或16斤装的有4盒，则应加起来作为一包，每包抽4个铜钱。

2.茶叶掮客买茶叶，每箱抽税4个铜钱，每半箱抽2个铜钱，大盒抽2.4个铜钱，小盒抽1.2个铜钱。

3.广东人买茶叶，每箱抽税2个铜钱，每半箱抽1个铜钱，大盒抽1.2个铜钱，小盒抽0.6个铜钱。

4.买办自己买茶叶，每箱抽税1个铜钱，每半箱抽半个铜钱，每包（4个小盒）抽0.6个铜钱。

5.茶叶掮容卖茶给外国商行，抽税同第4条。

6.仓库人员买茶，每箱抽税0.4个铜钱，每半箱抽0.2个铜钱，每盒或两小盒抽0.3个铜钱，每包（每盒10斤装或15斤装的4盒）抽0.4个铜钱。

7.店主买茶每箱抽税三分之一个铜钱，每半箱抽半个铜钱，每大盒抽0.6个铜钱，每小盒抽0.6个铜钱，每包（4小盒）抽1个铜钱。

8.广东人与外省人合买，每箱抽2个铜钱，每半箱抽1个铜钱，每大盒抽1.2个铜钱，每小盒抽0.6个铜钱，每包（4小盒）抽2个铜钱。

9.商行买办向非广东籍人买茶叶，每箱抽税4个铜钱，每半箱抽2个铜钱，每大盒抽2.4个铜钱，每小盒抽1.2个铜钱，每包（4小盒）抽4个铜钱。

10.进口鸦片每箱抽税4Candareens，如果复运出口，税款退还。

11.仓管人员每次进口商品价值100元者（根据账簿价值）抽税4Candareens。

12.买办与仓管人员每年年终应捐献香钱一至十元。

13.税款收取后发给收据一张，上书"同善堂"三字。

值得注意的是，大盒茶叶的税额比半箱茶叶的税额高，经查询原因，称小盒装的茶叶质量比外运的箱装和半箱装茶叶的质量好，所以抽税较高。

这些会馆主要集中在上下杭。设在上杭街的有建宁会馆、泰宁会馆、浦城会馆、南城会馆、绥安会馆、福鼎会馆等，下杭路的有兴安会馆、南郡会馆、周宁会馆等；设在下杭街的永德会馆，始建于清雍正年间（1723—1735），是永春、德化两县商帮集资建造。闽清会馆，位于台江区帮洲街道后田新闻街71号，同治六年（1867），由闽清籍华侨募捐，黄乃裳主持修建。

上杭街的会馆更密集，除上述会馆外，福州市总商会、福州市茶叶同业公会、福州市药业商事研究会、福州银行等重要的银行、药业、商行等行业帮会也设址于此。下杭街主要是商行、钱庄、银行、福州西医西药局、福州进出口公司，还有鞋店、水果行、食品、绸布、鞭炮、麻袋等商行、店铺。

南 台 码 头

在清朝的福州行政区划中，南台的范围指的是今天的台江区苍霞洲、上下杭和仓山区的泛船浦一带。南台岛则指今天的整个仓山区。因此，近代的南台茶行与茶道指的是分布在这两个区域沿江码头的商家和运输茶叶的通道。

苍霞洲水陆交通发达。宋代以前，古苍霞洲位于台江区南部江滨地段，万寿桥（今解放大桥）以西、中平路（即田垱）以南的闽江沿岸，呈长方形地块，隔江与龙潭角、仓前街、上渡街相望。这里原为闽江水域，其后，因泥沙淤积，遂成沙洲，后与陆地相连后渐有人烟，船民多至此栖息。

淳熙《三山志》记载："生江浦中，郡城南有白虾浦。"《榕城考古略》补充记载，"苍霞"原名"虾浦"。因这里浦汊交错，盛产白虾，俗称"白虾浦"。《南唐书》记载，保大四年（946），吴越军队从海道来福州支援闽叛将李仁达时，从白虾浦登岸。当时的白虾浦海岸泥淖，要铺上一层竹布席才能通行。在城南与吴越对峙的南唐将领冯延鲁没有竹布席可铺，无法进攻，感慨道："城所以不降，恃此救也。"由此可知，当年城南海河相通，白虾浦还是海岸。

苍霞洲曾有多个地名，如"白虾浦""霞浦""仓下"等，为何更名为"苍霞"？叶向高是福清人，著有《苍霞草全集》。该书名与朱熹、福清有关。朱熹的诸多诗句中都有"苍霞"二字，比如"危亭波豁对苍霞，策杖重来日未斜""素雪留清壁，苍霞对赤城"。在朱熹的眼中，满目江山如一樽酒，苍霞披照山川不仅是一种美景，还包含着他心中治国之道与太极之道相符的美好理念。朱熹曾为福清市的灵石山题"苍霞"二字，后人建"苍霞亭"纪念他。"苍霞晚照"成为福清八景之一。

当归鸟穿林、芳洲日欲斜时，夕阳把仓山的层层叠叠的翠色、高高低低的天宁寺红墙、一树一树的雪梅倒映在南台江中，江面上渔舟唱晚，万顷银波照烟村，半江晴霞。叶向高想起家乡的"苍霞晚照"，又满怀与朱熹一样的治国平天下的抱负，情不自禁地与闽剧儒林始祖曹学佺等名士颂起朱熹的"苍霞"诗句。叶向高、曹学佺、徐兴公等是当时江浙、福建文坛的领袖。他们共同为南台赋诗，这些诗句成为南台十景。曹学佺常游历盐仓山的天宁寺和梅岭，因此江南的"天宁晓钟""梅岭冬晴"和江北的"苍霞晚照"一起被列入南台十景，又彼此隔江遥相映照，成为福州最美的风景区。

苍霞洲的商业发展分为4个阶段：第一阶段在宋朝，福州上游各府商贩坐船到此停泊，港内小舟络绎，集散货物，极为繁盛，市肆渐开，一派水乡风光；第二阶段在明朝弘治十一年（1498），直渎新港开通后，靠近琉球柔远驿的苍霞洲也成为商业区域；第三阶段于明末清初，仓山区的洪塘港淤塞，各处商船转向台江，这里舟楫来往方便，义洲、帮洲、苍霞一带成为闽江上中游农副产品的集散地，当时这一带停泊的船只最多时达千艘以上；第四阶段，五口通商后，仓山区沿江的泛船浦一带洋行、道头林立，一时激增的巨大茶叶贸易量促使白龙江对岸的台江区苍霞洲、上下杭也出现繁荣的商业景象。1936年，国民政府在苍霞洲恒昌埕建成木材专运、杂货码头各一座。近代著名翻译家林纾的《苍霞精舍后轩记》载："洲上居民百家，咸面江而门。余家洲之北，湫隘苦水，乃谋适爽垲，即今所请苍霞精舍者。"

苍霞洲的后洲巷（今后洲街），因靠近闽江码头，巅峰时期有70家生产茉莉花茶、珠兰、柚花、木兰、白木兰、水圭等花茶的花茶帮。后洲街通往解放大桥的东侧，有一条支前路，别称"茶道"，至今仍存。因专门运输后洲街的花茶、起卸茶箱而被称作"茶道"。一张鼓浪屿华侨银行银信汇款申请书上可见证明"茶道"的历史。申请书上的收款人地址是福州南台苍霞洲茶道，收款人姓名杰成祥茶庄，汇款人住址洋墓口 A171 号三楼，汇款人姓名建兴汇光局曾文远。汇款日期1941年6月27日，汇款国币5300元。

下杭街的三通桥、圣君殿、苍霞洲的恒昌埕、隆平路的马祖道及三保的拿公道号称"桥上道头"，以经营茶、纸、笋、京果及百货为大宗。经营这些商品的行号均称作"溪海行"。为货运起卸方便，商铺靠近码头，集中在上杭街、下杭街、上靛街、下靛街（下杭街和上、下靛街并称下杭路）、三保、潭尾街、万侯街及苍霞洲、义洲、帮洲一带。这里也是福建省尤其是闽东闽北土特产茶、木、笋、纸、纱布、粮、油、豆、糖、中药、各类杂货，以及农产品的集散总枢纽，是福州的工商经济中心。

台江区河道纵横，境内三捷河、新桥仔河等纵横其中，最初这里有6处历史悠久的道头（码头），即万寿桥下的太阳道、南道、泗佛道、潘公道、尚书庙道、婆婆道。五口通商后，各大行商开始建造私家专属的道头，比如万寿道、蛎船道、半片道、瀛洲道、十三桥道、十四桥道、小桥道、水巷道、马祖道、大义道、义洲的太和道、帮洲的攀龙道、尚书道、沙埕道、拿公道、洪武道、酒陈道等。沿江还有美打道（因售卖鸦片的英商美打洋行而命名）、恒昌埕道、蓬埕道、南福道、娘奶庙道等道头。福州市轮船航行招商局就设在台江区龙岭顶大庙山北部。

1914年，福建巡抚许世英建福州第一条马路——福新路，于1916年1月29日竣工。此前，福州没有马路，河道是台江区对外交流的主要渠道。1916年，李厚基督闽时期，开辟了从王庄到台江天华戏园门口为止的第二条马路。1927年，从天华戏园到鸭姆洲填江辟地，将最早的6个历史悠久的道头建成新码头和10个水泥道，于1930年全部建成，台江就有了16个大小道头，各路船只多停泊于此。这16个道头加上三夹道、拿公楼道等都属于台江区的码头。

仓山区的码头有盐甲道、龙潭角道、上渡道、舍人庙道、妈祖道、梅花道、轮船道、成铺道、过街道、中国银行道、德兴道、下只道、东窑出水甲道、华记海关道等，统称作"南福道"。当时的南台（台江区和仓山区）的大小道头达到70多个，形成福州白龙江上发达的轮船航线、水上航运的大动脉。

繁荣的内河，又因大船只能泊于闽江，小船可直接运货至上下杭商行店铺附近，时间快、价钱便宜，自然形成许多停舶船只的道头，后多以货物进出口专用为主，如牡蛎船、陶瓷，还有私人商家专用的码头。台江区的道头附近逐渐形成集市。台江是个大集市，三保、二保、后田街、万侯街、海防前、石狮兜等商号网点星罗棋布。闽剧《贻顺哥烛蒂》中的马贻顺丝线店，就开设在石狮兜的河下口。

清末，有钱有势的人凭借政府颁发的道头（码头）管理"执照"管控道头，成为道头主（又叫"名色主"）。道头主可以代代世袭。在码头卖苦力的搬运工须向道头主买一份"名色"，每份"名色"需花银圆50元。搬运工多来自福清、长乐、连江等地，集中住在道头主开设在中亭街的"甲馆"里，白天到码头搬运茶叶，半夜三更渔船或其他商船到时，搬运海鲜。苍霞洲的河道、码头是形成上下杭商业区的重要基础。

近代茶务弊端

华茶市场被印度商人夺取后，陕滇蜀百姓遍种罂粟，夺取洋人鸦片之利，因此，洋土仅销于沿海各直省。洋务派因此认为"可谓天道持平之理矣"，于是想到"以其人之道，还治其人之身"，用机器纺织棉花，英国的羊毛纺织品在国内就会滞销；开矿产出煤铁五金，洋铁、洋煤便无人问津；精制机器，船械炮火不用再进口。如果方方面面都能自造自足，便无须进口洋货，中国也不必出口茶叶了，虽尽失丝茶大利，但无碍于治理保邦，可谓救时一策。清朝部分官员存在这样的观念，华商也无意夺取国际茶叶市场，便只满足于做国内茶叶市场。

民国政府意图整顿茶务，决定派官员担任茶叶公会的董事，而这些官员傲视商人，对茶叶市情也不甚了解，对拯救茶市无益，商人受害却深。由于商务部查办困难，各地茶叶公所之间难以协调。因此，政府要求茶叶公司雇用专业人员谨慎采办茶叶，对制造和流通环节进行认真严格审查，保证茶叶质量。茶叶公司或办新式机器，或置新式茶炉，并制作坚固的箱筐，以保证茶叶长期保存。此外，政府还要求同行之间合并成公司，由一些精明干练的人来担任总理和协理，共同管理茶业公司。各个商号所售卖的茶叶都要经过总理、协理、监制、存储、定价、发售、照本、审计和盈亏审查。但是，由于许多茶商资本不足，他们需要依靠中国银行的支持。银行可以准许茶商按揭贷款，宽限期限，并降低利息，帮助茶商避免因资金不足而低价出售茶叶，却给了外商可乘之机。如果全国茶商能够团结一心，那么奸商就无法混入茶市，采用欺诈、压低价格等手段伤害同行。茶市将会蒸蒸日上。

1933年，福建省政府对茶业陋规加以整顿。当年茶商郑乡藩承造桥北台江汛码头第四浮船，就地租仓囤茶，以谋运输便利，免茶箱被偷窃、潮湿等弊端。次年，茶商苏逸均在桥南设立仁成茶仓。这一年春，省建设厅派专员柯仲正等人赴产茶各国，如印度、锡兰、爪哇等处，考察茶叶产制运销的做法与制茶设施等，后决定由政府以贷款方式支持茶农茶商，取缔茶栈制度，维护茶农茶商的利益。1935年，福建省政府在台江汛码头设立官商合办的第一茶仓，代替茶商办理茶件起卸、分发、囤存、保管、包装、运输等事宜。

1936年2月，福建省政府拟定贷款办法，由建设厅向省银行以及辛泰、商业等3家银行各借款10万元，交由新设的茶仓管理所贷给茶商，因款额有限，遂先就产茶最多的旧福宁府开始予以贷款，随后在福州等地区展开，预定红茶贷款2/3、绿茶贷款1/3，无论是信用贷款还是抵押贷款，利息均为月息8厘，不到以前茶栈贷款利率50%。过去承运三都、赛岐的商船，须代茶商完垫税银。为此，政府为载茶商船担保，向福建省银行与交通银行福州分行订立信用往来，透支或抵押贷款28万元，专为垫付全部关税与一部分运费之用，同时规定不许增加运费价目。

民国后期，福建地区茶叶市场衰弱主要内因来自政治紊乱、军事骚扰，外受茶叶新兴国家的竞争与威胁、各国关税壁垒的压迫、外部势力恶意宣传，终被被逐出国际市场。内部原因更复杂，归结如下。

第一是治安问题，战争期间，茶区被土匪占领，茶农采摘困难，茶农因此流散，茶叶产量减少，品质下降。茶商得不到正当利益，再加上抗战以后海口被日寇封锁，茶叶外销几乎全部停顿。

第二是捐税问题，军阀更迭割据导致的苛杂捐税众多，福州茶税共计24种。

第三是培植技术、制造不良、运销散漫等管理问题。茶叶组织始终不健全，茶贩和茶商为谋利，利用毛茶有时效性的弱点，以苛刻的方法：

大秤、杀价、抹尾等陋规，层层剥削、重重压迫。茶农终年辛劳，卖茶却难以满足温饱，为了生活，被迫滥采粗制，遂致茶叶质量每况愈下。

第四，国民党当政时期，地方茶叶管理机构推行中央的茶叶政策，福州茶业也被纳入四大家族的控制之下，民营的茶帮遭受官僚资本的致命打击，福州的茶商濒于绝境。

第五是官僚习气严重，轻视各国争取国际茶市的宣传竞争方法和政治管理制度。比如，英国在印度设印度茶叶联合会和茶税委员会，在锡兰设立农业部和研究院、锡兰茶叶宣传局，在爪哇设茶叶评检局等。他们把茶市政治化、茶政市场化，以满足需求。而民国政府依旧以官僚主义的茶政角逐市场，难以和印度、锡兰、荷兰统治下的东印度、日本竞争国际茶市。

第六是没有运用科学精神计划茶政，研究迎合消费者口味的茶叶，以争取更具吸引力的茶市，导致整个福建茶产业走向衰弱。

抗日战争中，福州茶业受战争影响逐渐衰弱，出口完全中断。抗战胜利后，茶业虽一度复苏，但受到官僚资本的掠夺、省外茶胚大部分不南运窨花、通货膨胀等多方面的影响，延至福州解放前夕，不少茶商停业或减缩业务，茶业市场十分冷淡。

《马勇说晚清》中说："在鸦片战争之后20年，中国没有善待五口通商带来的机遇，没有下功夫引导中国利用这个机会实现产业转型，将农业文明转轨到工业文明；也没有利用五口通商机会去耐心引导消费，培育市场，培育中国人新的消费习惯和消费理念。中国在经历了战争短暂的痛苦后，很快重回宁静与安逸，重新享受农业文明的好处。"

附录 茉莉花简史

盛夏午后，福州城南的闽江两岸，茉莉花开遍了田野，宛若一片花的海洋。江上轻风微澜，一艘艘轻盈的小船，满载新鲜的茉莉花，慢悠悠地驶向岸边码头。采茶少女轻轻地摇着船桨，淡淡花香四溢飞扬，欢乐的小调，飘荡在波光粼粼的江面上。船靠岸后，装满茉莉花的竹篓、箩筐搬到岸上。这时，从城门镇通往泛船浦福州茶厂的路上，各乡花农或肩挑，或手推，将茉莉花一担担、一车车地往城里运送。茉莉清香填塞道路，醉倒了多少过往的行人，形成一条茉莉花大道。这是清末以来福州城市的一道独特风景。那时，福州仓山人的房子周围遍布茉莉花田，福州人也家家户户盆栽茉莉。老依伯清闲悠悠，就在小院门口、街边摆一张竹椅或竹床，舒服地躺着，摇着蒲扇纳凉、听闽剧，再惬意地喝一口搪瓷杯里的茉莉花茶。从此，老福州人都有一份芬芳的乡愁，它的名字是茉莉。

19世纪末，福州成为中国茶叶新产品——花香茶的生产中心，其中茉莉花茶尤佳，全国驰名。其窨制技术明代已有研究，清代咸丰年间开始大量生产，形成产业，名品有"蛾眉""茉莉银毫""茉莉春风""雀舌毫""明前绿""龙团珠"。光绪二十五年（1899）至1916年前后的18年间，茉莉花茶常年输出量均在25万担左右，1929年达到352500多担。

1986年，茉莉被评为福州市的市花。茉莉的花香被誉为"人间第一香"。老仓山人又掀起种茉莉、喝茉莉花茶的热潮。有一篇散文《乡愁里的福州》记述了这样一则美丽的故事："夏天的早晨，父亲起床的第一件事就是去阳台，殷勤地浇灌他的美丽女儿——几盆茉莉花。我站在自己卧室的窗口，望着父亲浇花的背影、他背影外不远处一座比他和老阳台更老的老洋房。到了夜晚，老阳台的茉莉花香在月色里一点点地散开，泛着灯光的空气、挂在竹竿上的衣裙、洗刷干净的墙、一尘不染的地面，还有我湿漉漉的头发，都成为吸收茉莉清香的材料。尤其我的头发碰过毛巾后，毛巾被感染了茉莉香，浸泡到水盆里，水也香了。母亲用这盆水洗手。家里但凡她的手沾过的都有了茉莉的芳香。当我们俩站在老阳台上聊我的爱情时，我只觉得爱情都沾满了芬芳的气息。母亲和悦的表情里似乎也朦胧地泛着茉莉的色泽。"

2000年来，茉莉是福州人心中散而不去的爱和希望。茉莉，莫离，送君茉莉，一生莫离。

由茉莉形成的现代产业分别有茉莉花茶、茉莉花膏、茉莉文创及食品。

茉莉的起源

"窨得茉莉无上味，列作人间第一香"。福州栽培茉莉至今已有2000年的历史。茉莉是全球重要农业文化遗产。茉莉花素有"花之女王""精油之王"和"人间第一香"的美誉。福州形成茉莉三宝即茉莉花茶、茉莉花膏、茉莉花水。福州被誉为"中国茉莉之都"。

福州将茉莉选为市花，与福州人喜欢茉莉清纯、洁白、芬芳的特点，深厚的文化内涵，茉莉花茶的巨大商业价值有关。茉莉花茶究竟是如何从福州走向世界的呢？

明代农学家王象晋编撰的《二如亭群芳谱》记载茉莉的名称："茉莉，一名抹厉，一名没利，一名末利，一名末丽，一名雪瓣，一名抹丽。谓能掩众花也，佛书名鬘华，原出波斯，移植南海。"本草云，末利本梵语，无正字，随人会意而已。

茉莉的英文名是"Jasminum sambac"，茉莉的名称因为翻译自梵语，民国前无正字，随人会意而写。那时，福州人把茉莉写作"苜莉"。因为茉莉约有200个品种。王象晋说茉莉出自波斯。晋代嵇含所撰的《南方草木状》只说茉莉花来自西国："耶悉茗花、末利花皆胡人自西国移植于南海，南人怜其芳香竞植之。"

《后汉书·郑弘传》记载，东汉建初八年（83）"旧交趾七郡贡献转运，皆从东冶泛海而至"，东冶即福州。当时交趾七郡（包括今广东、广西、越南等地）向中央王朝进贡的路线是由海路在福州东冶港登陆，再经陆路转运到京都洛阳。早期来福州的外国人以朝贡使者、商人、宗教徒居多。

北宋名臣蒋之奇说："佛香红茉莉，番供碧玻璃。"北宋官员叶廷珪曾在福清任知县，《句》诗中提及茉莉："名字惟应佛书见，根苗应逐贾胡来。"

南宋，福州人郑域《郑松窗诗话》的《茉莉花》诗中记载："风韵传天竺，随经入汉京。"南宋诗人，王十朋赋诗《又觅没利花》："没利名嘉花亦嘉，远从佛国到中华。老来耻逐蝇头利，故向禅房觅此花。"东汉时，茉莉是佛教的四大圣花之一。

陆贾《南越行纪》曰："南越之境，五谷无味，百花不香，此二花特芳香者，缘自胡国移至，不随水土而变，与夫橘北为枳异矣。彼之女子以彩丝穿花心以为首饰。末利花似蔷蘼之白者，香愈于耶悉茗。"

以上记载说明，茉莉花当年确实通过海上丝绸之路，经波斯、天竺到达福州。福州早在闽越国时就开始种植茉莉花，那时福州女子以彩丝穿花心，作为首饰，这是因为汉代开始，有着把茉莉花用丝线串成花环、供奉于佛像前的习俗。茉莉花也特别适合福州水土，在这里绽放的花香最清幽、淡雅、迷人。

茉莉的种类

茉莉花，从西域翻译过来的名称是"耶悉茗"。传入中国后，尖瓣细瘦的为素馨，圆瓣的是茉莉，其花色白，香味浓郁。

茉莉品种多，根据《御定佩文斋广群芳谱》记载，福州有白茉莉，四川有朱茉莉，广东有绿茉莉。白茉莉清香，朱茉莉艳丽无香，绿茉莉气味辛热。

汉朝时，福州人开始栽培气味清香的单瓣白茉莉，至今已有2000年的历史，因此有"茉莉之乡"的美誉。如今，茉莉在福州人的心中，不再仅仅是一朵花，而是一盏令人念念不忘、久久眷恋的花茶。它代表闽都的精神文化、一份乡愁，具有享誉世界美名的物意。诗有其意，物亦有其意，茉莉花其意在于芬芳人心。

《扪虱新话》记载："南中花木有北地所无者，茉莉花、含笑花、阇提花、渠那异花之类，以性皆畏寒，故茉莉惟六月六日种者尤盛。市中妇女喜簪茉莉，东坡所谓暗麝着人者也，制龙涎香者，无素馨花，多以茉莉代之。"可见，自古以来，女性对茉莉的喜爱令北宋大文豪苏东坡也情不自禁地赞美茉莉的香不张扬，而是"暗麝着人"的含蓄。

《乾淳岁时记》载，盛夏时节，孝宗赵昚在单独接见大臣的选德殿及翠寒堂纳凉时，摆放茉莉花数百盆，鼓以风轮，清芬满殿。赵昚是南宋最有作为的君主，史称"卓然为南渡诸帝之称首"。他在位期间，是南宋政治上最清明，经济、文化最繁荣兴盛的时期。由此可知，南宋时，位于临安的国都距离福州很近，皇宫已受到福州的影响，夏天也栽种茉莉熏室。南宋诗人罗愿因此写诗赞美茉莉"蜀江红紫纷披后，初看东南第一花"。

茉莉花如何成为花茶的呢？最早应从唐朝的蜡面茶制作发端。蜡面茶得名和制作方法，有两条文献可征引。宋人程大昌在《演繁露》中记载："蜡茶，建茶名。蜡茶为其乳泛汤面，与镕蜡相似，故名蜡面茶也。"元人王祯曾记载制作工艺："蜡茶最贵，而制作亦不凡：择上等嫩芽，细碾，入罗，杂脑子诸香膏油，调齐如法，印作饼子。制样任巧，候干，仍以香膏油润饰之。"。

《新唐书·地理志》记载，唐代中国的贡茶地区有16郡，包括福州，"福州贡蜡面茶"。那是唐武德六年（623）。《旧唐书·唐哀帝纪》、北宋丘荷的《御泉亭记》《帝王部·姑息四》《帝王部·纳贡献》，都记载福建进贡的蜡面茶就是福州所产的蜡面茶。由蜡面茶做法可知，福州人自古就喜欢在茶里加香料。

唐朝，茉莉也频频出现在唐诗里，如"茉莉香篱落，榕阴浃里闽。雪霜偏避地，风景独推闽"。作者丁儒，曾于唐高宗时随陈元光入闽。

可见，茉莉在唐朝已融入闽人的生活，与福州的市树榕树一样，已成为福州的标志物。

宋代——首创茉莉花茶加工技术

《清异录》记载，五代时期，后周世宗柴荣遣使至南汉。南汉主刘晟赠使者茉莉花，美其名曰"小南强"。小南强成为茉莉花的别称，应是南汉国的国花。那时，南汉的清远公主刘华嫁给闽国国王王延钧，自然也把国花茉莉种在宫中庭院。茉莉花含挥发物质，可作为提取芳香油的原料，夏日可润燥香肌，妃子们竞簪茉莉争奇斗艳，又是熏室、熏衣必备之物。因此，宋朝福州地区已广泛栽培茉莉，面积甚大。乾德二年（964），宋廷始在京、建州、汉、蕲口设置榷务，对茶事进行管理，也促进了福州茶事的发展。

北宋大文豪苏东坡说："所谓暗麝着人者也，制龙涎香者，无素馨花，多以茉莉代之。"宋朝，已用茉莉制龙涎香，那时把茉莉加入茶中也并不意外，早在宋朝或此前已被运用。

宋朝张邦基《闽广茉莉说》："闽广多异花，悉清芬郁烈而茉莉为众花之冠。"《礼记》论述五味调和，说明中国的饮食文化也包含香味文化。宋朝贵族与士大夫对茉莉香的重视与喜爱，痴迷于香味的古人，不仅房间、衣着要芳香，饭菜茶点也要闻香。当时的中原香料主要是兰香、蕙草、花椒、香桂、白芷、薄荷等本土植物，这些只能用于饮食中，不能入茶。

北宋名臣、茶学家蔡襄所著的《茶录》里，有以茶吸取各种香气制茶的记载，又有"素馨出南海，万里来商舶；团栾末利丛，繁香暑中折"的诗赞美茉莉。福州茉莉花茶的产生，启蒙于蔡襄，成就于柯述。

柯述受蔡襄《茶录》的影响，在蔡襄发展贡茶的基础上，亲自负责福州茶叶的监制，加大福州茶叶加工技艺的创新，开创了福建花茶的新品种。宋徽宗年间（1100—1126），柯述两次知福州府，留在福州乌石山上至少有6处摩崖石刻，其中三处与福州茉莉花茶有密切关系。元祐五年（1091），柯述游览乌山神光寺，榜书"天香台"三字，镌于山南石壁上，为"乌山三十六奇"之一。"天香"既指神光寺的佛香，又指茉莉，因为汉代开始，茉莉就是佛前供花。古人认为"国色牡丹无香，天香茉莉无色"，二者合称"国色天香"。

柯述在福州经过多方尝试，研制出数十种香茶，根据不同品种的茶胚，推广不同的花茶品种。在柯述的推动与倡导下，福州茉莉花茶作为闽茶的新品种得到迅速发展，也使福州各地普遍种植茉莉花。

南宋时，茉莉花茶的制法已相当成熟，较早的加工中心就设在福州。南宋末年文学家陈元靓撰写的《事林广记别集》中记载百花香茶的窨制方法。其中，茉莉花茶的制作方法与脑麝香茶的制作方法一样，即"脑子随多少，用薄藤纸裹，置茶合上，密盖定，点供自然带脑香，其脑又可移别用。取麝香壳安罐底，自然香透尤妙。"福州老人说，在茉莉花茶诞生之前，福州就有花香茶系列，但最受欢迎的仍是茉莉花茶。

南宋许多诗人赞美茉莉，比如诗人江奎的《茉莉》："灵种传闻出越裳，何人提挈上蛮航。他年我若修花史，列作人间第一香。"

方岳赋诗《茉莉》："闽雨揉香摘未稀，钩帘顿觉暑风微；只应雪外梅花笑，自与儿曹入枕帏。"

南宋名臣、文学家范成大为茉莉赋诗《再赋末利二绝其一》："熏蒸沉水意微茫，全树飞来烂漫香。休向寒鸦看日景，只今飞燕侍昭阳。忆曾把酒泛湘漓，茉莉球边擘荔枝；一笑相逢双玉树，花香如梦鬓如丝。"

南宋诗人许棐赋诗《茉莉》："荔枝乡里玲珑雪，来助长安一夏凉。情味于人最浓处，梦回犹觉鬓边香。"范成大和许棐的诗歌说明，南宋时，茉莉栽种在荔枝树下。老福州人也常说茉莉花田里多栽种荔枝与龙眼，茉莉花因此有了荔枝与龙眼的冰糖味。

金代赵希鹄所撰《调燮类编》详细记述茉莉花茶的制作过程。根据形状的不同，珍珠状的著名品种有"龙团珠茉莉花茶"，针状的著名品种有"银针茉莉花茶"。其中对木樨等香花熏茶方法有了较详细的记述，他写道："木樨、茉莉、玫瑰、蔷薇、惠兰、橘花、栀子、木香、梅花皆可作茶，诸花开放，摘其半含半放、蕊之香气全者，量其茶多少，摘花为拌，多则太香而脱茶韵，花少则不香而不尽美，三停茶一停花始称。假如木樨花须去枝蒂及尖垢虫蚁，用瓷罐一层花一层茶，投间至满，纸箬扎固入锅，隔罐汤煮之。取出待冷，用纸封裹，置火上焙干收用，则花香满颊茶味不减。"

英国简·佩蒂格鲁、美国布鲁斯·理查德森联合撰写的《茶行世界环球茶旅指南》中介绍："宋朝的茶饼是特制的三角形，茶中添加了少许诸如茉莉、荷花和菊花之类的花草。这些花草可有效去除茶叶中原有的青气、粗气和苦涩味。"说明了花茶诞生的原因。

宋朝的茶饼是福建省建瓯生产的龙凤团茶。《画墁录》记载，唐朝，常衮任福建观察使兼建州刺史，在建州主持改革茶的制作工艺，把蒸青茶叶研末和膏，压成茶饼，创制了研膏茶，俗称片茶。宋咸平初（998）任福建漕运使的丁谓首次制造出工艺精细的"龙凤团茶"。42年后，宋庆历初，蔡襄任福建路转运使，进一步造出小龙凤团茶，研发出三角形的茉莉花茶饼。当时的人们对花茶的兴趣也许仍不够浓厚，因为制作麻烦，品茗的人少，留下的文字记载较少。

明代——茉莉花茶加工技术转型

明代，福州茶人对茉莉花茶的生产不断改进，尤其优质炒青绿散茶的出现，为福州茉莉花茶制作工艺的发展奠定了坚实基础。经过千年的积淀，沿袭宋代制香茶的思路，福州茶人反复尝试用各种鲜花与绿茶结合，"茶引花香，以益茶味"，栀子花、玳玳花、玉兰花、珠兰花等都曾被试验过，结果以茉莉花与绿茶结合制作的花茶品质最为优异，以茉莉花茶为主的花香茶工艺遂被确定下来并日渐完善。

《福州府志》记载，明万历年间（1573—1619），福州产茉莉花茶。茉莉花茶又叫"薰花茶""窨花茶""香片"等，现代福州人说到花茶，专指茉莉花茶。明中叶福建文坛领袖徐兴公的《茗谭》记载，"闽人多以茉莉之属，浸水沦茶"。

明朝学者、福州人谢肇淛撰写过《鼓山志》《茶书全集》《五杂俎》等。

他的《五杂俎》记载，江浙的茉莉一本千钱，到了山东更是价格要抬高三倍。"闽、广家家植地编篱，与木槿不殊。"可见明朝时福州人家已家家种植茉莉。他还记载，福州有一种来自四川的茶树又大又高，花大如牡丹，色正红，二三月开花时照耀园林，令人不敢正视，可惜香味粗俗。牡丹香也太浓，不免有富贵相。蜀茶的花色也太艳，"政似华清宫肥婢，不及昭阳掌上舞人也"。可见文人喜欢的花茶必须清雅如茉莉，否则便似杨贵妃的肥腻，富贵相或艳丽都不是上品。

至于泡茶之用水，谢肇淛说闽人苦山泉难得，多用雨水，雨水味甘，不及山泉清洌。河南淮河以北地区的雨水也苦黑，不堪煮茶，只能冬藏雪水夏用。古人煮茶也说烹、煎，须汤如蟹眼，茶味才适中。明朝开始煮茶，等水汤沸腾时，把茶投入壶中，可惜稍着火即色黄，而味涩不中饮。可见到了明朝，古今的茶汤煮法不尽相同。北宋著名文豪苏东坡与人斗茶时，用天台竹沥水，乃竹露，非竹沥。但明朝的医家必须用火逼竹取沥断，否则不宜煮茶。这说明明朝时，福州人的煮茶有多讲究，所以对于花茶的制作自然不能随意。

与谢肇淛、徐兴公同时代的明代文人、农学家、旁通医学的王象晋在其著作《御定佩文斋广群芳谱》中提及茉莉花的窨制方法："每晚采花，取井花水半杯，用物架花其上，离水一二分，厚纸密封，次日，花既可簪，以水点茶，清香扑鼻，甚妙。花史云，闻老人言饮之得肚腹虚饱之症，香能散气，老人气虚，理或有之，昔人有异香含异毒之语，养老者慎之。"王象晋从中医理论角度分析茉莉花茶的利弊，一是香能散气解郁，二是体弱者不宜多饮。

《遵生八笺》是明朝高濂撰写的一本养生专著，刊于万历十九年（1591）。书中详细记载茉莉的种植方法，还详细说明如何做花香茶："木槿、茉莉、玫瑰、蔷薇、兰蕙、橘花、栀子、木香、梅花皆可作茶。诸花开时，摘其半含半放蕊之香气全者，量其茶叶多少，摘花为拌。花多则太香而脱茶韵，花少则不香而不尽美，三停茶叶一停花，始称。假如木槿花，须去其枝蒂及尘垢虫蚁，用磁罐，一层花，一层茶，投间至满，纸箬紫固，入锅，重汤煮之，取出待冷，用纸封裹，置火上焙干收用。

诸花仿此。"

清代至民国——茉莉花茶产业起步

在福州谈茉莉花，必离不开茶。来自异邦的茉莉与绿茶的相遇，催生出驰名中外的茉莉花茶。当年闽江畔采茉莉花的女子，边采花边唱着歌谣："闽边江口是奴家，君若闲时来吃茶。土墙木扇青瓦屋，门前一田茉莉花。"这民谣表明福州人世代种花、做花茶的传统。

茉莉花茶诞生于北宋，明朝随着制作工艺的提升，百姓已有家庭窨制喝茉莉花茶的习惯，但尚未形成一个茶类，也未形成一个产业。清代，茉莉花茶制作工艺臻于完善，成为产销量最大的茶类，自然形成产业化的格局。

《闽茶季刊》记载近代茉莉花茶如何风靡北京。清咸丰年间，北京汪大正商号，运其所制的玻璃鼻烟壶到福州，提炼茉莉花香气灌入鼻烟壶中，备受清廷官员的喜爱，以此营业而发达起来。福州的生盛、大生福、李祥春等茶号受到启发，开始制作茉莉花茶，果然大受京城人的喜欢。福州茉莉花茶送进清宫后，咸丰皇帝十分喜爱。慈禧太后吸爱茉莉花，她最喜欢喝的是"茉莉双窨"，即福州的茉莉花茶。她在接见外国使节和赏赐时经常用茉莉花茶。福州的茉莉花茶便留下"中国春天的味道"美誉。由于皇室的喜爱，福州茉莉花茶成为贡品，京津的权贵圈子中兴起茉莉花茶热，茶客趋之若鹜。福州古田的茶号"万年春"随之窨制茉莉花茶，用帆船运抵华北各地。花香茶开始在华北打开销路。晚清，福州船政文化发达，福州不少海军人士在京任职，对外交流频繁，也用自身的人脉普及推广茉莉花茶。

由于茉莉花茶产业兴起，福州各处都开始引种茉莉花。福州北门外的战坂也引种茉莉花，作为盆景供人赏玩，或摘花卖给妇女作为装饰品。

茉莉花产区

自古以来，福州茉莉花种植区域大多分布在白龙江和乌龙江两岸及其下游的沙洲盆地。这一带气候温暖、阳光充足、雨量充沛，加上沙壤土肥力高、水分足，特别适宜优质的茉莉花生长。福州名谚"闽江两岸茉莉香，白鹭秋水立沙洲"生动描绘了茉莉沿江栽种的旖旎风光。清末，福州城遍种茉莉花，时人诗曰："山塘日日花成市，园客家家雪满田"。福州南台岛（今仓山区）因藤山十里梅花被赞誉为"琼花玉岛"，岛的四周也遍植茉莉。当年仓山区的凤冈36乡和闽侯上街镇分别被称为"花乡"和"花屿"。法国驻福州领事保罗·克洛岱尔见此茉莉栽种盛景，将福州赞誉为"一座花与蜜的城市"。

福州生产的花茶品种多，茉莉最佳。全国所产茉莉的城市中，福州茉莉产区种植面积最广，主要集中在仓山区白湖、城门、上渡和下渡区域、南门外水部门、上街侯官村、厚美村、西门浦口新洲、井门外、汤门外、北门外莲花峰、西门、洪塘、淮安、南门外洪山下、甘蔗、中房等。其中白湖产量最大，年产2410担，占全市茉莉花茶产量的19%。

若以土地肥沃程度上看，白湖、城门距离福州城较近，所产之花品质最佳，因这里与茉莉花茶厂最近，摘花时间在午后，经过日光半天的照射，晚间露水全消，花香浓郁。鲜花送到茶厂时，花朵正处于含苞期，恰好配合窨花时间，经过文火烘焙，香味更浓，故价格较高。

远郊距离市区茶厂较远，比如上街镇、侯官村、长乐，为适应夜晚窨制，必须在早晨露水未消时提早摘择，却因受日光不充分，花色欠白欠香，难免影响其品质。其花小香淡且多用船载运输，花袋堆积船中，导致花朵不结实，做花茶时必然削弱其品质，因而，价格较低。如今交通便利，半个小时的车程就能送达工厂制作，解决了该难题，所以长乐、永泰的茉莉花田也越来越多。

珠兰花是窨制茉莉的重要配花。传统窨制茉莉花，先用珠兰打底，因此，珠兰的产量也比较大。珠兰的栽培区域主要以凤岗（今仓山区金山街道)、上街镇、侯官村最多,仓山区的白湖较少。每年珠兰花产万余担。

　　当时每亩地栽茉莉花约1800百株,每年可摘花200斤左右,每担成本大约90元。因天时世变,花景盛时,每担花价涨至百元,花景衰弱时,每担花价跌至10元左右。

　　如今,专攻制作茉莉花茶的本土企业家认为,五虎山下、乌龙江中的沙洲地肥沃通透,依旧最适合种植茉莉花,加上仓山区乌龙江畔的农民吃苦耐劳,早就习惯了务农,可谓天时地利人和。因此才有福州的"闽江两岸茉莉香,秋水白鹭立沙洲"。如此好的生态环境自然要好好保护,才能让福州的茉莉花香与众不同。

福州茉莉的特质

　　茉莉一年四季种植,呈现不同的质量。茉莉喜温暖,晴朗澄气上升,花气混郁,花朵干燥,品质优良,产量多;阴雨天气,气温低,香气淡,花朵湿度大,不利窨制。按季节,茉莉花分为春花、伏花、秋花。5月下旬至6月下旬开花的称作春花,此时的茉莉因天气乍寒乍暖,花朵小而轻,窨制的花茶,其味微薄,品质稍差,若气候较暖,质量略增。7月上旬至8月下旬的茉莉称作伏花,每朵花有八九瓣之多,花朵大而重、含水分较厚,质强气烈,色泽鲜白,此时期的花量占全年总量的60%,是全年窨制花茶的最佳时期。伏花窨制之花茶香味耐久不泄。9月上旬至9月下旬的茉莉是秋花,期间视气候而定,占总产量的30%,品质与春花类似,但香气颇清;若气候温暖,品质则与伏花同。

茉莉花茶的窨制

　　《皇朝经世文新编》记载:"花香之茶为洋人所推重,而中外制造实皆不得其法。盖以花片窨在茶内,日久湿郁味变,虽有微香,不适于饮,若以新意造成抽气香,用整盆清香花置于旁,但吸其清香,以入茶并无渣滓，则香味清纯，入口分明。何种花香历历可辨饮之，令人如登仙境，此种茶亦各兼制以作骖乘，不更将不胫而走，不翼而飞也哉。"说明清朝茉莉花茶的制作还在起步阶段。

福州茉莉花茶制作历史悠久。福建省农林公司茶叶部于1946—1947年编辑的《闽茶季刊》专门介绍了茉莉花窨制之程序及其方法。花茶的制作过程是从毛茶—筛分—扇簸—拣剔—烘焙—窨花—覆火—成茶—装箱。茉莉含苞待放时，气味芬芳馥郁又清凉，此时花入茶中，一如沆瀣相投，美妙异常。此窨花方法即采用中国传统的花香提炼之冷吸法。

茉莉花茶的窨制也历经一段试验期。花茶以茉莉、珠兰为主，其余的花茶还有玉兰花、栀子花、木兰花、柚花、柑花等。这些花茶中，只有茉莉花香最清幽，其次是珠兰，是花茶的上品，属于名贵花茶。福州气候温暖，土质肥沃，茉莉和珠兰种在园地容易生长繁殖，靠近市区的农村，将多栽花视为农家副业，所以产量较大，足以供应熏制茉莉花茶。

花茶品质之关键在于窨花。花第一次入茶窨制，制茶术语谓之"底"。窨底之花多是副品，如气味浓厚的白玉兰、栀子花等。如用玉兰窨底，花量宜少，再用茉莉花窨之，茶香由浓浊转变为沁脾之芬芳。若用珠兰窨底则更佳。窨花次数愈多之茶，花香气味愈易深入茶身，经沸水泡后，初未甚香，少顷，茶与花之真味渐渐呈现。因此，珠兰窨底，茉莉花盖之后，窨制三四次之茶，品质佳，价格亦高。

茉莉花茶的品质与花朵采摘天气、时间也关系密切。雨天、冷天所采之花，香油不易挥发，香味较逊。下午采摘之花因芳香物质持续积聚，香味较浓。花与茶之比例及花茶混合的时间、温度，皆影响花茶品质。

制茶商对花香茶，窨花一次者称单窨花，二次称双窨花，三次以上称三窨花、四窨花。花香茶因花品类不同而分为茉莉花茶、玉兰花茶、柚花茶、桂花茶等。茉莉花香清品高，多用以之窨制上等茶叶，如一级、二级、三级茉莉花茶。三窨花清明、四窨花春风、二窨花谷雨、茉莉花芽尖、苜莉三角片等，都闻名国内外。三窨以上花茶名目众多，其实质相差无几，装点门面，以示品种繁多，如雀舌毫、莲心毫、春分毫、蛾眉毫、雷鸣毫、碧螺春、龙团毫等均系三窨以上的高档花茶。三窨以下花茶是明前绿、雨前绿、高香片等称为中等花茶，其他大众普通茶叶有芽尖、中芽尖、次芽尖、芽尖末等属低档茶。

民国花茶研究者何翔明发表《改良花茶制造的两大问题》，认为一个是茶厂的机械化与窨花技术的改进，是福州花茶厂急需解决之问题，其他都是附属问题；二是窨花问题，茉莉花比普通花提取芳香物质难，所费成本亦较大，且芳香物质不溶于水，因此民国时探求提炼茉莉芳香物质、使茶吸香后减少损失的方法，成为茉莉花茶界的重要研究课题。

如今在宣传福州的茉莉花茶时，都会强调它独特的冰糖味口感。为何会有这种口感？根据古诗记载和当地老农的说法，认为这是由于茉莉栽种在荔枝和龙眼的果林树下的缘故，果树的香甜气味渐渐渗透茉莉花中，加上茉莉花田位于闽江环绕的岛上，水汽充溢，让福州的茉莉花茶有了与四川、广西、江苏一带的茉莉花茶完全不同的口感。

据制作茉莉花茶的企业家翁文峰介绍，冰糖味是和水土、气候环境有关。福州在地质海侵时期到全新世时，福州盆地下沉了约37米，海水从甘蔗退到闽安镇一带，上游溪水随之而向东灌补，在淮安处形成闽江南北支流，至马尾区处汇流向东海，因此具备以下两个自然条件。

其一，福州的水土便于种植茉莉。福州位于我国东南沿海，系较典型的河口盆地。盆地四周为海拔600~1000米的山岭所环抱，福建的母亲河闽江穿城而过。在福州西北南平延平区处有三溪（富屯溪、建溪、沙溪）汇聚点，汇流成河向东南奔腾形成江，即"闽江"。奔流到福州淮安处分成两大河流，南面乌龙江，也称南港，北面白龙江，也称北港。至马尾汇流，向东北出盆地，流至亭头、闽安镇附近，分长门、梅花注入台湾海峡。闽江是三溪汇流而成，溪水是山中雨水集聚而成。南支水域宽绰，水流缓慢，将水里携带的山土沉积下来，数千年被劳动人民耕作利用。乌龙江两岸和江中多是沙洲地。有道是"山土为田，雨水为河"。这样丰沛的水土，给茉莉花的种植和生长提供了独特营养成分，因此种植了许多茉莉花。如有"琼花玉岛"之美誉的仓山，就是因为多植茉莉。民谚说"乌龙江中沙洲地，秋水白鹭茉莉香"，既描绘茉莉生长的优越生态环境，也说明这里茉莉飘香。

种植茉莉花所强调的沙洲地是山土经长途与江水奔袭,沉积下来而成的,携带着山土微量元素,形成新的土壤,而这土壤对植物有以下几种作用。

1.保护植物:土壤中的微生物可以保护植物根系免受外界环境的伤害,如干旱、高温、低温、盐碱等。

2.促进植物生长:土壤中的微生物可以分解有机物质,释放出植物所需的营养元素,如氮、磷、钾等,促进植物生长。

3.改善土壤品质:土壤中的微生物可以分解有机物质,形成腐殖质,改善土壤结构和品质,提高土壤肥力。

4.抑制土壤病原菌:土壤中的微生物可以产生抗生素和其他生物活性物质,抑制土壤病原菌的生长和繁殖,保护植物健康。

综上所述,沙洲地对植物的作用是多方面的,可以保护植物、促进植物生长、改善土壤质量和抑制土壤病原菌,是土壤生态系统中不可或缺的一部分。这样的土壤对来自异域的茉莉花起着特殊功效。

其二,福州位于东经119.28、北纬26.08,典型的亚热带气候,常年温度保持零度以上。夏秋时长,日照长于类似地区,福州俗语里有"六月大暑曝不死,七月秋烘热死人"。这样的自然季节强劲地促进茉莉的生长,与地理水土结合,孕育出独一无二的芳香物"龙眼味、冰糖甜"的福州茉莉花。

茉莉花茶的产量

福州是我国花茶输出的重要口岸。花茶是福州独领风骚的茶叶输出品种之一。福州花茶皆以茉莉、白玉兰、珠兰、水仙花等香花窨绿茶。花茶的名称为花香茶、花窨茶。当时,福州的茉莉花茶年出口达4000万磅,占全国茶叶出口总额的35%。史载,光绪十五年(1889),福州茉莉花茶出口量为世界最大。光绪年间(1875—1908),福州茉莉花茶大量远销欧美、南洋等地。光绪二十六年(1900)后,每年的茉莉花茶产量都在500吨至1500吨之间,1925年输出花茶12860担,1926年输出花茶

12096担，1927年为13951担，1928年增至6400吨。1928—1938年是福州花茶的全盛时期，福州茉莉栽培面积达1.5万多亩，年产茉莉鲜花约5万担。此后，福州花茶年产量通常达10万多担。1928年至1936年，每年产花所售金额常在300万元左右，是民国最繁荣的花茶时代，福州成为全国花茶最大的生产基地。1931年，福州茉莉花茶生产发展到第一个鼎盛时期，每担价格百元。运销市场都在华北。1933年，福州市花茶产量最高，达到15万担（约7500吨）以上。

1900—1931年，福州城内经营茉莉花茶生意的省内外茶商有80多家，茉莉花茶产销两旺。1925年创办的何同泰制茶厂制作的茉莉花茶在天津深受欢迎，1935年每年售千担以上。1935—1939年5年间获纯利166万元。那时福州城内经营茉莉花茶生意的省内外茶商开行、设庄、办厂。福州成为全国窨制花茶的中心和集散地。

民国时期，水稻的亩产收益不及茉莉花茶的。销售茉莉花的丰厚回报，让福州农民纷纷转向种植茉莉。闽江两岸及闽侯、长乐等地出现大规模的茉莉花园。中华人民共和国成立后，茉莉花依然是这些地方花农的重要物产。"闽江两岸茉莉香"远近闻名。

每到夏季大暑天茉莉花全盛时段，每天午后，仓山区城门到泛船浦（今仓山区朝阳路）的茶厂路上，但见各乡花农陆续挑花入市。他们或肩挑，或手推车，茉莉花一担担、一车车地往城里赶，路上满溢茉莉清香，形成一条茉莉花道、独特的城市风景线。榕城宛若"茉莉花海"。

抗日战争期间，花茶生产下降，茉莉花生产趋于衰落。1949年，福州境内有茶园2016亩，总产茶叶265吨，主要分布于海拔600~700米的北峰、鼓岭山区地带。此后，茶叶生产迅速发展，除在山区扩建茶叶生产基地外，又在琅岐、亭江、鼓山开辟植茶新区。1979年，福州植茶面积5000多亩，茶叶总产59.2吨，主要种植品种有福鼎大白茶、福鼎大毫茶、福安大白茶、梅占、毛蟹、铁观音、黄旦、福云6号、福云7号、白芽奇兰等。1994年，茶园面积达5779亩，茶叶总产164吨。

福州是世界茉莉花茶发源地和主要产区，1949年9月，福州创办全国最大的茉莉花茶加工企业福州茶厂。20世纪50年代，茉莉花生产发展较快，1954年达到2202亩，比1949年增长了一倍，总产达到361.3吨，比1949年增长了近2.5倍。1966—1977年由于片面强调"以粮为纲"，茉莉花园大多被毁弃，1970年仅有54亩。1982年之后，福州市茉莉花种植面积迅速增加，1985年种植面积突破纪录，达到8648亩，1990年种植面积5349亩，单产、总产分别达到464千克和2482吨，均为中华人民共和国成立后最高纪录。主要种植地有新店、盖山、亭江、城门、建新、鼓山等镇，茉莉花品种有单瓣、双瓣、大花茉莉（花素）3个。

此后，随着城市建设速度加快，福州的茉莉花种植面积日渐萎缩，其生产降到历史低点，挂牌仅20多家，生产企业不到10家。1994年后，福州茉莉花茶加工生产进入高峰期，福州市栽种茉莉花5935亩，总产2445吨，仓山区的城门、建新一带茉莉花茶生产加工厂家骤增至300多家，产品销向全国各地。2008年，福州市园艺学会成功注册国家地理标志证明商标"福州茉莉花茶"。福州茉莉花茶在政府职能部门主导下，步入复兴。

茉莉花茶帮

清咸丰十年（1860），福州茉莉花茶成为皇家贡茶。丰厚的利润促进了"茉莉花茶"生产的迅速发展，形成大规模商品化生产热潮。由于茉莉花茶的盛行，全国各地都将茶叶运到福州用来窨制花茶，福州便成为花茶窨制的集散地。同时，各地为方便制作茉莉花茶，纷纷引种福州茉莉，学习制作福州花茶工艺，由此便产生台湾花茶、四川花茶、苏州花茶、广西花茶等。

福州窨制茉莉花茶，其原料大多使用绿茶，有时也用闽东福鼎产的黄茶，但黄茶产量少，故少人知。乌龙茶用来窨制的多是花香包种茶，销往缅甸和越南、南洋诸岛。因此，茉莉花主要是搭配绿茶。福建的绿茶主要产在闽东，其中以罗源七境堂的绿茶最佳，易于窨花，其叶条嫩长而紧握，色泽绿润黄蜜，泡的茶水呈杏绿水色，可经数小时而不变，香味幽清。据《闽茶季刊》记载，罗源绿茶是窨制花茶之上品。

历史上，福州茶商曾垄断收购罗源绿茶，以"福建罗源元明绿"的牌号转售北京、天津等地。宁德、福安的绿茶品质较次于罗源的绿茶。福州东北区域、连江梅洋、古田也产绿茶。

同治年间，台湾乌龙茶发展不景气，台湾茶商迫不得已，将台北一带滞销的乌龙茶改制成"包种"茶，运往福州窨制成茉莉花茶出售。光绪八年（1882），为降低运输成本，台湾将茉莉花苗大面积引种至彰化，并学习福州茉莉花茶窨制技术，在台湾自制茉莉花茶，也销往华北与东北。

光绪十年（1884），福州茉莉花被引种至成都华阳，四川的茉莉花茶由此产生，雅称"飘雪"，有峨顶飘雪、茉莉香雪、龙都香茗诸名品。

据记载，1936年，福州茉莉花产量达6万担，福州米价每担8元，茉莉花平均价格为每担33.6元。

1938年，福州的花茶窨制技艺传到苏州。日本侵华战争阻断了南北交通，福州茉莉花茶难以北上，苏徽茶商就将福州窨花技术传入苏州，生产苏州茉莉花茶。苏州位于长江以北，冬季气温低，茉莉花只能盆栽，产量很小，制作成本甚高，因此江浙人十分珍惜和爱护茉莉花，著名民歌《好一朵美丽的茉莉花》便诞生于扬州，成为中国文化的经典符号之一。

虽然四川、湖北、浙江、安徽、台湾等地区都发展成为国内重要的茉莉花产区，但对比福州的茉莉花，四川成都、安徽、苏州地区气候寒冷，花的品质和数量都不如福州，而且四川的茉莉花因产量少，通常只窨花一次，只满足供应本省。安徽的花茶以珠兰花茶为主。茉莉不是苏州特产，和安徽一样，都是盆花赏玩之品，所窨制的茉莉花茶，香味微弱，难以与福州特产之茉莉花匹敌。安徽的绿茶品质好，以"黄山""大方"及烘青、炒青绿茶为主。安徽六安的茶品质好，常运至福州窨花，但数量少。浙江杭州的龙井属于素茶系列，也有少量运至福州窨花，名曰"花龙井"，声价更比素茶高，但这种做法比较少。浙江的"毛峰""旗枪"等多运至福州窨花，制作成茉莉花茶后再转运出口销售。江苏洞庭、东山产的绿茶"碧螺春"也曾运至福州窨花。北京、天津、山东、安徽由此形成平徽帮，在福州窨制的茉莉花茶主要销往西北、东北、华北等地，获得厚利。

著名女作家冰心在散文《茶的故乡和我故乡的茶》中写道："我的故乡福建既是茶乡，又是茉莉花茶的故乡……四川、湖北、广东、台湾虽也产茉莉花茶，它的品种、窨制技术都是从福建传去的。"迄今为止，全国只有福州沿用单瓣茉莉窨制花茶。

光绪五年（1879），福州砖茶出口额增至1370万磅。19世纪80年代，每年出口常达3万~3.5万吨，远销英俄德荷等国。19世纪末，外国商人先后来福州开设洋行，经营茶叶，远销欧美和南洋各地。光绪二十九年（1903），日本大阪博览会上的闽茶展品有"蛾眉花香茶一箱"。该茶系精选在清明节前采摘的嫩如飞蛾眉毛般的茶芽，采用夏天优质的福州茉莉花为原料窨制而成的茉莉花茶。

近代福建省所产绿毛茶，小部分制作为砖茶，运往苏联销售，大部分的花茶销往华北。福州气候温暖，风土合宜，茉莉花质优量多。近代四川、江苏、台湾因茉莉花茶广受外国欢迎，也开始种植茉莉，但与福州所产茉莉比较，其质量悬殊较大，福州依旧是茉莉花产地之魁。初期，福州茉莉花茶制作偏重花香，对于茶叶品质重视不足，尤其绿茶多沾染发酵，颜色不红不绿，导致花茶品质有所欠缺。为了提高花茶质量，花茶厂家开始采购安徽、浙江的绿茶到福州窨花。此后，由于工业化学进步，各种香料开始人工制造，或从动植物中提取，或动植物与化学综合制造而成，加之绿茶并非本省特产，导致茉莉花茶的制作质量受到波及。

当时的福州茉莉花茶界企业家、研究专家都十分重视茉莉花茶的制作问题，提出改良花茶窨制的方法。专家认为，由于花茶以其香味浓郁，颇受外国人士欢迎。美国人好奇心重，馈赠礼品及典礼举行，多以茉莉花茶表示隆重及尊敬之意。福州茉莉花茶，不仅发展华北及东北之销路外，应用高级绿茶加工精细后窨足香味，拌以洁白花干，向美国扩大宣传，实行推销，拓展新市场，必有极大之希望。

20世纪30年代，福州茉莉花茶年加工总量达7500吨，成为中国销量最大的茶叶品种。1939年1月，民国政府经济部指定上海、天津等地为禁运区域，致福州花茶无法行销。茶业管理局以闽茶禁运，对福州乃至福建省经济造成极大影响，电请省政府，转电中央，申请救济，闽侯县茶叶公会亦于同时向中央提出请求。于是，经济部制定"禁运资敌物品运沪审核办法"，福州茶叶运沪特准免予禁止，而花茶运往天津地区，则需要经中央电准，参照运沪办法审核办理，经经贸委员会闽处委托茶业管理局检验，确定为内销茶叶，由该局出示证明，方可行销。

1940年4月，民国政府财务部发布《管理全国内销茶叶办法大纲》，福建省同期也发布《福建省二十九年度管理内销茶叶暂行规则》，规定凡经营内销的茶叶商号及合作社，必须向中国茶叶公司福建办事处及福建省政府建设厅茶业管理局申请登记，经审查合格发给登记证后方可经营内销茶。

1940—1945年，福州的茉莉花茶年产量逐年减少。抗日战争胜利后，福建的茉莉花茶生产和贸易曾一度回升，但终未能恢复如初。直至中华人民共和国成立后，在政府和行业的共同努力下，茉莉花茶产业才得以复苏。

中华人民共和国成立后，茶叶列为国家二类计划物资一级管理。1949年，中国茶叶公司在北京成立，对全国茶叶内外贸易统一经营管理，统一领导茶叶产、供、销业务。1950年，中茶福州分公司成立（今福建茶叶进出口有限责任公司前身），福建省的茶叶出口由其下达计划统一调拨、运销。20世纪50年代，福州窨制的花茶包含茉莉花、白兰花、珠兰花、柚子花等，窨制的茶坯包含绿茶、乌龙茶等。中茶福州分公司正式成立后，共拥有8所国营制茶厂，分布于闽东茶区的有阳头、赛岐、福鼎、福州四个机械制茶厂以及福州花香茶精制工厂一所；分布于闽北茶区的有政和、建瓯两个手工制茶厂；分布于闽南茶区的为安溪手工制茶厂一所。下设的福州分级厂有三个收购站：罗源收购站、宁德收购站、东门收购站，直接收购茶农毛茶，同时组织茶贩、茶商收购后再转购。

1949年9月，福州茶厂正式筹建。1950年3月开始兴修，是年4月底完成。1956年，国家实行对私营工商业社会主义改造的政策，"何同泰"带头与全福州市共108家私营厂商合并，带领数百名技术骨干和制茶设备成立"公私合营茶厂"及"福州市茶叶支公司"（负责全省茶叶供应），1956年并入国营福建省福州茶厂。

1952年，由福州合作总社与闽侯专区合作总社负责将全部花农组织起来，各花区均有基层合作社，福州及长乐、闽侯两县所产茉莉、玉兰、珠兰、柚花等香花及其花干，还有福建主要绿茶产区宁德、罗源、屏南、古田、闽侯、连江、水吉（限于菜茶）、建阳（将口）、崇安（平地区）、守洋、大田、宁化、永安、龙岩、漳平、武平等地所产的绿茶，由合作社统一收购，按国家计划及茶叶原料数量进行分配。罗源、闽侯（包括连江、梅洋和马尾、快安）、古田、屏南等地绿茶多数沿用旧习，利用阳光晒干，造成毛茶底红汤浊，为了提高毛茶质量并适于窨制内销花茶，开始倡制烘青以改良初制技术，提高品质。

1952年后，茶区茶叶收购从过去多经茶贩转手抽售改为由茶农直接投售；私商经过"五反"教育改造后，均能服从国营经济的领导，遵守国营公司的牌价政策，进行联合收购，减少了与国营经济的竞争和倒卖行为，在内销茶求过于供且运销利润甚大的情况下，茶价仍保持平稳。绿茶公私商维持一定的比例，公私各得其所。

19世纪80年代，每年从福州港出口的茶叶多达70万担（3.5万吨），远销英国、俄国、德国、荷兰等地。如今，福州茉莉花茶的海外优势尤为明显，东南亚、美国、日本、英国等地华侨的乡愁便是一杯清香的茉莉花茶。茉莉花茶借助全球茶叶经济一体化的浪潮，在这些国家和地区颇受青睐，成为福州茉莉花茶发展的战略之一。

福州市花茉莉

1986年，福州市政府将茉莉花定为福州市花。据当年参与福州市花评选的副市长吴依殿介绍，1985年福州市人大提出，中国改革开放后，福州市对外交流需要塑造一个形象。经《福州日报》等新闻媒体广泛征求市民意见，福州市人大常委会充分酝酿研究的基础上，评出市花茉莉、市树榕树、市果福橘。福州市花是茉莉主要有三个方面因素。

第一，它是提升品牌、对外宣传的名片。

第二，它有巨大的经济效益，能够赚取外汇，提高所有从业人员的收入水平。20世纪80年代，福州只有三五十万人口，而仓山区的茉莉花茶厂有3000人正式员工，五六千个临时工和钟点工，仓山区内依靠茉莉花谋生的人数不可估计。80年代茉莉花茶生产是鼎盛时期，茉莉花茶产量和出口业居全国第一。到了90年代中期，在福州旧城改造和城市化进程中，仓山区的茉莉花田面积从原来的10万亩减少到不足5000亩，福州城门的茉莉花茶企业也从1000多家锐减到20多家。本地部分茶农迁徙至广西横县制作茉莉花茶。但因水土与福州不同，茉莉花散发的香气也不同，而传统的窨制工艺技术源于福州，所以，正宗的茉莉花茶仍离不开福州。

第三，茉莉花的文化内涵深厚。这也是它被评选为福州市花的重要原因。茉莉文化可分为三层：一层是形象清香、淡泊、高雅、纯洁；二层是茉莉的奉献精神，给人廉洁清白的联想。福州自古佛文化发达，百姓用茉莉花敬神，长期种植茉莉花，品茉莉花之清芬，由此产生情感的依赖；三层是福州许多文艺作品歌颂茉莉，在居民中影响广泛。总之，这是1000多年来福州人与茉莉花茶亲近的缘故。

经过福州市政府的大力扶持，20世纪90年代末，福州的茉莉花种植业和茉莉花茶加工再攀新高。福州的茉莉花茶年产值达6亿元。2008年，"福州茉莉花茶"被国家工商管理总局商标局核准为地理标志证明商标；2011年，国际茶叶委员会授予福州"世界茉莉花茶发源地"称号；2012年，国际茶叶委员会授予福州茉莉花茶"世界名茶"称号；2014年，福州茉莉花种植与茶文化系统被联合国粮农组织列入"全球重要农业文化遗产"（GIAHS）。2013年，福州茉莉花茶由福州港出口1200多吨，出口价格高于全国茶叶平均出口价格。2014年，中国茶叶区域公用品牌价值评估中，福州茉莉花茶品牌价值23.26亿元。同年8月，福州茉莉花茶传统窨制技艺被列入国家非物质文化遗产保护名录，福州因此正式颁布《福州市茉莉花茶保护规定》，规定只有采用福州所产原料，并且根据福州茉莉花茶传统工艺"四窨一提及以上"加工制成的花茶才能称为"福州茉莉花茶"。

福州农业局根据企业种植基地的大小和茶叶长势，预计出该企业一年的产茶量，核发地理标志防伪标识，只有贴有防伪标识的才能叫"福州茉莉花茶"。

改革开放40年来，茉莉花茶不再只是产品，也是中国文化艺术的承载体。具有浓厚福州特色的"茉莉情韵"茶道茶艺表演即是茉莉花茶的文化延伸。当花香四溢的茉莉花茶变成一朵朵舞台上的茉莉花、当手捧花茶的姑娘从花田里走向春天，花茶的芬芳仿佛也沉淀了40年，在改革开放的春风里醉成一壶福州老酒。不定期举办的海峡两岸茉莉花茶产业发展高峰论坛、福州茉莉花茶产业研讨会及品茶会在福州大地不断绽放出新的惊喜。同时，茉莉花茶企业参加国内外茶叶展示交易会，也提高了福州茉莉花茶的知名度。

茶 企 茶 人

据不完全统计，福州五代以上一直从事茉莉花茶生产的家族有四五百家。这些百年家族都留有一些老物件见证祖辈悠久的制茶历史。漫步在一座百年建筑的楼外，那一块块坑坑洼洼的破损、老旧的红色墙砖，像涂抹了汗滴、油渍的斑驳岁月在摇曳的树荫下低吟浅唱。没有悲伤、没有忧虑、没有欢喜、没有色空，只有过往的静谧。当人们经过上下杭路上的这座百年老建筑时，或许并不知道它曾是全国第一家机械化生产茉莉花茶的工厂大楼。这座被风霜侵蚀的老建筑于近年得以修缮，我们从中闻到了岁月难以消泯的茉莉花香。

雀舌毫、茉莉花茶"鲜明香色凝云液，清彻神情敌病魔"，这是人们对福州花茶之一的茉莉花茶的赞美。在福建许多地方的习俗中，往往把福州花茶用来招待贵宾、馈赠亲友以示尊贵。

清咸丰年间（1851—1861），福州茉莉花茶逐渐成为贡茶，身价倍增。北京涌现出不少茶庄，如前门大街由福州人开设的"庆林春"茶庄，东四大街由安徽人开的"吴裕泰"茶庄，天津"正兴德"茶庄等，都经营福州茉莉花茶。老顾客说，吴裕泰、正兴德、张一元等老字号茶庄所卖的福州茉莉花茶"京味"足。京味指的就是福州茉莉花茶特有的韵味。

茉莉茶企

福州当时的茶商有本地帮和客籍帮之分。福州本地茶商中涌现许多茉莉花茶茶企，比如知名的老字号茶商陆经斋、太和堂、五顶峰、双团轩、天柱峰、第一峰、一枝春等。

陆经斋茶庄开设于明嘉靖年间（1522—1566），是福州较老的一家茶庄。店址在福州鼓楼前（今福建省政府对面），前店后制茶工坊，清咸丰年间的老板是方振隆。方振隆有三个儿子，大儿子方家澍是书画家，任浙江桐乡知县时发现并举荐蒋百里；二儿子方家湜的儿女都参与辛亥革命，如大儿子方声廉的妻子曾醒、仲子方声涛、三子方声洞及两个女儿方君瑛和方君璧。

陆经斋由方振隆的三儿子方家泌管理。方家泌管理期间，陆经斋因店龄长、信誉高、货品优，在业内受同行敬重：行业内许多重大事情都得遵从陆经斋老板的意见，议定市场茶叶价格涨落时，最后要由陆经斋拍板决定；行业举行"庆赞"等活动，也要等方家泌第一个烧香后，活动才开始。陆经斋自行产制的"高香片"在选择原料方面非常严格，非品质精良的不选，每道工序都严格掌控，制作出来的"高香片"茶色清纯且澄亮，气味芬香且浓郁、耐泡，闻名远近。陆经斋监制的茶箱与别家不同，顶面镶嵌玻璃，便于观察盒内盛放的茶叶。位于九彩园的方氏家族的房产一半属于方家泌。

方家泌之后，陆经斋由其儿子方声煊管理。方声煊（1888—1967）练鹤拳，跟随堂兄方声涛、方声洞参加辛亥革命。光绪二十九年（1903）4月29日下午，在日本锦辉馆召开中国留学生全体大会，到会500人，就沙俄对中国侵略意图集会，组成义勇队。愿加入义勇队赴前敌者，在两日内签名。福建同乡会开会时，15岁的方声煊要求签名入队。众人推说他年幼，留在后方，他哭着央求道："吾为国死，讵殇耶？"奋然提笔签名。他和8个朋友组成"八汉团",更名"方汉范"。1912年4月19日,孙中山乘"泰顺"轮到达福州时,方声煊负责会场保卫工作。此后,方声煊一直管理家族传承的茶叶生意。1936年,陆经斋的三艘满载茉莉花茶的船只到汉口时,被日军炸沉,陆经斋从此衰落。中华人民共和国成立后,方声煊系福建省政协委员、民革省委主任。

1956年,福州22家茶叶店合并为10家公私合营店,陆经斋是10家之一,并归由中国茶叶股份有限公司福州市支公司领导;1958年,改属福州茶厂统一管理;1964年后又实行产销分开,划归福州市食品杂货(副食品)公司领导。公私合营后,陆经斋的经营发生很大变化,产品种类增多,货源供应得到保证,随后因市场变化、经营网点和结构调整等原因,到20世纪80年代,和其他茶叶调整为在各百货店和食杂店内设立茶叶销售专柜。

太和堂茶庄始建于清咸丰年间(1851—1861),其招牌为"太和堂茶庄(康记)",采用前店后场的经营方式,前堂零售茶叶,后堂为加工场;主营茉莉花茶,兼营武夷大红袍、安溪铁观音等,比较著名的品牌有高香片、香片、雀舌、春毫、明前等,营销遍及全国各地。

洪家茶行由洪天赏创建于19世纪60年代,发展至20世纪初,在福州六七十家制作花茶的茶行中,最大的三家茶行"洪怡和""福胜春""洪春生"都属于台湾金门洪家,为苍霞洲花茶帮之首,并且在全国及东南亚、韩国等地设立茶庄和代理商共有30多处,产品畅销全国。当时茶客有句口头语"刀牌烟仔,洪字茶",形象地说明洪家茶的知名度。最难得的是,洪家是中国第一家实现手工加工茶叶与机械化生产相结合的茶厂。它在中国第一家计划推出袋泡茶,它的价格和质量等级还一度成为行业标准……

五顶峰茶庄创建于民国,茶庄位于福州市区鼓西路与北大路交汇处的渡鸡口地段,其所产制的"明前绿"茉莉花茶闻名省内外。

良友茶庄创始人程信祺,创立于20世纪20年代,原店址设在福州下杭路,主要经营各等级散装、小包装茉莉花茶及乌龙茶,产品销往辽宁、河北等地。其品牌是"可口雀舌毫"。

　　何同泰茶庄创始人何培阆，创立于1924年，其茶叶作坊取名号"何同泰"。他们自制花茶，主要市场在北方。何同泰的茶叶花香质量高出同类厂家。1930年，何培阆大胆地把一批"三角片"窨以重花，运往天津，结果整个北方茶叶市场为之轰动，每担售价高达140元，创下当时中档花茶售价的纪录。1939年，何培阆被同业推举为福州市茶同业公会理事长。经历1941年和1944年两次日本侵占福州后，何同泰茶厂遭受灭顶之灾。1946年，何培阆孤注一掷凑集资金东山再起，从台湾购入全套制茶机械，是当时国内比较完整的茶叶精制机械化茶厂，推动了福建茶叶开始规模化、标准化的生产。经过几年的发展，何同泰成为20世纪50年代初福州茶业界老大。1956年，公私合营，何同泰并入福州茶厂。

　　19世纪初，欧阳家族在福州开设恒元堂毛茶帮中的福长帮〔福州长乐帮〕——生顺茶栈。欧阳家族是19世纪初福州的茶界巨商。生顺茶栈由欧阳家族第二代掌门人欧阳康创办，并由四子欧阳天年传承。欧阳康与翁同龢是忘年交，生顺茶栈的"生顺"二字据说出自翁同龢，寓意"生生不息，一帆风顺"，曾被称为"茶帮之王""东南茶王"。

　　清咸丰（1851—1861）年间，福州城门村傅姓人家成立一家以生产销售茉莉花茶为主，虾油、盐、烟叶为辅以及其他百货的商号——"生春源"，是福建春伦集团有限公司（简称春伦集团）的前身。1985年，福州春伦茶业有限公司成立，主要生产各种"春伦"牌福州茉莉花茶、绿茶、铁观音、大红袍、红茶、白茶、速溶茶、茶饮料、保健茶以及高、中档礼品茶及茶食品等，是农业产业化国家重点龙头企业、"世界最具影响力品牌"企业、"中国茉莉花茶传承品牌"企业、中国茶业行业百强企业，还是全国茶叶标准化技术委员会花茶工作组秘书长单位。

　　1956年，全行业实行社会主义改造时，福州市将剩下的22家私营茶叶店（茶庄）合并成10家。20世纪80年代，在商业网点和经营结构调整时，全市专业茶叶商店除台江区良友茶店、鼓楼区东街口太和堂茶店、安泰桥边的安泰楼、仓山茶叶店4家，其他茶店停止经营，调整为在各百货店和食杂店内设立茶叶销售专柜。

　　福州茶厂创建于1949年9月，原名福州贸易公司第一制茶厂（前身为福贸春茶行，位于台江区苍霞洲荔枝下），1953年改名为"福建省福州茶厂"。1956年，国家实行对私营工商业社会主义改造的政策，全市108家私营厂商合并成立公私合营制茶厂及福州茶叶支公司。1957年至1958年初又并入国营福建省福州茶厂。1960年，福州茶厂自制成功制茶机械。1969年，年产量达3994.5吨，比建厂初期350吨增长了11倍多，产值2751.05万元，利润81.08万元，位居福州市前列，被誉为轻工三大支柱之一。1976年，福州茶厂研制出中国第一台全自动花茶窨制联合机，实现花茶窨制全过程机械化、连续化生产，为国内首创。

闽榕茶业有限公司成立于1982年。2010年，闽榕茉莉花茶获"中国2010年上海世博会福建馆茉莉花茶指定用茶"；2016年，公司产品跻身"中国茶叶博物馆馆藏茶"之列。

福州东升茶坊创建于清咸丰八年（1858）。1983年，东升茶贩后人林增钦取"福气东来"之意，注册商标"东来名茶"。福建东来茶业有限公司产品多年出口北美、欧盟、日本等国家及中国香港地区，受到广大消费者青睐，在北京、天津、上海、山东、福建、江西、武汉等设有品牌直营店和加盟店。

福州市海西茶厂前身为福州市"垆雷茶叶制造厂"，由茉莉花茶工艺传承人陈燕光创办于1984年，致力于福州茉莉花茶的传承与发展，生产的"南台岛"牌茉莉花茶远销30多个国家和地区。

福建闽瑞茶业有限公司成立于1988年，经营福州茉莉花茶、高山绿茶、精品红茶、优质铁观音、白茶、工艺茶并兼营全国各地名茶。

南仙茉莉花茶公司始创于乾隆三十一年（1766），次年元宵节，翁乃刚参加"斗茶"，备受赞誉。人问茶名，翁乃刚见会馆前在舞狮，想到茉莉花是佛教四大圣花之一，与狮子一样可趋吉避凶，于是答，"此茶采集日月精华"，名为"狮子头"。狮子头成为当年茶魁，被当地官员送进京，献给乾隆帝。乾隆帝品后，龙颜大悦，并把茶赐予朝廷清明之臣，意欲"明茶"，明察秋毫、清清白白流芳百世。从此，狮子头享誉京城，有诗赞曰"清纯问世释君意，静雅传香解心愁。誉满皇城狮子头，茉莉金汤醉神州"！公司200多年来专注制作福州茉莉花茶，至今已传承至

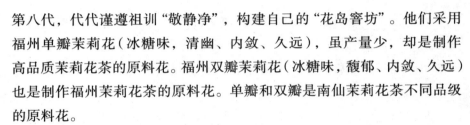

第八代，代代谨遵祖训"敬静净"，构建自己的"花岛窨坊"。他们采用福州单瓣茉莉花（冰糖味，清幽、内敛、久远），虽产量少，却是制作高品质茉莉花茶的原料花。福州双瓣茉莉花（冰糖味，馥郁、内敛、久远）也是制作福州茉莉花茶的原料花。单瓣和双瓣是南仙茉莉花茶不同品级的原料花。

南仙茉莉花田位于闽江中沙洲地的小岛（当地别称"茉莉岛"），公司在岛上以自然农法种植单瓣和双瓣茉莉花，作为制作南仙茉莉花茶的唯一花原料。这座小岛靠轮渡进出，如今成为游客在盛夏时节来福州旅游打卡的网红景点。他们采用祖传手艺"十醉九星窨花阵法"，将上好的茶芽头和福州特有的单瓣茉莉花进行窨制，经63天201道工序的精制，成就花茶。

福州发来茶业和香巴拉胪雷茶叶有限公司，其品牌创始人陈发来祖上以种植茉莉花、烟叶、桃子等经济作物为生，清光绪年间制作双窨小叶茉莉花茶广传十里八乡，渐使"猴厝花茶"名声大噪。陈发来在长达20多年的茉莉花茶窨花加工实践中，形成特有的"透骨穿心"的窨花风格；创造"N+1"窨制工艺，强化了窨花香气的渗透力和持久力；在多年经验总结与工艺创新过程中，创立"发来水分计算式"，并在此基础上建立"数字化模式窨花工艺"技艺，并应用于茉莉花茶生产中。

在福州茉莉花茶人的不懈努力下，福州茉莉花种植与茶文化系统申遗的成功，让福州茉莉花茶产业焕发出新的生机。

中华人民共和国成立后的福州茶厂，是现在众多福州生产茉莉花茶企业中最老的品牌。

1998年7月，茶界泰斗张天福为福州茶厂亲笔题赠"第一家茉莉花茶"。1999年12月，福州茶厂获得贸易部颁发的"中华老字号"证书，是国内专业生产茉莉花茶唯一获得"中华老字号"的企业。2001年8月，茉莉闽毫获第二届全国优质茉莉花茶质量评比金奖；2002年8月，中莉牌外事银毫在第三届中国茶叶流通协会主办的全国茉莉花茶质量评比中获得金奖；2005年10月，中莉牌茉莉花茶被授予第十届全国运动会福建省体育代表团指定茶叶。2009年2月，福州茶厂获得由中国商业联合会中华老字号工作委员会授予的"中国改革开放30年中华老字号传承创新优秀企业"称号，并在"2007—2008年北京稻香村杯"评选中获消费者喜爱的中国老字号品牌。11月，外事礼茶在福州茉莉花茶茶王赛上获"金奖茶王"称号。

2012年5月，国宾礼茶在2012"中国名茶"评选中，被由国家茶叶质检中心等茶界专家组成的"审评委员会"评为特别金奖。6月，国宾礼茶在参加由中国茶叶流通协会等单位主办的北京国际茶业展茶叶评比大赛中被评为金奖。7月，福州茶厂被福建省诚信促进会评为"诚实守信示范单位"。8月，福州茶厂获由中国商业联合会中华老字号工作委员会授予的"中华老字号传承创新先进单位"荣誉证书。9月，外事礼茶在"2012年美国世界茶博会"名茶评优活动中获金奖。12月，云露白毫在参加由福州海峡茶业交流协会、福州市农学会举办的2012年福州茉莉花茶评比中获金奖；2013年9月，福州茶厂"国宾礼茶包装"获中华老字号产品包装时尚创意铜奖。11月，针王获由福州海峡茶业交流协会、福州市农学会举办的2013年福州茉莉花茶茶王赛"茶王"奖。11月，茉莉茶王获福建省农业厅举办的2013年度全省名优茶鉴评活动"福建省名茶"称号。2014年4月17日，福州茶厂茉莉花茶产品代表福州茉莉花茶首家在美国纽约联合国总部举办的联合国中文日活动开幕式上展示，得到参会者的一致好评，并由联合国秘书长私人秘书转交给潘基文秘书长。6月，国宾礼茶在参加由中国茶叶流通协会等单位主办的2014北京国际茶业展茶叶评比大赛中再被评为金奖。10月，国宾礼茶获2014福州茉莉花茶茶王赛"针芽形"茶王奖；11月，福州茶厂"中莉生日礼茶盒"获中华老字号产品包装时尚创意银奖。2015年4月20日，福州茶厂茉莉花茶被航海家翟墨选为"2015重走海上丝绸之路"产品，带往沿路世界各地。6月，国宾礼茶在参加由中国茶叶流通协会等单位主办的2015北京国际茶业展茶叶评比大赛中被评为花茶类特别金奖。11月，国宾礼茶获2015年福州茉莉花茶茶王赛茶王奖；国宾礼茶获第12届中国国际茶业博览会特别金奖。

现在的福州茶厂位于鼓山福兴大道32号（福兴投资区内），占地面

积 22.3 亩，建筑面积 7600 平方米，辅助建筑面积 2000 平方米，以"中
莉""罗星塔""茶界老牌"为注册商标。至 2015 年，福州茶厂生产的
茉莉花茶内销全国各地，外销 40 多个国家和地区。

茶 企 名 人

1945年，上杭路88号成立"福州市茶商业同业公会"中的理事都是
福州著名茶企名人，比如，杰成祥茶行的林屏藩、兴隆茶行的何培间、
建春茶行的陈大思、福胜春的洪一笑、生顺的欧阳天帮、庆春茶行的陈
莘野、昌记茶行的吴宝霖、一枝春茶庄的陈福康、何同泰的何高政、刘
德记的刘友敬、五顶峰的邱俊、天柱峰的董朝宾、良友号的程信祺、太
和堂春记号的钱瑞恭、阜通号的商建忠。

1949年9月创办的外销40多个国家和地区的"中华老字号"福州茶
厂，20世纪80年代以来创办的闽榕、春伦、南仙翁等众多茶叶龙头企业，
这些现代化企业不仅在福州当地具有极高名气，在全国茶企中也占据重
要地位，是福州茶业的中坚力量。

茶叶文化推广方面的名人有南宋道教金丹派南宗第五代祖师白玉
蟾，明末诗人、文学家、方志学家谢肇淛，明末福建文坛领袖、方志学家、
藏书家徐兴公，清代有楹联鼻祖梁章钜、名臣林则徐、诗人魏杰、藏书
家郭柏苍等，均有关于茶叶的诗文留史。他们不仅推动了茶文化的传播
发展，也为后人研究、撰写福州茶历史留下宝贵的资料。此外，张天福、
庄任、林桂镗、郭元超、林心炯、骆少君、詹梓金等著名茶学专家学者
为福州茶事业发展做出了重大贡献。

茉 莉 三 宝

提出茉莉三宝的是福州调香师郭斌，建议福州建设茉莉产业园，把
茉莉花茶、茉莉花膏、茉莉花水作为茉莉三宝来推广。如今，许多90后
年轻人早已加入茉莉文创行业中，茉莉糕点、茉莉花酱、茉莉首饰、茉
莉瓷器等茉莉主题的产品纷纷在福州各类店铺闪亮登场。如果以茉莉为

元素的茶叶、食品、文创产品都集中在茉莉产业园区内，想体验和茉莉有关产品的人，都可以到茉莉产业园来。福州市花茉莉必定更加受尊崇，成为福州更有吸引力的城市名片。

茉 莉 花 膏

用茉莉作为护肤品。《草花谱》记载，紫茉莉，草本，春间下子，早开午收，一名臙脂花，可以点唇，子有白粉，可傅面，亦有黄白二色者。说明早在明代，已有人研制茉莉花护肤品。今天，福州有一位用茉莉花制作天然护肤品的工艺大师。他就是非遗福州茉莉花膏古法制作技艺代表性传承人、独立调香师郭斌，1978—1997年，他在福州香料厂任首席调香师，是改革开放后第一代调香师。1986年，他调配"兰兰"蛋白香波，留住一代人的记忆，产品获福建省优质产品奖。2013年央视纪录片《茉莉窨城》第一集《茉莉花开》，拍摄他研制茉莉花膏的过程。他自主研创的茉莉花膏、茉莉花水、茉莉香皂也备受女性的喜爱。2014年，他开发的美岸茉莉花膏、茉莉花皂荣获"福建优秀创意产品"；2018年，福州茉莉花膏古法制作技艺入选福州市非物质文化遗产代表性项目名录；2019年，郭斌荣获福州市非物质文化遗产代表性项目代表性传承人。

茉莉可延伸的产品众多。这些产品采用冷吸法，是一种从娇嫩的花朵中捕捉香气的方法。这种古老、昂贵、濒危珍稀与繁复耗时的手工制作技艺，能还原保留花瓣中有效精油成分。清香细腻又滋润的古法茉莉花膏，是真正的奢侈品，可以作为独立的香膏或面脂使用。福州茉莉和郭斌的天然茉莉花护肤品吸引了法国调香师亲自来福州，与郭斌探讨交流，了解福州茉莉花冷吸法吸香传统技艺，并在郭斌的帮助下开创了属于他的东方茉莉香韵。

郭斌始终坚持采用古法制作无添加任何工业化学产品的纯植物茉莉花膏、茉莉花水，坚持做好福州的本土茉莉香芬护肤品牌。尤其他的茉莉花水，是从茉莉中提取的纯天然的蒸馏花水，不仅可以用于美容，也可以用于食品。茉莉花膏和茉莉花水，为福州的茉莉花产业添一把火。

茉莉食品

茉莉入食古已有之。《本草纲目》记载，茉莉的叶有镇痛的功效，花清热解表，可治外感发热、腹痛及疮毒等。因此，明清时期，茉莉花便入茶入食，成为养生食品。

《清供录》记载茉莉汤的做法："茉莉汤，用蜜一两，甘草一分，生姜自然汁一滴，同研令极匀，调涂在碗中心，抹匀不令洋流，每于凌晨采摘茉莉花30朵，将放药碗，盖其花，取香气熏之，午间乃可以点用。"

《遵生八笺》记载的茉莉汤做法："将蜜调涂在碗中心抹匀，不令洋流。每于凌晨，采摘茉莉花三二十朵，将蜜碗盖花，取其香气熏之。午间去花，点汤甚香。"花香熟水的做法："采茉莉、玫瑰，摘半开蕊头，用滚汤一碗，停冷，将花蕊浸水中，盖碗密封。次早用时，去花，先装滚汤一壶，入浸花水一二小盏，则壶汤皆香馥可服。"

《快雪堂漫录》记载茉莉酒的做法："用三白酒或雪酒，色味佳者不满瓶，上虚二三寸，编竹为十字或井字，障瓶口，不令有余、不足，新摘茉莉数十朵，线系其蒂，悬竹下，离酒一指许，用纸封固，旬日香透矣。"

《饮馔服食笺》记载："茉莉花嫩叶采摘洗净，同豆腐熬食，绝品。"

茉 莉 花 城

茉莉花茶可谓福州一宝。目前，福州茉莉花种植面积达1.5万亩，辐射周边面积1.8万亩，茉莉花茶年产量1.5万吨，产值20多亿元。福州市政府更是积极打造世界茉莉花茶产业园，建设千亩茉莉花茶文化创意产业园，保护茉莉花最适宜种植的南台岛，兴建以茉莉花文化为主题的都市型生态观光休闲度假区，进而把南台岛打造成集采花、制茶、品茶、购茶及观茶艺、学茶艺于一体的福州茉莉花茶城。南台岛自古以梅林著称，被誉为"琼花玉岛"，如今将因茉莉花而让"琼花玉岛"的美名走向世界。

2022年，台江区滨江路段和仓山区的烟台山打造闽江两岸共同守护的闽江之心，这颗心和福州的百年茶港历史有关。就在闽江之心大门的步道上还有一条沿江的茉莉大街。

福州城内到处是茉莉花的芬芳、标识、形象。只要能和茉莉沾边，"一切皆茉莉"。这样处处被茉莉环绕的幸福感，这世上应是福州独有的。

2016年，为了留住茉莉乡愁，发展茉莉花茶产业，福州开始打造"绿城、水城、花城"为一体的生态名城。2017年5月开始运营的福州地铁1号线，其中茉莉花主题车厢特别受宠，许多市民会刻意选择茉莉花车厢就座。2018年夏天，三坊七巷的各个书吧还举办各种制作茉莉花手工艺品的活动，吸引了不少文艺青年，许多家长也纷纷带着孩子去体验。三坊七巷的中心街道即南后街上出现了一家福州茉莉花茶文化馆，既销售茶叶又展示茉莉花茶文化。这些令外来游客和生活在福州的新移民都能更方便地了解茉莉花作为福州市花的文化含义、经济价值。福州人也感到幸福指数在芬芳的生活氛围中节节攀升。

近几年，福州已启动福州茉莉花茶振兴和形象塑造工程。在福州市各交通要道及旅游景点竖立广告牌，加快建设福州茉莉花茶一条街、茉莉花主题公园。

福州市出台的《福州市城区绿化提升实施方案》中提出："至2018年底前，福州将建设7个茉莉花主题公园。通过大面积种植茉莉花，引进近20个茉莉花特色品种，比如多花茉莉、菲律宾茉莉、红茉莉、虎头茉莉、卷瓣探春、毛萼茉莉、浓香茉莉等。"于是，百姓们发现福州街头的绿道、休闲道、内河畔等出现了茉莉花带、花田、花海或茉莉花街景公园。街头风景日益赏心悦目，百姓的生活也变得多姿多彩。

如今，茉莉花主题公园已对外开放。其中，洋下海绵公园内有4000株茉莉，分布在入口处沿线等最显眼之处，欢迎游客。而义井湖茉莉花主题公园总面积约3万平方米，茉莉2万株，几乎占满公园空间，让人心生眠在花海的梦想。

不仅如此，福州城区的各个公园结合重大节日、花展等活动，将茉莉花苗免费发放给市民，鼓励推广千家万户阳台、庭院种植茉莉，恢复老福州家家户户茉莉香的老习俗。

茉莉花元素还被运用到福州各类公共设施中。新落成的海峡文化艺术中心，位于福州新区三江口，整个建筑群造型被设计为一朵洁白的茉莉花，每个花瓣就是一个功能厅。从闽江畔的高空俯瞰，一条条流线型钢板，在水的映照下，宛若梦中温婉的茉莉仙子，尽显建筑艺术造型美。该中心成为闽江畔的梦幻建筑群和福州市新地标。金鸡山公园内的观景平台也仿照茉莉花设计，开出世上最大的5片"花瓣"。

当然，从事茉莉相关产业的人希望增加福州的茉莉花田面积，否则茉莉花量小，影响产量和影响力。若能把福州仓山区的龙祥岛部分区域开辟为茉莉花岛，那么不仅解决了企业的花田问题，也可以在岛上创立与茉莉有关的各种文创产品，还会吸引来福州旅游的游客到此旅游观光，同时解决就业问题，真正地让市花茉莉为福州城市发展锦上添花。

除了商业方面打造茉莉花产业，文化方面也一直在积极推动，比如，福州市茉莉花文艺奖是福州市综合性文艺奖项。福州市文联自2015年开始年年开展茉莉花主题的征文、征歌、摄影、美术等文艺活动，广泛宣传茉莉花的人文精神。福州文艺家们热热闹闹地把茉莉花捧成仙女，一首《茉莉仙子》的歌曲，把林徽因、冰心、方君璧三位福州著名才女比喻为茉莉仙子，让茉莉花的形象更加具象和艺术化。

从1986年茉莉花被评为福州市花至今，茉莉花是见证中国改革开放40周年的"亲历者、受益者"，也让福州的形象更加芬芳四溢。一杯冰糖味的茉莉花茶体现了福州茶人40年来坚忍不拔、开拓进取的闽都文化精神，更了却无数海外福州华侨的乡愁。为留住茉莉的特有基因、守住茉莉花田，海滨邹鲁的闽都古城被装饰成名副其实的茉莉花城。

参 考 资 料

（唐）陆羽：《茶经》，电子版。

（唐）毛文锡：《茶谱》，电子版。

（宋）蔡襄：《茶录》，电子版。

（宋）熊蕃著：《宣和北苑贡茶录》，电子版。

（宋）宋子安：《东溪试茶录》，电子版。

（宋）陈傅良等撰：淳熙《三山志》，电子版。

（明）朱权：《茶谱》，电子版。

（明）钱椿年：《茶谱》，电子版。

（明）正德《福州府志》，海风出版社2001年7月版。

（明）万历《福州府志》，网络电子版。

（明）高岐：《福建市舶提举司志》。

（明）张廷玉：《明史·艺文志》。

（明）王应山：《闽都记》。

（明）陈侃：《使琉球录》。

（明）高澄：《操舟记》。

（明）郭汝霖：《重修使琉球录》。

（明）夏子阳等：《使琉球录》。

（明）萧崇业：《使琉球录》。

（明）谢杰：《琉球录撮要补遗》。

（明）谢杰：《日东交市记》。

（明）谢肇淛：《五杂俎》，网络电子版。

（清）陆廷灿：《续茶经》，电子版。

（清）乾隆《福州府志》，网络电子版。

（清）汪楫：《使琉球杂录》。

（清）徐葆光：《中山传信录》。

（清）张学礼撰：《使琉球记》。

（清）张学礼撰：《中山纪略》。

（清）周煌：《琉球国志略》。

（清）周煌：《中山赋》。

（清）李鼎元：《使琉球记》。

（清）齐鲲：《续琉球国志略》。

（清）齐鲲：《东瀛百咏》。

（清）赵新：《续琉球国志略》。

（清）郭柏苍：《乌石山志》。

（清）林枫著：《榕城考古略》。

（清）谢道承等：《福建通志》，电子版。

（清）郑方坤编辑：《全闽诗话》，福建人民出版社2006年11月版。

（清）郑祖庚纂修：《侯官县乡土志》《闽县乡土志》，福州市地方志编纂委员会2001年版。

林纾：《畏庐诗存》。

吴伦霓霞，王尔敏著：《清季外交因应函电资料》，香港中文大学1993年版。

王尔敏著：《五口通商变局》，广西师范大学出版社2006年9月版。

刘诗平著：《洋行之王：怡和与它的商业帝国》，中信出版社2010年版。

赵尔巽：《清史稿》，电子版。

王元林著：《广州十三行与海上丝绸之路研究》，社会科学文献出版社2019年11月版。

福建省政协文化文史和学习委员会，福建省炎黄文化研究会编：《福建海上丝绸之路》，福建人民出版社2020年6月版。

姚贤镐著：《中国近代对外贸易史资料》（1840—1895）》，中华书局1962年版。

[法]老尼克著；钱林森译：《开放的中华：一个番鬼在大清国》，山东画报出版社2004年5月版。

[美]H.B.Morse著；区宗华译，林树惠校：《东印度公司对华贸易编年史》（1635—1834），广东人民出版社2016年5月版。

[英]施美夫著；温时幸译：《五口通商城市游记》，北京图书馆出版社2007年7月版。

[英]勒费窝著；陈曾年，乐嘉书译：《怡和洋行——1842~1895年在华活动概述》，上海社会科学院出版社1986年9月版。

[美]廖乐柏著；李筱译：《中国通商口岸：贸易与最早的条约港》，东方出版中心2010年版6月版。

[葡]多默·皮列士著；何高济译：《东方志——从红海到中国》，江苏教育出版社2005年8月版。

[日]羽田正著；毕世鸿，李秋艳译：《东印度公司与亚洲之海》，北京日报出版社2019年11月版。

[日]浅田实著；顾姗姗译：《东印度公司》，社会科学文献出版社2016年11月版。

[琉球]蔡铎，蔡温，郑秉哲著；袁家冬注：《中山世谱》（校注本），中国文史出版社2016年1月版。

[美]小爱德华·布里斯著；安雯译：《邵武四十年》，中央编译出版社2015年版。

[英]简·佩蒂格鲁，[美]布鲁斯·理查德森主编；张群，沈周高，蒋文倩译：《茶行世界：环球茶旅指南》，中国科学技术出版社2022年1月版。

[英]C.R.博克舍编注；何高济译：《十六世纪中国南部行纪》，中华书局1990年7月版。

[美]卢公明著；陈泽平译：《中国人的社会生活》，福建人民出版社2009年1月版。

[美]威廉·乌克斯著；中国茶叶研究社社员集体翻译：《茶叶全书》，中国茶叶研究社1949年5月版。

[美]梅维恒，[瑞典]郝也麟著；高文海译：《茶的真实历史》，生活·读书·新知三联书店2021年4月版。

仲伟民著：《茶叶与鸦片：十九世纪经济全球化中的中国》，中华书局2021年11月版。

周重林，太俊林著：《茶叶战争：茶叶与天朝的兴衰》，华中科技大学出版社2012年8月版。

福州港务局史志编辑委员会编：《福州港志》，华艺出版社1993年1月版。

中共福州市委党史和地方志研究室编：《福州茶志》，福建科学技术出版社2020年11月版。

福建省图书馆编：《闽茶文献丛刊》，国家图书馆出版社2016年12月版。

杨江帆著：《福建茉莉花茶》，厦门大学出版社2008年8月版。

翁文峰著：《话说茉莉花茶》，海峡文艺出版社2020年9月版。

梁嘉彬著：《广东十三行考》，广东人民出版社1999年12月版。

广州市荔湾区地方志编纂委员会，广州历史文化名城研究会编：《广州十三行沧桑》，广东省地图出版社2001年12月版。

赵长天著：《孤独的外来者——大清海关总税务司赫德》，文汇出版社2003年8月版。

青岛市政协文史资料研究委员会编：《青岛文史资料》，1984年12月。

吕温泉主编：《青岛涉外足迹》，中国文史出版社1996年9月版。

广东省委员会文史资料研究委员会编：《广东文史资料》，广东人民出版社1985年5月版。

陈宁生，张学仁编译：《香港与怡和洋行》，武汉大学出版社1986年11月版。

政协武汉市江岸区文史学习委员会编：《江岸文史》，2013年版。

政协上海市黄浦区委员会，政协上海市委员会文史资料委员会编：《外滩金融史话》，2010年12月版。

中国人民政治协商会议广东省委员会文史资料研究委员会编:《香港一瞥》,广东人民出版社1985年5月版。

全国政协文史资料委员会编:《淘金旧梦——在华洋商纪实》,中国文史出版社2001年1月版。

《海交史研究》编辑部编:《海交史研究》,2018年6月15日版。

孙玉琴编著:《中国对外贸易史》,清华大学出版社2008年6月版。

福州闽都文化研究会编:《海外福州人与"一带一路"》,海峡书局2018年9月版。

《也可以清心——茶器·茶事·茶画》,台湾故宫博物院2002年6月版。

李开周:《摆一桌绝妙的宋朝茶席》,时报出版2016年8月版。

政协福州市台江区委员会,福州市台江区委宣传部编:《台江工贸名家》,海峡文艺出版社2019年12月版。

郑丽生撰著:《郑丽生文史丛稿》,海风出版社2009年3月版。

林立强:《西方传教士与十九世纪福州的茶叶贸易》,《世界宗教研究》2005年第4期。

陈怡行著:《从晚明到清初的福州城》,台湾政治大学历史学系2017年12月版。

福州晚报社编:《凤鸣三山》,1995年12月版。

何振岱纂:《西湖志》,海风出版社2001年7月版。

《福州掌故》编写组编:《福州掌故》,福建人民出版社1998年5月版。

方炳桂主编:《福州老街》,福建人民出版社2000年12月版。

李乡浏,李达著:《福州地名》,福建人民出版社2001年5月版。

赵汝棋主编:《福州奇观》,海潮摄影艺术出版社1996年1月版。

政协福建省福州市委员会文史资料委员会编:《福州文史资料选辑》,福州建联印刷。

《福州市建筑志》编纂委员会编:《福州市建筑志》,中国建筑工业出版社1993年版。

林庆元主编:《福建近代经济史》,福建教育出版社2001年4月版。

中国人民政治协商会议福州市委员会组编:《茉莉韵》,科学出版社2015年1月版。

王尔敏著:《明清社会生态》,广西师范大学出版社2009年6月版。

福州市台江区政协文史资料委员会编:《台江商贸履痕》,2000年12月版。

政协福州市台江区委员会编:《台江开埠史话》,2013年12月版。

黄清敏主编:《双杭名埠》,福建美术出版社2016年1月版。

方裕谨编选:《同治元年闽海关税务史料》,万方数据库。

孟丰敏著:《流翠烟台山》,海峡书局2016年8月版。

孟丰敏著:《乡愁里的福州》,海峡文艺出版社2020年3月版。

杨清江,陈苍松辑著:《福建市舶司人物录》,中华人民共和国泉州海关1995年刊印。

中共仓山区委宣传部仓山区文化局编:《历代诗人咏仓山》,1999年印发。

程镇芳:《鸦片战争与福州茶港的兴起》,《福建论坛》1985年6期。

姜修宪:《制度变迁与中国近代茶叶对外贸易——基于福州港的个案考察》,中国社会经济史研究2008年第二期。

李清:《福州开埠后茶叶贸易的兴起与衰落》,上海师范大学,万方平台2010-08-13在线。

后 记

　　福州市闽都文化研究会自2011年4月成立以来，致力于传承和弘扬闽都文化。作为有两千三百多年建城史的历史文化名城，福州港以其得天独厚的优势，一直在福州、福建乃至全国对外贸易中起到至关重要的主导地位。茶叶是福州闻名于世众多贸易产品中非常重要的一种，出版一部从茶叶贸易角度解读福州港的专著，具有十分重要的现实意义和学术价值。本书在"从世界看中国、中国俯瞰福州的广角"中找到隶属于这座城市的人文史、贸易史以及值得历史品茗的"茶"文化，展示了福州港开埠到鼎盛、衰落后再创辉煌历程。

　　在本书立项时，我会首席学术顾问、福建文史馆原馆长卢美松，福州市原副市长、茶协会会长陈奇，福建师大社会历史学院教授黄国盛、戴显群，福建师大原图书馆馆长、教授方宝川以及福州市茶协会张建胜等专家对大纲编撰工作提出了许多宝贵意见和建议。

　　感谢作者孟丰敏两年多来的辛苦劳作。在作者创作过程中，得到卢美松、杨凡的悉心指导；得到福州收藏家林凤麟提供的有关原始资料；得到刘大可、顾建平、孙汉生、曾纪鑫、杨琮、张文质、苏小玲等专家给予的有益的指导。谨此致谢！

　　在审稿阶段，卢美松、林山、黄文山、杨文文等诸位老师认真审阅并提出修改建议，郭志杰、刘小敏老师参与编辑，本会林秀玉和同仁做了许多努力。在此一并致谢！

　　由于编撰水平、撰写时间和资料的有限，本书还存在许多不足之处，希望读者批评指正。

编　者